Direito Civil

Contratos

Direito Civil

Contratos

Cíntia Regina Béo

Advogada em São Paulo.
Sócia de Béo e Sotto Advogados Associados.
Doutorada em Direito pela Universidade de São Paulo.
Professora do Centro Universitário Nove de Julho (Uninove).

editora HARBRA

Supervisão Editorial: Maria Pia Castiglia
Revisão de Texto: Maria Lúcia G. Leite Rosa
Revisão de Provas: Grasiele L. Favatto Cortez
Editoração Eletrônica: Mônica Roberta Suguiyama
Capa: Fernando Mendes
Impressão e Acabamento: RR Donnelley

CONTRATOS

Rua Joaquim Távora, 629 e 779
04015-001 São Paulo – SP
Promoção: (011) 5084-2482 e 5571-1122. Fax: (011) 5575-6876
Vendas: (011) 5084-2403, 5549-2244 e 5571-0276. Fax: (011) 5571-9777

ISBN 85-294-0265-0

Impresso no Brasil *Printed in Brazil*

Aos meus pais, Natal e Hélia,
por sempre acreditarem em mim e me prestarem apoio incondicional.

Conteúdo

Apresentação

Escrito com muita fluência, esta obra analisa um dos pontos basilares do direito e da própria vida em sociedade.

Com efeito, poderíamos definir a sociedade humana como um grupo que rege seus passos através dos contratos.

O contrato é, assim, o instrumento que assegura o fluir das relações entre os membros da comunidade, pautando seus passos, suas atitudes e compromissos por meio de acertos que, na verdade, são momentos contratuais.

Não importa os instrumentos de sanção para validar as relações contratuais – seja o mandamento divino, seja a imposição do rei ou o moderno recurso aos tribunais para sancionar aquilo que contratualmente se acertou. A verdade é que, tanto a sociedade no seu todo, como o indivíduo isoladamente, as relações de qualquer natureza tem no contrato o instrumento que compromete e obriga.

O novo Código Civil tem como pedra de toque uma visão moderna do contrato, agora colocado em destaque maior como instrumento de harmonia social. Com efeito, art. 421 estabelece que "a liberdade de contratar será exercida em razão e nos limites da função social do contrato", o que se completa com o texto do art. 422: "os contratantes são obrigados a guardar, assim, na conclusão do contrato, como em sua execução, os princípios da probidade e boa-fé."

No dizer de Miguel Reale, essa é a pedra de toque do Código Civil, quando afirma: em todo ordenamento jurídico há artigos chaves, isto é, sintetizando diretrizes válidas para "todo o sistema". Nessa ordem de idéias, nenhum dos artigos do novo Código Civil me parece tão rico de conseqüências como o art. 113, segundo o qual "os negócios jurídicos devem ser interpretados conforme a boa-fé e os usos do lugar de sua elaboração". (*O Estado de S. Paulo*, São Paulo, 21 jun. 2003.)

A autora, neste trabalho notável, captou, ao analisar os contratos no novo Código Civil, o aspecto mais profundo de seu espírito social e humanitário.

Uma síntese da teoria geral dos contratos, importante para uma compreensão da matéria, completa-se com a análise cuidadosa – diríamos até meticulosa – dos diferentes tipos de contratos e os preceitos básicos para sua interpretação.

Fugindo da grandiloqüência que muitas vezes compromete a leitura de textos clássicos, a autora, com perícia e sabedoria, analisa a vida e o papel dos diferentes tipos de contratos e sua função no mundo jurídico e na trepidante vida comunitária dos dias de hoje.

Com sua visão moderna e prática, oferece a todos nós uma contribuição excepcional ao estudo e à aplicação de normas contratuais sob o ângulo generoso e humano que os legisladores deram à matéria no Código Civil de 2002.

Os editores

PREFÁCIO

A finalidade do presente trabalho é analisar o instituto dos contratos à luz do novo Código Civil, Lei Federal 10.406, de 10 de janeiro de 2002, que passou a vigorar aos 12 de janeiro de 2003, com prazo de *vacatio legis* (ou vacância) de um ano, contados o dia inicial e final, conforme determina o art. 8º, §1º da Lei Complementar nº 95, de 26 de fevereiro de 1998, com as modificações promovidas pela Lei Complementar nº 107, de 26 de abril de 2001.

O Novo Código Civil, sobretudo nos aspectos contratuais, que nos cumpre analisar, sofre influências de um fenômeno jurídico atual, ao qual se tem denominado interdisciplinaridade, ou seja, a necessidade de entendimento de qualquer ramo do direito tendo em conta as disposições dos demais ramos, enxergando-se sempre o ordenamento jurídico como uno, apesar das diferenças que marcam as diversas disciplinas jurídicas.

Assim, por exemplo, quando analisamos a teoria geral dos contratos e o novo princípio da função social dos contratos, além de superarmos o individualismo do Código Civil de 1916, estamos a compatibilizar os dispositivos do direito civil com os princípios da Constituição Federal.

Outro exemplo que salta à percepção é o intercâmbio negocial internacional, os contratos internacionais que envolvem dois ou mais países, com estruturas e conceitos jurídicos próprios e, por vezes, incompatíveis entre si, cabendo aos juristas a árdua tarefa de compatibilização dos interesses e do delineamento do direito aplicável ao caso concreto.

Portanto, não podemos deixar de atentar para os principais efeitos desta interdisciplinaridade nos contratos, para que tenhamos uma análise completa dos institutos estudados, mas sempre dentro dos limites a que nos propusemos: a análise do direito civil contratual como disposto no Código Civil vigente.

Desta forma, objetivamos na presente obra a análise do direito civil vigente, com as devidas remissões aos demais ramos do direito cabíveis e, outrossim, do direito civil anterior, no que se refere ao direito dos contratos, visto que em muitos casos, sobretudo naqueles que se encontram *sub judice*, os contratos realizados antes da vigência do atual Código Civil são considerados atos jurídicos perfeitos, sendo-lhes aplicável, ainda, o Código Civil de 1916. Por esta razão, sempre que possível, além do exame do dispositivo vigente, será feita uma análise comparativa e das eventuais questões que tal transição possa suscitar.

Por fim, atentando aos fins de clareza e objetividade que norteiam esta obra, a Lei Federal 10.406 de 10 de janeiro de 2002 será sempre referida como o *Código Civil vigente*, que passou a regulamentar os contratos celebrados a partir de 12 de janeiro de 2003. Já quando nos referirmos ao Código Civil anterior, será sempre sob o termo de *Código Civil de 1916*.

Cíntia Regina Béo

1

Aspectos Introdutórios

Introdução

Aspectos Preliminares

Do Movimento Codificador ao Código Civil Vigente

O fenômeno da codificação, como edição de leis de forma articulada, organizada de modo lógico em único corpo, foi um dos vários resultados práticos dos ideais do iluminismo, sobretudo com referência à codificação das leis civis.

A Revolução Francesa, inspirada pelas teorias iluministas, e os princípios por ela adotados ao final do século XVIII demonstraram a necessidade de mudança de paradigmas ou padrões, mais precisamente de substituição de um governo instável (muitas vezes tirânico ou despótico dos monarcas) por um governo das leis, estável, leis estas que representassem a vontade geral e que não estabelecessem privilégios de uns que possuíam certo *status* em detrimento de outros, para se alcançar a igualdade.

Como resposta a esses anseios foi escrito e promulgado o Código Civil de França, em 1804, muitas vezes referido como "Código Napoleônico", uma vez que este era o governante francês da época e empenhou-se no processo de codificação.

Em decorrência do movimento codificador, vários princípios inspiraram, em diversos campos, nosso Código Civil de 1916, o primeiro Código Civil brasileiro (durante todo o período prévio fomos regidos por leis esparsas ou por Ordenações do Reino de Portugal que continuaram vigentes após a Proclamação da Independência e da República, em 1822 e 1889, respectivamente).

Como legado do Código Napoleônico, percebiam-se os seguintes institutos no Código Civil de 1916: a liberdade contratual; o princípio *pacta sunt servanda,*[1] considerando-se o contrato lei entre as partes e a total autonomia contratual em oposição a qualquer tipo de intervenção do Estado nos negócios jurídicos, obrigando-lhe a uma total abstenção, isso porque historicamente a intromissão do poder, qualquer que fosse sua forma de expressão, era vista como abuso ou ingerência indevida.

Veremos que até muito recentemente tais princípios eram aplicados de forma integral, tamanha foi a influência da codificação francesa na formação do Código Civil brasileiro de 1916 e no pensamento juscivilista pátrio. Além da influência da escola francesa, predominante, não se pode negar que o Código Civil alemão, editado em 1900 (cuja sigla no idioma tedesco é BGB), também influenciou a formação e a interpretação do Código Civil brasileiro de 1916.

Contudo, há que se ressaltar que por mais avançados e melhores fossem os diplomas citados, sejam estes os Códigos Civis de França de

---

[1] A tradução de *pacta sunt servanda* do latim para o português foi feita de forma livre e adaptativa, posto que literalmente o brocardo significaria algo próximo aos "pactos devem ser obedecidos". A opção pela expressão contrato se dá pelo anacronismo da idéia de pacto. No direito romano, pacto e contrato eram espécies do gênero "convenção". Atualmente o direito civil pátrio não diferencia ambos e o termo contrato é o mais utilizado, ainda que reste um uso por costume ou tradição, como pacto antenupcial. Sobre o direito romano ver: MARKY, Thomas. *Curso elementar de direito romano*. 8. ed. São Paulo: Saraiva, 1995.

1804, da Alemanha de 1900 e do Brasil de 1916, todos refletiam a sociedade da época em que foram escritos, já que um diploma jurídico divorciado da realidade circundante está, no mínimo, fadado à ineficácia.

Assim, as mudanças sociais e jurídicas alteraram a face do próprio direito civil e colocaram em questionamento a validade do conceito de codificação, como o fez o autor italiano Natalino Irti,[2] que influenciou alguns doutrinadores de seu país, e também juristas em França, na Espanha, em Portugal. No Brasil, sua influência levou à criação da "Escola de Recife", que atingiu seu auge na década de 60 no país.

Natalino Irti destacou em sua obra o descompasso entre o Código Civil italiano e a Constituição italiana, além da proliferação do que chamamos de microssistemas. Com base nestas premissas, afirmava que a codificação era um instituto em decadência e ultrapassado.

O referido autor italiano certamente identificou o surgimento de dois institutos jurídicos que inegavelmente vieram a modificar o direito civil, mas não acabaram com a necessidade de codificação. Pelo contrário, demonstraram o quão importante e necessário se faz ao operador do direito que as normas se apresentem de forma clara, sistematizada e organizadas em um código.

O primeiro fenômeno jurídico referido seria o aparecimento do direito civil constitucional e a necessidade de interpretação do direito civil à luz da Constituição do país. Todos os ramos do direito, sejam públicos ou privados, viram diante desta constitucionalização que representa o conceito de que a Constituição é o fundamento de validade de uma ordem jurídica. E se a norma civil (ou de qualquer outro ramo) não se coadunar com a constituição, será considerada inconstitucional e perderá sua eficácia.[3]

O segundo fenômeno jurídico constatado por Irti é o surgimento de microssistemas, em vista da necessidade de maior regu-

---

[2] IRTI, Natalino. *L'età della decodificazione*. 4. ed. Milano: Giuffrè, 1999.

[3] Esta é a função do controle de constitucionalidade, sobretudo o concentrado como colocado por Hans Kelsen. A respeito ver KELSEN, Hans. *Teoria pura do direito*. 5. ed. Coimbra: Armênio Amado, 1994.

lamentação de um determinado campo do direito civil que acabara se tornando relativamente independente.

Vários foram os microssistemas que se desenvolveram no Brasil durante a vigência do Código Civil de 1916. Um dos exemplos que nos concerne mais de perto, por tratar de aspectos contratuais, é a lei de locação (Lei Federal 8.245 de 18 de outubro de 1991) que tratou de todos os aspectos da locação de imóveis, revogando vários diplomas que já vinham alterando o Código Civil de 1916 desde 1934 (Decreto 24.150, de 20 de abril de 1934, conhecido como lei de luvas).

Outro exemplo relacionado aos contratos que constitui um microssistema é o Código de Defesa do Consumidor (Lei Federal 8.078 de 11 de setembro de 1990), o qual traz a definição do consumidor e regula os contratos de consumo, as cláusulas nulas de pleno direito porque abusivas, os vícios redibitórios e temas estranhos ao direito civil (como crimes e procedimentos civis).

Há mais microssistemas que apesar de não serem ligados diretamente ao direito contratual, não podem ser olvidados, ao menos a título de citação. No caso, tratamos do Estatuto da Criança e do Adolescente, que cuida de vários institutos relacionados ao menor no âmbito civil (guarda, adoção, relações de família, entre outros), além de questões referentes ao processo civil e à responsabilidade por atos infracionais e respectivas formas processuais pelas quais são apurados, além das medidas cabíveis aplicáveis.

Por fim, o último fenômeno jurídico atual a ser analisado é a relação entre o direito e a realidade social. O Código Civil de 1916 foi editado sob a égide de uma sociedade de estrutura patriarcal, agrária, sem qualquer desenvolvimento tecnológico, onde as distâncias eram enormes e o acesso físico ou não (como o correio) a outras localidades era difícil. Uma sociedade tinha um diploma civil condizente com seus valores próprios.

A paulatina transformação da sociedade brasileira em uma sociedade urbana, industrial e o encurtamento das distâncias, pela facilitação do transporte ou dos meios de comunicação, fizeram com que os operadores do direito, sempre que possível, o interpretassem de acordo com as mudanças, ou seja, utilizando-se da interpretação evolutiva. Assim surgiram os direitos advindos da sociedade de fato,[4] já nos anos 60, que vieram a culminar com o advento da união estável, reconhecida pela Constituição Federal em seu art. 226, § 3º, como núcleo de convivência digno de proteção estatal.

Todavia, em razão de comandos expressos ou do posicionamento jurisprudencial, uma vez que as decisões dos tribunais não são vinculantes, nem sempre a interpretação evolutiva apresentou-se como possível.

Há que se levar em conta que a elaboração de um Código, em qualquer ramo jurídico, é um trabalho árduo e demorado em qualquer país do mundo, sem que se recorra às mazelas legislativas brasileiras. A elaboração de um Código Civil demanda reflexão, discussão e consenso final para a aprovação do projeto. Portanto, na falta de um novo Código, dois expedientes foram utilizados: a alteração do Código Civil vigente à época e a criação de leis esparsas que passaram a esvaziar o conteúdo do Código Civil.

Uma alteração considerada de maior importância, incorporada ao Código Civil de 1916, é a Lei Federal 4.121 de 27 de agosto de 1962, o Estatuto da Mulher Casada, que retirou a mulher casada do rol dos relativamente incapazes para torná-la plenamente capaz.

Mas, a criação de leis esparsas para disciplinar temas tratados pelo Código Civil foi o recurso mais utilizado, ao invés da alteração do Código existente. Como exemplo, podemos citar várias leis ordinárias federais: a Lei Federal 883/1949 que dispôs sobre o reconhecimento de filhos ilegítimos (nascidos fora do casamento pela idéia original expressa no Código Civil de 1916); a Lei Federal 1.110/1950, que regulamentou sobre os efeitos civis do casamento religioso; a Lei Federal 4.591/1964, que criou a disciplina dos condomínios horizontais e das incorporações imobiliárias; a Lei Federal 6.515/1977 que regulamentou a separação e o divórcio após a Emenda Constitucional que retirou do matrimônio o caráter de indissolúvel; a Lei Federal 8.009/1990 que passou a dispor de forma mais abrangente sobre o tema da impenhorabilidade do bem de família, já anteriormente disciplinado no Código Civil de 1916;

---

[4] A respeito do tema, ver a jurisprudência do Supremo Tribunal Federal, sobretudo a Súmula nº 380, de 1964. In: ROSAS, Roberto. *Direito sumular*. 11. ed. São Paulo: Malheiros, 2002.

a Lei Federal 8.560/1992 que em atendimento à igualdade constitucional de filhos havidos ou não do casamento dispôs sobre a investigação de paternidade e, por fim, as Leis Federais 8.971/.94 e 9.278/1996 que regulamentam o regime civil da união estável.

Com reflexos contratuais diretos ou indiretos, temos: a Lei Federal 911/1969 que tratou, embora de forma incidental, sobre a modalidade contratual da alienação fiduciária em garantia; a Lei Federal 6.099/1974 que tipificou o contrato de *leasing* ou arrendamento mercantil; a proteção da propriedade industrial através de marcas e patentes por meio da Lei Federal 9.279/1996; a instituição do compromisso arbitral contratual pela Lei de Arbitragem, a Lei Federal 9.307/1996; a proteção dos direitos de propriedade intelectuais advindos da elaboração dos programas de computação (Lei Federal 9.609/1998); a proteção da propriedade intelectual como um todo, os direitos autorais regulados pela Lei Federal 9.610/1998; a regulamentação dos seguros-saúde pela Lei Federal 9.656/1998, sem contar os contratos atípicos até o advento do Código Civil vigente, mas de uso prático corriqueiro, como os contratos de faturização (*factoring*), de crédito bancário, que não caracterizam o empréstimo clássico, e os contratos que possibilitam a utilização de cartões de crédito.

Resta patente o esvaziamento do conteúdo do Código Civil e, por que não, também do Código Comercial, que sofreu também com tantas regulamentações esparsas. Basta lembrar que os tipos de sociedade mais freqüentemente utilizados (por cotas de responsabilidade limitada ou anônima), antes e apesar das modificações do Código Civil vigente, encontram-se previstos em leis esparsas e não no Código Comercial.

Considerando, portanto, como conclusão do exposto, que o direito como um todo, e especialmente em nosso caso o direito civil, que na sua origem francesa nasceu como o "direito do cidadão", é impossível não verificar prejuízos pela casuística das leis esparsas ou das modificações pontuais do Código Civil, assistemáticas, sem qualquer princípio norteador.

E o movimento codificador não se impõe somente nos sistemas romanísticos. Os países que adotam o direito comum (*common law*) têm apresentado codificações para facilitar até mesmo o trato negocial. Assim, nos Estados Unidos da América foi editado aos 30 de junho de

1966 o Código Comercial Uniforme federal, em vigor em todos os Estados americanos, tendo passado em 2002 por sua última revisão. Tramita no parlamento europeu, desde 1989, um projeto de Código Civil que se pretende que contenha regras gerais sobre direito civil e seja aplicável de maneira uniforme a todos os países membros da União Européia.

Longe de nos afastarmos da codificação, estamos mais próximos de uma renovação do movimento, com novos objetivos.

Já de muito, então, a codificação impunha-se no direito pátrio, para suprir uma necessidade de clareza e organização, não somente para facilitar o trabalho do operador do direito, mas para que a lei sirva aos interesses da pessoa humana e esta possa ter uma noção básica de seus direitos e deveres, buscando-se e alcançando-se uma sociedade cada vez mais justa.

No decorrer deste trabalho, teremos sempre presente a finalidade de sistematização e clareza, sem prescindirmos da crítica necessária, sempre precedida de uma análise dogmática do direito como legislado e vigente.

Passemos à análise do projeto e trâmites, no direito das obrigações, que culminaram com o Código Civil vigente.

Principais Alterações Presentes no Código Civil Vigente em Relação ao Código Civil de 1916: Panorama Geral do Direito dos Contratos

No campo do direito dos contratos, estaticamente o número de artigos acrescentados ou alterados não é de grande monta, sobretudo se considerarmos, por exemplo, as pessoas jurídicas e as sociedades, já que no conteúdo deste título se introduziu a nova disciplina das sociedades comerciais.

Todavia, podemos perceber que as alterações provocadas principalmente pela interpretação doutrinária, pela jurisprudência e por novos conceitos introduzidos, foram mais qualitativas do que quantitativas. A mudança do perfil individualista contratual para a percepção e a imposição de regras de caráter social no contrato talvez seja a mais emblemática.

Vejamos, pois, as principais alterações:

a. *A nova organização das matérias* – O Código Civil de 1916 dividia os temas a serem dispostos em duas partes: a *parte geral*, que tratava desde a conceituação da personalidade, passando por seus atributos, pelos atos jurídicos (lícitos e ilícitos), encerrando-se, portanto, com o tratamento da prescrição, e a *parte especial* dividida na seguinte ordem: *direito de família*, *direitos reais*, *direito das obrigações* e *direito das sucessões*.

O Código Civil vigente adotou lógica sistemática muito parecida, dividindo-se em *parte geral* e *parte especial*, indo também do nascimento da pessoa, seja física ou jurídica, até o direito das sucessões, uma vez que a morte põe fim a todas as relações jurídicas do falecido, transmitindo – na medida do possível e do permitido – os direitos e deveres aos herdeiros.

Contudo, a parte especial, considerando-se que foi introduzido o conceito de empresário e o direito das sociedades, foi dividida em livros de seqüência até mais lógica e dedutiva do que o Código Civil de 1916. Assim, a parte especial inicia-se com o *direito das obrigações*, que regula as relações entre as pessoas humanas que se tornam contratantes, de forma exaustiva, desde os princípios genéricos das obrigações, cuidando dos contratos, dos atos unilaterais que podem gerar obrigações, dos títulos de crédito e da responsabilidade civil. Em seguida trata do *direito de empresa*, o qual podemos classificar até como uma complexidade, um feixe de relações jurídicas que extrapolam as obrigações bilaterais que são a regra geral. Depois, trata do *direito das coisas* que são relações patrimoniais entre os indivíduos e os objetos de direito, do *direito de família* e, por fim, do *direito das sucessões*, já que, como dito, a morte encerra as relações jurídicas em relação ao falecido (*mors omnia solvit*).

b. *Interpretação dos contratos* – Seguindo a tradição liberal de que a lei era clara, que não necessitava de interpretação, o Código Civil de 1916 adotou praticamente a liberdade quase total de contratar e a idéia de que os dispositivos legais eram auto-explicáveis em sua maioria e, portanto, não precisavam de interpretação (*in claris cessat interpretatio*).

No tratamento dos atos jurídicos em geral, ditava o art. 85 do Código Civil de 1916 que deveria ser respeitada a vontade manifestada, a intenção, e não o sentido literal da linguagem. Apesar de tarefa árdua de perquirir a intenção das partes sem levar em conta o que estas formalizaram por escrito, tal artigo afastava o apego desmedido a uma interpretação meramente gramatical de uma cláusula contratual, possibilitando-se, por exemplo, de uma interpretação sistemática, uma interpretação teleológica levando-se em consideração a finalidade do contrato. Vencera a aplicação da teoria da vontade sobre a teoria da declaração.

Contudo, o único artigo do Código Civil de 1916 que tratava genericamente de interpretação estritamente contratual era o art. 1.089, segundo o qual os contratos benéficos deveriam ser interpretados de forma estrita ou restritiva.

No mais, na disciplina de alguns contratos em espécie, apresentavam-se princípios interpretativos esparsos. Assim, no contrato de compra e venda, nulo se considerava o contrato quando este deixava ao arbítrio de apenas uma das partes a estipulação do preço (Código Civil de 1916, art. 1.125). E, outrossim, o defeito oculto de uma coisa vendida em conjunto com outras não permitia a rejeição do todo (Código Civil de 1916, art. 1.138).

Na locação, por sua vez, tinha-se que, em sendo celebrada para prazo determinado, esta era considerada finda de pleno direito sem qualquer necessidade de notificação. É uma cláusula interpretativa e supletiva da vontade das partes, que por força da lei especial, aplicava-se tão somente às coisas móveis (art. 1.194 do Código Civil de 1916). Outra cláusula supletiva à vontade das partes, de forma compulsória se encontra na locação de serviços, que era reputada como finda com a morte do locador (Código Civil de 1916, art. 1.233).

No caso do contrato de sociedade, outra cláusula que assume caráter substitutivo à vontade das partes e interpretativo é a cominação de nulidade da cláusula contratual que não responsabilizar pelos prejuízos, em qualquer grau, com qualquer tipo de participação, algum dos sócios, seja qual for sua participação na sociedade (Código Civil de 1916, art. 1.372). E também se interpreta como sociedade sem prazo definido aquela que não estipulá-lo em contrato (Código Civil de 1916, art. 1.374). Também se os sócios não definirem qual será a participação de cada um na sociedade presumir-se-á que as quotas serão iguais (Código Civil de 1916, art. 1.381).

Com relação aos contratos de seguro, de todas as espécies que eram regidas pelo Código Civil de 1916, a regra expressa era uma total liberdade contratual, sendo a avença regida para o previsto na apólice, desde que não fossem contrariadas disposições legais compulsórias (Código Civil de 1916, art. 1.435).

Por fim, quanto à fiança, esta não poderá ser interpretada extensivamente, conforme dicção do art. 1.481 do Código Civil de 1916.

Vejamos as mudanças no Código Civil vigente.

O art. 85 do Código Civil de 1916 encontra similar disposição no Código Civil vigente, em seu art. 112, com uma modificação relevante, contudo. Deixou-se de utilizar o termo ato jurídico e adotou-se a denominação mais adequada: *negócio jurídico*. Assim, há que se perquirir a intenção, a vontade dos contratantes, em detrimento de uma interpretação puramente literal.

Ainda na parte geral, no campo dos negócios jurídicos, o art. 113 do Código Civil vigente prescreve que os negócios jurídicos (sendo o contrato uma modalidade destes) devem ser interpretados conforme a boa-fé e os costumes locais. Este artigo, que só parcialmente, em relação à boa-fé, existia no Código Civil de 1916 é um avanço na interpretação negocial. Um Código Civil nacional não pode deixar de respeitar institutos costumeiros consolidados nas diferentes partes do país. Por outro lado, para não causar insegurança jurídica, deve estabelecer em alguns contratos a observância compulsória de certos ditames, sem contar, ainda, com os ditames da objetivação da boa-fé.

Neste passo, a grande diferença de interpretação está em se dedicar no Código Civil vigente um capítulo exclusivamente à interpretação contratual, de forma genérica nos arts. 421 a 426, havendo somente artigo similar ao art. 426 no art. 1.089 do Código Civil de 1916.[5]

Nos arts. 421 a 425 do Código Civil vigente temos: o princípio da liberdade de contratar, a boa-fé objetiva, a função soci-

---

5 Trata-se da proibição de fazer um contrato cujo objeto seja herança de pessoa viva, chamado *pacta corvina*.

al do contrato e a interpretação dos contratos de adesão, que serão examinados detalhadamente no momento oportuno (ver "Interpretação dos Contratos de Adesão", a seguir).

Quanto a alguns princípios interpretativos específicos, alguns foram suprimidos, outros alterados e alguns mantidos. Um exemplo é o confronto entre o art. 1.125 do Código Civil de 1916 com os arts. 486, 487 e 489 do Código Civil vigente. Continua sendo vedada a estipulação para o arbítrio de só uma das partes a fixação do preço da coisa (art. 489). Contudo, por influência da incorporação dos contratos mercantis em uma única disciplina, o preço poderá ser aquele fixado em bolsa, em taxa de mercado ou de quaisquer outros índices ou parâmetros, desde que estes possam ser objetivamente fixados (arts. 486 e 487 do Código Civil vigente).

Como se depreende do exemplo referido supra, a interpretação casualística persiste. Mas, diante da imposição de princípios interpretativos compulsórios, sua importância é muito menor do que no Código Civil de 1916.

Assim, como já referido, trataremos dos princípios gerais de interpretação no item "Teoria Geral dos Contratos". Já os princípios específicos de cada contrato serão examinados juntamente com as suas demais características, nos capítulos cabíveis (ver capítulo 4, "Dos Contratos em Espécie").

c. *Contratos disciplinados: quadro comparativo entre o Código Civil de 1916 e o Código Civil vigente* – O Código Civil de 1916 possuía um rol de contratos aos quais denominamos típicos, posto que possuíam uma disciplina exaustiva de seu regime, não se excluindo, obviamente, a possibilidade da inventividade humana de criar novas modalidades contratuais, desde que obedecidos os requisitos de validade de qualquer negócio jurídico que possua objeto lícito, possível, determinado ou determinável, que seja realizado por pessoa no gozo de sua capacidade civil na forma prescrita ou não vedada pela lei (art. 104, Código Civil vigente).

Temos assim:

c.1. A manutenção da compra e venda nos termos já existentes, mas com a incorporação de vários dispositivos ou diretrizes contidos no Código Comercial.

Além disso, foi criada uma espécie nova de venda: a venda sobre documentos.

c.2. A introdução do contrato estimatório (após os contratos de compra e venda e troca ou permuta), que basicamente corresponde a uma entrega de coisas para venda em consignação, com a opção de pagamento e consolidação de uma verdadeira compra e venda ou da devolução no prazo estipulado do(s) bem(ns) consignado(s). O contrato estimatório é novidade no Código Civil, mas já estava disciplinado no âmbito comercial, ainda que de forma indireta, no Código Comercial, nos artigos que tratam do contrato de comissão (Código Comercial, arts. 170 a 173).

c.3. Seguindo-se a ordem codificada, seja no Código Civil de 1916, seja no atual, mantêm-se os contratos de doação, de locação de coisas (a locação de imóveis mantém-se em lei especial). Aí, segue-se no Código Civil vigente o empréstimo sob forma de mútuo ou comodato (no Código Civil de 1916 o contrato seguinte era a locação de serviços) e mantém-se a locação de serviços, mas sob o termo e disciplina corretos de contrato de prestação de serviços. Seguem-se o contrato de empreitada e o contrato de depósito, alterando levemente a ordem do Código Civil de 1916 que previa então o empréstimo e o mútuo. O Código Civil vigente segue cuidando do depósito e do mandato, alterando substancialmente a disciplina do mandato judicial.

c.4. Ao invés de tratar da gestão de negócios, que agora restou codificada sob a rubrica de atos unilaterais, o Código Civil vigente introduz o contrato de comissão, o contrato de agência e distribuição, o contrato de corretagem e o contrato de transporte. Ainda que com diferenças, há que se ressaltar que o contrato de comissão estava previsto nos arts. 165 a 190 do Código Comercial. O contrato de agência era denominado contrato de representação comercial e disciplinado pela Lei 4.886/1995.

O contrato de corretagem não era previsto expressamente, mas a figura do corretor, os requisitos para exercer esta função, direitos e deveres estavam minuciosamente disciplinados nos arts. 36 a 67 do Código Comercial, uma vez que o corretor é considerado "agente auxiliar do comércio".

O contrato de transporte também é herança do Código Comercial, mas de forma limitada, já que este só tratou do transporte marítimo (arts. 457 a 796), que era o mais importante à época de sua promulgação (1850). Além disso, há várias disposições esparsas sobre o contrato de transporte e a decorrente responsabilidade civil (por exemplo, o Decreto 2.619/1912 que dispõe sobre transporte ferroviário mas teve sua interpretação ampliada, em casos de responsabilidade civil, para o transporte terrestre ou mesmo a Conversão de Varsóvia, incorporada ao direito pátrio pelo Decreto Legislativo n. 85 de 13 de setembro de 1965, dentre várias outras disposições a respeito da matéria).

c.5. Mantêm-se com alterações os contratos de seguro, o contrato de constituição de renda, o contrato de fiança e as disposições sobre jogo e aposta.

c.6. São eliminadas as disposições contratuais societárias do Código Civil de 1916 já que há no livro II, título II a disposição exaustiva das sociedades civis e comerciais no Código Civil vigente.

c.7. Foram extintos os contratos de parceria rural, seja agrícola ou pecuária que constavam do Código Civil de 1916.

c.8. Os contratos de edição e representação dramática, cujas disposições já haviam sido revogadas pela lei especial (Lei 9.610/1998, lei dos direitos autorais) não foram alterados, continuam regidos pela lei especial.

c.9. Por fim, foram introduzidos os contratos de transação e de compromisso. Em verdade o contrato de transação é uma forma de extinguir um contrato para a elaboração de outro que substitui o antecedente, não cumprido em sua integralidade através de concessões mútuas. Já o contrato de compromisso permite a utilização da arbitragem como forma de solução de conflitos. Vimos, portanto, que ambas modalidades contratuais têm caráter mais secundário do que originário.

Considerando-se o panorama apresentado, é lícito concluir que houve uma unificação entre os contratos mercantis já existentes e os contratos civis. Institutos realmente novos não foram criados. Com o devido respeito, diante do exposto, nos ressentimos da não inclusão e tipificação de certos contratos tão usuais que, não mais constituindo exceção, deveriam ter sido regulamentados pelo Código Civil vigente, até para o alcance de uma maior segurança jurídica. É o caso dos contratos de mútuo bancário, de crédito em conta corrente, de cartão de crédito, de alienação fiduciária, *leasing* ou arrendamento mercantil e franquia (*franchising*).

Teoria Geral dos Contratos

Contratos como Fonte de Obrigação

As obrigações decorrem diretamente da lei, da prática de atos lícitos e da prática de atos ilícitos. A respeito destas podemos exemplificar com a obrigação alimentar. Existindo um parentesco e o binômio necessidade-possibilidade, o que detém condições prestará alimentos ao outro.

A prática de atos lícitos gera obrigações. Assim, os negócios jurídicos, expressados através de contratos ou atos unilaterais, são fontes de obrigação.

Já os atos ilícitos geram, outrossim, obrigações de indenizar pelos prejuízos causados. Os ilícitos podem ser contratuais, gerando um dever de indenizar, muitas vezes traduzido em perdas e danos, ou não ter qualquer relação com um contrato prévio (exemplo: um acidente de trânsito), gerando o dever de indenizar de acordo com os danos patrimoniais e/ou morais causados e a responsabilidade extracontratual ou aquiliana.

Apenas a título de esclarecimento, ressaltamos que há outras formas de classificar as fontes das obrigações. Muitos apontariam a lei como fonte primária, posto que contratos, declarações unilaterais de vontade e atos ilícitos só criariam obrigação porque são decorrentes da lei.[6] Já outros autores entendem que as fontes primárias são os atos lícitos, os atos ilícitos e a lei. A lei, neste caso, pode ser uma fonte direta e expressa, dentro dessa classificação. Porém, mesmo quando não fosse uma fonte direta seria uma fonte indireta porque é a lei que define o que são atos lícitos e o que são atos ilícitos.[7]

Algumas correntes, reducionistas, colocam a lei como fonte única e primária das obrigações.[8] E, por fim, entendem outros estudiosos do direito civil que as obrigações nascem dos atos de vontade lícitos (excluindo os ilícitos) ou da lei.[9]

Acreditamos que a segunda corrente (corrente dualista) seja a mais adequada e, outrossim, que o contrato, direta ou indiretamente, será fonte de obrigações sempre, sendo este o aspecto que mais nos interessa, já que a obrigação envolve um vínculo em que há direitos e deveres.

---

6 MONTEIRO, Washington de Barros. *Curso de direito civil* – Direito das obrigações. 24. ed. São Paulo: Saraiva, 2001. v. V, 2ª parte.

7 GONÇALVES, Carlos Roberto. *Comentários ao Código Civil.* Coord. Antônio Junqueira de Azevedo. São Paulo: Saraiva, 2003. v. 11.

8 BITTAR, Carlos Alberto. *Curso de direito civil.* Rio de Janeiro: Forense, 1994.

9 LOPES, Miguel Maria de Serpa. *Curso de direito civil.* 5. ed. Rio de Janeiro: Freitas Bastos, 1971.

PEREIRA, Caio Mário da Silva. *Instituições de direito civil.* 4. ed. Rio de Janeiro: Forense, 1995.

Para melhor estudo do tema das fontes das obrigações, remetemos o leitor ao volume, desta coleção, que trata da parte geral do direito das obrigações.

Requisitos e Elementos dos Contratos em Geral

Os contratos, como negócios jurídicos, submetem-se a requisitos gerais de validade e eficácia. Outrossim, cada espécie ou tipo contratual pode ter elementos específicos que influam em sua validade ou eficácia. Cabe-nos, neste momento, analisar os requisitos genéricos.

Submetendo-se ao tratamento dado aos negócios jurídicos os principais requisitos do contrato se encontram no art. 104 do Código Civil vigente:

"A validade do negócio jurídico requer:

I. agente capaz;
II. objeto lícito, possível, determinado ou determinável;
III. forma prescrita ou não defesa em lei."

A redação era ligeiramente diferente no art. 82 do Código Civil de 1916:

"A validade do ato jurídico requer agente capaz (145, I), objeto lícito e forma prescrita ou não defesa em lei."

Vê-se que o legislador de 1916 foi muito mais econômico na adjetivação do objeto do contrato, bastava que este fosse jurídico. Mas este não era o entendimento da maioria dos juristas; a doutrina mais abalizada,[10] afirmava com propriedade que não bastava o objeto ser lícito, era necessário que fosse possível física e juridicamente. Neste

[10] PEREIRA, Caio Mário da Silva. *Op. cit.* e GOMES, Orlando. *Contratos*. 16. ed. Rio de Janeiro: Forense, 1995.

passo, a nova redação somente explicitou preceitos largamente explanados e aplicados.

Desta forma, os requisitos do negócio jurídico e, portanto, dos contratos podem ser classificados em requisitos subjetivos, objetivos e formais.

a. *Requisitos subjetivos* – Relativos aos sujeitos que celebram o contrato. Os agentes devem estar no pleno gozo de sua capacidade de exercício de direito civil, conforme dispõe o art. 5º do Código Civil vigente.

   Os absolutamente incapazes não praticam os atos da vida civil por si próprios, sendo os contratos necessários realizados por seus representantes legais, sejam seus pais, tutores ou curadores (arts. 115 a 120 do Código Civil vigente).

   No caso dos relativamente incapazes, estes são assistidos na prática de certos atos como os contratos, ou necessitam de uma autorização para praticar um ato civil (Código Civil vigente, art. 4º). Como princípio de que ninguém pode se valer da própria torpeza, o relativamente incapaz não poderá invocar em benefício próprio essa circunstância para anular o contrato (art. 105 Código Civil vigente), mas a incapacidade relativa não deixa de ser causa de anulabilidade do contrato, se alegada pelo contratante de boa-fé (art. 171, inciso I).

   Já o defeito da incapacidade absoluta acarreta a nulidade absoluta, sendo o negócio jurídico insuscetível de convalescimento por confirmação ou de consolidação por decurso de tempo *in albis* (art. 166, inciso I e art. 169 do Código Civil vigente).
b. *Requisitos objetivos* – Conforme a determinação legal, o objeto do contrato deve ser lícito, possível e determinado ou determinável. Além desses requisitos, filiando-se à corrente alemã, vários doutrinadores pátrios entendem ser necessário estar presente o requisito da economicidade.[11]

   O *objeto lícito* é o não proibido e o não contrário ao direito, ou seja, que não enseje nem um ilícito civil, nem um ilícito

[11] PEREIRA, Caio Mário da Silva. *Op. cit.* e FIÚZA, César. *Direito civil* – Curso completo de acordo com o Código Civil de 2002. 5. ed. Belo Horizonte: Del Rey, 2002.

penal. Um contrato ao qual uma pessoa submete sua liberdade, seja sexual, seja de trabalho, à exploração de outra, seria ilícito, pois esta pessoa estaria sendo vítima ou do crime de lenocínio (exploração de alguém para satisfazer a lascívia alheia, art. 227 do Código Penal) ou do crime de plágio (reduzir alguém à situação análoga a de escravo, art. 149 do Código Penal). Celebrar um contrato com falsas intenções perante terceiros, somente para não adimplir com suas obrigações perante seus credores é um ilícito civil, uma fraude contra credores e um contrato com objeto tão ilícito quando os exemplos criminais citados.

A *possibilidade do objeto* do contrato deve ser física e jurídica. A *possibilidade física* se refere à possibilidade fática de se realizar a prestação, no que sempre se deve levar em consideração o estado da técnica. Até meados do século passado, o exemplo clássico de impossibilidade física era o de contratar uma viagem à Lua. Hoje, não só é possível este fato como realmente, ainda que apenas uma única pessoa o tenha feito, já foi realizada uma viagem a uma estação espacial mediante pagamento, um verdadeiro contrato.[12] Atualmente poderíamos dizer que é faticamente impossível viajar à velocidade da luz. Mas, essa afirmação não é absoluta; poderá, ou não, no futuro, como a viagem à Lua, ser confirmada ou rechaçada.

A *impossibilidade jurídica* se refere a interesses indisponíveis que, portanto, não podem ser objeto de qualquer forma de alienação. Exemplos que podemos oferecer: vender um órgão do corpo humano, o que atenta contra a inalienabilidade dos direitos da personalidade (art. 13 do Código Civil vigente), quando não se trate de doação gratuita de órgão que seja duplo ou de tecido que se regenere para fins de transplante ou transfusão. Outro exemplo muito citado, posto que expresso no texto do Código Civil vigente (como também o era no Código Civil de 1916), é a *"pacta corvina"*, pois não pode ser objeto de contrato herança de pessoa viva. Veja-se que sempre há um fundamento ético para justificar tais vedações.

---

[12] Dennis Tito, milionário americano, pagou para viajar para a estação espacial russa MIR e lá passar em maio de 2001 uma semana, a quantia de US$ 20 milhões de dólares a uma empresa chamada "Space Adventures". (Fonte: *O Estado de S. Paulo,* São Paulo, 28 abr. 2001.)

Há também que se atentar para a *impossibilidade relativa*. Se esta cessar antes da realização da condição, o negócio jurídico é reputado como válido (art. 106 do Código Civil vigente). Assim, por exemplo, a compra por catálogo de um item que o vendedor não tenha em sua disponibilidade imediata será um contrato válido se o vendedor tiver um prazo de entrega no qual a condição possa ser cumprida, obtida a mercadoria junto ao fornecedor. Um outro exemplo atualmente muito comum é o da compra feita via internet de um item das chamadas lojas virtuais. Estas praticamente não possuem os bens em estoque, mas sabem onde obter o produto e a qual preço. Basta, portanto, que haja a entrega do bem na data aprazada para que a impossibilidade relativa esvazie-se e o contrato seja cumprido. Somente haverá necessidade de invalidar o negócio se a condição futura não puder ser cumprida.

Ainda com relação ao objeto, este deve ser *determinado ou determinável*. Assim, o objeto deve recair sobre uma coisa certa ou sobre uma coisa que se possa determinar, como a colheita de tal produto agrícola de uma fazenda, ou o produto da pesca de um determinado pescador em um dia de trabalho. O objeto não estará caracterizado totalmente em sua contratação, mas concretizar-se-á no momento da prestação.

Por fim, algumas observações sobre a *economicidade*. Pela já mencionada corrente doutrinária, entende-se que é necessário que o objeto do contrato deva ser economicamente apreciável, posto que o contrato tutela direitos patrimoniais. Além disso, se nenhum valor econômico tivesse o objeto de um contrato, não haveria sentido em tutelá-lo juridicamente e emprestar-lhe direito de ação sobre algo que não tem valor e, portanto, em tese, ninguém teria interesse processual em promover uma demanda para reaver ou discutir prestações, prazos não cumpridos, entre outras questões.

c. *Requisitos formais* – Estes requisitos se referem à forma pela qual deve ser celebrado o contrato: verbalmente ou de forma escrita, por instrumento particular ou público. Assim, no direito pátrio vigora o sistema da liberdade das formas, podendo o contrato ser celebrado da forma desejada, desde que não haja disposição expressa exigindo uma forma determinada, que, em geral, é a forma pública. Se isto ocorrer, a forma será essencial ao ato (art. 109 do Código Civil vigente). Por exemplo, a venda de um bem móvel, como um livro, se opera de forma verbal e culmina com o pagamento e a tradição. Já a venda de um imóvel só se reputa válida se feita por instrumento escrito e público (art. 108 do Código Civil vigente). A venda por outro instrumento que não o público, ainda que reduzida a termo pode, no máximo, equivaler a uma promessa de compra e venda. Resumindo, no exemplo da venda do livro, se qualquer solenidade fosse celebrada, ela serviria apenas para comprovar o ato. Contudo, quando se tratar de solenidade imprescindível à conclusão do contrato, ela é tida como essência do negócio jurídico, como no exemplo supra da venda de um imóvel.

d. *Requisito específico dos contratos: a manifestação da vontade* – Até o momento tratamos dos requisitos constitutivos dos contratos que são comuns a todos os negócios jurídicos em geral. Este requisito, entretanto, aplica-se somente aos contratos: a *livre manifestação da vontade* ou o consenso de vontades, sem o qual não há contrato.

Para que haja um contrato é necessária, ao menos, a manifestação de duas vontades (contratos regulares). Mas há contratos em que a manifestação da vontade é plúrima e convergente, como no caso dos contratos sociais. Necessário se faz esclarecer a questão da declaração unilateral da vontade, termo que acarreta a falsa impressão da necessidade de uma única manifestação de vontade para gerar um contrato, ou ainda de um contrato consigo mesmo.

A declaração unilateral da vontade é uma promessa que busca captar a vontade de outrem. Caso alguém corresponda a essa promessa, haverá uma segunda manifestação de vontade, aquiescendo com a primeira, consubstanciada na promessa, portanto, constituindo um contrato que será perfeito e válido. Se não houver resposta à promessa efetuada, não haverá contrato.

O exemplo mais comum, de fácil compreensão, é a promessa de recompensa para quem encontrar um bem extraviado, como um animal de estimação que se perdeu. Somente haverá contrato se alguém encontrar o animal e devolvê-lo ao proprietário promitente. Caso contrário, a promessa não cumprida se quedará sem nenhum valor a título contratual.

A manifestação de vontade deve representar o consenso entre as partes contratantes sobre a *natureza do contrato*, um deve querer vender e o outro comprar; caso contrário, se um quer vender e o outro locar, não há a correspondência necessária; sobre o *objeto do contrato*, a coisa ou direito sobre o qual recai o contrato, se A deseja alugar um imóvel apartamento residencial e B locar um imóvel comercial, há consenso sobre a natureza, mas não sobre o objeto do contrato; e, por fim, sobre as *cláusulas contratuais propriamente ditas* que envolvam direitos, deveres, valores, contraprestações, prazos, tempo de duração do contrato, algumas cláusulas possíveis dentre a vasta gama de cláusulas que um contrato, dependendo de sua natureza, comporte.

Classificação dos Contratos

A classificação dos contratos obedece a vários critérios. Podemos classificar os contratos considerando a forma pela qual são celebrados, as obrigações que cada contratante assume, ou até mesmo os ônus imputados a cada um dos contraentes.

Dessa forma, revela-se útil estabelecer certas classificações, posto que quando analisarmos os contratos em espécie, pela classificação aplicável será possível de antemão conhecermos o conjunto de regras gerais que a ele se aplicam.

As principais classificações, por importância hermenêutica, são as que seguem.

a. Quanto à *forma* podemos classificar os contratos em *escritos* e *verbais*. Uma concepção equivocada muitas vezes paira entre os leigos, sobretudo de que o contrato só existe se há uma manifestação escrita. Esta facilita a prova do pactuado e somente é necessária quando da essência formal, imposta pela lei civil ou quando haja uma complexidade de interesses envolvidos que demandem o estabelecimento de bases firmes e sólidas.

Porém, celebramos contratos de forma verbal e trivial, ou até mesmo gestual, todos os dias. Ao se embarcar em um transporte coletivo como um ônibus, ou individual como um táxi, mediante mero sinal está feita uma proposta de contratação que é aceita pela permissão de embarque. Mesmo quando se trata de transporte pelo metrô, uma vez comprado o bilhete em uma máquina automática e o contratante dirigindo-se à plataforma de embarque, está sendo celebrado (como nos exemplos anteriores) um contrato de transporte pelo qual o contratante se obriga a pagar o preço estipulado e o contratado, a transportar o passageiro ao local desejado em segurança. Já um contrato de sociedade ou de compra de um imóvel somente valeria se fosse escrito, se tomado a termo.

b. Quanto à *solenidade*, consideram-se perfeitos ou acabados e válidos os contratos de três formas: *consensuais*, *reais* e *formais*.

Os contratos consensuais se reputam celebrados e vinculantes quando as partes atingem o consenso sobre todos os requisitos necessários à manifestação de vontade (ver item 1.2 supra). O mero consenso torna o contrato ato jurídico perfeito, válido e exeqüível. Exemplos de possíveis contratos consensuais são a locação ou a compra e venda que, conforme o art. 482 do Código Civil vigente, reputa-se obrigatória e perfeita quando as partes acordarem sobre o preço e o objeto.

Os *contratos reais*, influenciados pela tradição jurídica romana que inspirou a formação do direito civil da Europa e da América Latina em oposição ao direito anglo-saxão, só serão considerados perfeitos e obrigatórios se além da manifestação de vontade houver a efetiva entrega do objeto do contrato. Essa entrega se denomina tradição, do latim *traditio*. Exemplos desse tipo contratual são o contrato de empréstimo (o mútuo e o depósito, arts. 579 e 587 do Código Civil vigente), o contrato estimatório ou a antiga consignação (art. 534 do Código Civil vigente), entre outros. Ressalte-se que a tradição pode ser real ou ficta. A tradição real envolve a entrega da coisa. Já a tradição ficta, até porque às vezes há uma possibilidade fática da entrega do bem, realiza-se de forma simbólica. A tradição de um imóvel pode se dar, por exemplo, pela entrega de suas chaves.

Os *contratos formais*, por sua vez, somente serão atos jurídicos perfeitos e acabados quando a forma escrita e prescrita em lei (seja ela pública ou particular) for observada. Neste caso, a solenidade é da essência do ato (*ad solenitantem*). Por outro lado, para muitos contratos, a forma escrita somente serve de prova e auxilia na interpretação de um conjunto de deveres mais complexo, mas não é da essência do ato. Neste caso, é considerada *ad probationem tantum.*

Na ausência da forma prescrita, a manifestação de vontade é tida como inexistente. São exemplos de contratos solenes a compra e venda de imóveis que sempre, como já mencionado, obedece à forma pública; a doação que, não sendo de valor ínfimo e de bens móveis, deve observar a forma escrita pública ou particular (art. 541 do Código Civil vigente); o contrato de prestação de serviços (art. 595 do Código Civil vigente) e o contrato de mandato (art. 654 do Código Civil vigente), entre outros.

c. Quanto à *prestação*, os contratos podem ser *unilaterais*, *bilaterais* e *plurilaterais*.

Os *contratos unilaterais* não se confundem com a manifestação unilateral de vontade ou sequer significam que só haja uma manifestação de vontade. Em qualquer contrato, ainda que unilateral, sempre haverá, no mínimo, duas ou mais manifestações de vontade. Assim, o que caracteriza o contrato unilateral não é a manifestação da vontade, mas a unilateralidade de deveres ou prestações: uma das partes detém todos os ônus enquanto a outra só aufere benefícios. Um exemplo que elucida a questão é o contrato de doação. No contrato de doação simples, o doador se obriga a entregar determinado bem ao beneficiário. Este manifesta sua vontade aceitando ou rejeitando a coisa, de forma expressa ou tácita. Assim, apenas um dos contratantes tem obrigações, o doador; daí o seu caráter unilateral.

Os *contratos bilaterais* ou sinalagmáticos (do grego *sunállagma,* em português sinalagma, que significa "troca de relações"), por sua vez, estabelecem direitos e deveres diversos para cada um dos contratos. Assim, na compra e venda o vendedor tem o dever de entregar a coisa e o comprador de pagar o preço pactuado. Ressalte-se que de muita importância é a qualificação de um contrato como unilateral ou bilateral. Como no contrato bilateral há paridade de prestações, deveres e direitos recíprocos, somente neste pode ser invocada a exceção de contrato não cumprido (*exceptio non adimplenti contractus*), prevista no art. 476 do Código Civil vigente (do mesmo modo que no *caput* do art. 1.092 do Código Civil de

1916). Assim, um contratante não poderá ser compelido a cumprir sua obrigação se a outra parte não a cumpriu.

Por fim, cabe analisar os *contratos plurilaterais*. Se nos contratos unilaterais ou bilaterais há duas vontades antagônicas mas perfeitamente receptíveis (um indivíduo quer comprar e o outro quer vender; um quer doar e outro, receber), nos contratos plurilaterais as manifestações de vontades são uniformes no sentido de serem vontades a um fim comum. É o caso típico dos contratos societários. Neste caso, os direitos e deveres se tornam mais complexos. Haverá direitos e deveres entre os sócios e de qualquer sócio em relação à sociedade, pessoa jurídica distinta das pessoas físicas ou jurídicas que a compõe, e existente com personalidade própria. Assim, podemos dizer que os contratos plurilaterais não se confundem com os bilaterais, mas apenas expandem seu conceito, diferenciando o trato de direitos e deveres. Uma compra e venda, com vários vendedores e vários compradores, não será um contrato plurilateral porque os vendedores formaram uma categoria com seus direitos e deveres, assim como os compradores.

d. Quanto aos *ônus* gerados para os contratantes, os contratos podem ser *gratuitos* ou *onerosos*.

Nos *contratos onerosos*, as partes contratantes auferem vantagens e benefícios, havendo, outrossim, deveres para ambas. É o caso da compra e venda. O vendedor tem o dever jurídico de entregar o bem e o comprador tem o dever jurídico de pagar o preço. Já o vendedor tem o direito de receber a quantia estipulada e o comprador tem o direito de receber a coisa adquirida. Há, portanto, reciprocidade de encargos e benefícios.

Já nos *contratos gratuitos*, apenas um dos contratantes arca com os encargos e outro só recebe benefícios. É o caso da doação pura, do contrato de depósito ou do contrato de comodato. Na doação pura, o doador somente percebe uma diminuição patrimonial, enquanto o donatário recebe um acréscimo patrimonial, diferente da doação com encargos que não pode ser considerada um contrato gratuito. No contrato de depósito, o contratante se beneficia da guarda que outrem mantém de seu bem. No comodato, o empréstimo de coisa infungível é feito em benefício exclusivo do contratante.

Contudo, há que se ressaltar que alguns contratos gratuitos podem se tornar onerosos se for estabelecida uma contraprestação. Em alguns casos, a figura contratual será a mesma. Por exemplo, a doação com encargos não deixa de ser uma doação, mas não pode ser classificada como estritamente benéfica. O mesmo ocorre com o depósito, se remunerado, não deixa de ser depósito, mas passa a ser oneroso. É o caso do estacionamento em um supermercado ou *shopping center*. O contrato será sempre de depósito. Se não houver pagamento, será gratuito. Se for exigida uma contraprestação, será oneroso. Mas, em ambos os casos, será um contrato de depósito. Já o comodato, por exemplo, se demandar uma contraprestação, será um contrato de mútuo e deixará de ser um contrato de comodato.

Esta classificação é de suma importância para a interpretação dos contratos, posto que os contratos benéficos (como os gratuitos) devem ser interpretados de forma restrita (art. 114 do Código Civil vigente e art. 1.090 do Código Civil de 1916).

e. Quanto ao *risco*, os contratos podem ser tidos como *comutativos* ou *aleatórios*. A regra geral, da maioria dos contratos é que estes sejam comutativos, posto que as prestações, definidas precisamente de antemão, são equivalentes. Já os contratos aleatórios são de risco (álea, do latim *alea,* significando "sorte"), nos quais o contratante deve estar plenamente ciente de que pode sofrer lucro ou prejuízo e, neste último caso, deverá suportá-lo.

Um exemplo de contrato de risco seria a compra de uma safra agrícola em formação, ainda não colhida, pagando-se um preço fixo de antemão, sem que se saiba se haverá colheita, qual a quantia e a qualidade desta. Tanto pode o contratante sofrer prejuízos pela má-qualidade dos produtos colhidos, pela pequena quantidade aproveitável como pode auferir mais lucros do que o esperado, pois a quantia e/ou a qualidade se revelaram melhores do que as projeções feitas pelos contratantes.

Os contratos aleatórios já eram previstos pelo Código Civil de 1916, arts. 1.118 a 1.121. A disciplina no Código Civil vigente está nos arts. 458 a 461 e em nada difere do antigo regramento. O art. 458 do Código Civil vigente define o contrato aleatório como aquele em que uma das partes assume riscos por se tratarem de coisas ou fatos futuros. Se o alienante não concorrer com má-fé, dolo ou culpa, terá direito à prestação prometida, mesmo que o fato não ocorra como previsto ou a coisa venha a existir, ainda que em quantidade menor que a esperada. Somente não terá qualquer obrigação o contratante, se o fato não ocorrer ou se da coisa nada vier a existir. E o contratado deverá agir com boa-fé todo tempo, posto que poderá ser anulado o contrato se o contratado conhecesse de antemão o risco ou expusesse a coisa deliberadamente a este.

f. Quanto à *previsão normativa*, os contratos podem ser *típicos*, *atípicos* ou *mistos*.

Os *contratos típicos* são aqueles cujas formas de celebração, os direitos e deveres dos contratantes, as responsabilidades, as formas de execução, entre outras características, estão plenamente disciplinados em lei. O contrato tem um tipo que deve ser seguido pelos contratantes. São todos os contratos previstos no Código Civil (arts. 482 a 853) e nas leis especiais (contrato de locação de imóveis, Lei Federal 8.245/1991, contratos de seguro saúde, Lei Federal 9.656/1998, entre tantos outros).

Os *contratos atípicos* são fruto da imaginação criativa e da necessidade negocial que acabam por criar negócios jurídicos diferentes dos existentes. Assim, os contratos atípicos não possuem qualquer previsão legal, mas poderão existir desde que preenchidos os requisitos comuns a todos os contratos: agente capaz, objeto lícito, possível, determinado ou determinável e não haver forma prescrita ou não proibida em lei (sobre estes requisitos, remetemos o leitor ao item "Requisitos e Elementos dos Contratos em Geral" deste capítulo).

A respeito dos contratos atípicos o Código Civil vigente inovou, introduzindo no art. 425 seu reconhecimento expresso como legítimo e uma norma de hermenêutica. Sob a égide do Código Civil de 1916, perquiria-se se no contrato atípico não haveria mais traços de um determinado contrato típico para se lhe aplicarem suas regras. É o caso dos contratos de locação de espaços em *shopping centers*, designados como um misto de locação com outros deveres comerciais e de condomínio entre outros. Pela dicção do novo artigo do Código Civil vigente, há uma nova regra interpretativa, qual seja, que não se deve levar em conta na interpretação e na integração dos contratos atípicos sua semelhança com este ou aquele contrato típico, mas os princípios gerais de interpretação dos negócios jurídicos em geral e dos contratos especificamente.

Os *contratos mistos* são aqueles previstos como típicos no Código Civil, mas com algumas cláusulas que alteram de forma significativa seu caráter, deixando de ser contratos plenamente típicos sem, no entanto, chegarem a ser contratos totalmente atípicos. O Código Civil vigente silencia a respeito desse *tertium genus*. Acreditamos que a melhor interpretação será aquela que considerar seu caráter típico e, neste ponto, deverá seguir as regras positivadas. No mais, às demais cláusulas aplicar-se-ia o art. 425, supra-referido, dos contratos atípicos. Certamente, é uma árdua tarefa interpretativa, mas sempre se deve buscar a intenção das partes e sua veraz manifestação de vontade, e não a literalidade contratual.

g. Quanto à *execução dos contratos*, podem estes ser de execução *imediata*, *sucessiva*, ou *diferida*.

Os contratos de *execução imediata* ou *instantânea* são realizados em único ato que engloba o acordo de vontades e o cumprimento da prestação. Um contrato de compra e venda à vista, por exemplo, é de execução imediata.

Os *contratos de execução sucessiva*, de execução continuada ou de trato sucessivo necessitam de vários atos após a celebração, para que sejam executadas suas prestações. Este é o caso, por exemplo, de um contrato de prestação de serviços, do contrato de fornecimento.

Os *contratos de execução diferida* são muito similares aos de execução imediata, pois se perfazem com um único ato, mas a diferença está em pactuar este ato para o futuro. Uma compra e venda em que se pactue a entrega do bem e o pagamento para datas futuras se aperfeiçoou em um só ato, quando se acordou sobre o objeto e o preço, mas sua execução será futura, diferida no tempo. Várias conseqüências jurídicas de suma importância decorrem desta classificação:

g1. Os contratos de execução imediata ou diferida, se atingidos por uma nulidade devem importar no desfazimento do pactuado e no retorno das partes ao estado anterior ao da contratação (*status quo ante*). Já nos contratos de execução ou trato sucessivo, se ocorrida uma nulidade, todos os atos realizados até o momento são considerados válidos e somente os atos futuros serão atingidos por esta nulidade, sendo alterados ou até mesmo suprimidos.

g2. As prestações somente precisam ser simultâneas no contrato de execução imediata. Isto possibilita que nos demais contratos (de execução diferida ou sucessiva) seja aplicada, se necessária, a exceção do contrato não cumprido, já referida supra, como prevista no art. 476 do Código Civil vigente.

g3. As alegações de onerosidade excessiva e a revisão judicial têm como pressuposto fatores não previstos, futuros, ocorridos durante a execução do contrato, portanto, somente são aplicáveis aos contratos de execução sucessiva (ou de trato sucessivo), por absoluta inaplicabilidade fática aos demais tipos contratuais dessas previsões.

h. Quanto ao *estabelecimento das cláusulas*, os contratos podem ser *paritários* ou de *adesão*.

Os *contratos paritários* surgiram sob a égide do contratualismo liberal, segundo o qual as partes contratantes poderiam discutir livremente cláusulas, pois se encontravam em condições que lhes proporcionavam idênticos poderes negociais, ou ao menos dentro de um certo equilíbrio, ou seja, havia paridade de condições (*par conditio*). Atualmente esses contratos ainda existem, mas cederam grande espaço aos contratos de adesão.

Os *contratos de adesão* surgiram da necessidade da sociedade massificada, onde o volume dos contratos é tão grande que justifica a criação de contratos "formulário" ou "padrão", pois não difeririam substancialmente entre si. Assim, uma das partes contratantes já apresenta as cláusulas em um formulário preestabelecido ao qual a outra parte somente adere. Há uma disparidade de condições patente, visto que a parte contratante aderente em geral se encontra em posição de hipossuficiência econômica ou de hipossuficiência de informação. O contrato de adesão foi legalmente definido pelo Código de Defesa do Consumidor da seguinte forma em seu art. 54, *caput*:

> *"Contrato de adesão é aquele cujas cláusulas tenham sido aprovadas pela autoridade competente ou estabelecidas unilateralmente pelo fornecedor de produtos ou serviços, sem que o consumidor possa discutir ou modificar substancialmente seu conteúdo."*

O maior problema do contrato de adesão não é sua resposta rápida e eficiente à necessidade negocial, mas sim a margem de abusos pela parte contratante que impõe as cláusulas e condições do contrato. Muitas vezes, somente aquele contratante ou contratado pode ser o fornecedor de um produto ou serviço, o que o coloca em uma posição negocial extremamente vantajosa.

O Código de Defesa do Consumidor foi editado em 1990, na tentativa de coibir os abusos para os quais o liberal e tradicional e não industrial Código Civil de 1916 não estava preparado para resolver. E o Código Civil vigente, além de dever ser interpretado de forma integrada ao microssistema de defesa do consumidor, possui dois artigos dedicados à interpretação dos contratos de adesão (arts. 423 e 424), que serão examinados no item "Interpretação dos Contratos de Adesão", neste capítulo.

i. Por fim, quanto ao *direito aplicável*, temos os *contratos civis*, *empresariais* e de *consumo*.

Com a unificação do direito das obrigações, sejam contratos *civis ou empresariais*, a disciplina será única, de direito privado, aplicando-se o Código Civil vigente e subsidiariamente, quando necessário, o Código de Defesa do Consumidor.

Porém, quando se tratar de *contrato de consumo*, será aplicável o Código de Defesa do Consumidor. A identificação da relação ou do contrato de consumo será determinada pela própria definição do que vem a ser consumidor (art. 2º do Código de Defesa do Consumidor)

> *"Consumidor é toda pessoa física ou jurídica que adquire ou utiliza produto ou serviço como destinatário final.*
> *Parágrafo único. Equipara-se a consumidor a coletividade de pessoas, ainda que indetermináveis, que haja intervindo nas relações de consumo",*

complementada pela definição de fornecedor (a outra parte contratante), constante do art. 3º do Código de Defesa do Consumidor

> *"Fornecedor é toda pessoa física ou jurídica, pública ou privada, nacional ou estrangeira, bem como os entes despersonalizados, que desenvolvem atividade de produção, montagem, criação, construção, transformação, importação, exportação, distribuição ou comercialização de produtos ou prestação de serviços."*

Caracterizando-se os contratantes como fornecedor e consumidor, aplicar-se-á o Código de Defesa do Consumidor. Caso haja caracterização dos contratantes neste *status* jurídico, estaremos diante de um contrato a ser regido, em sua inteireza pelo Código de Defesa do Consumidor, usando-se o Código Civil vigente apenas de forma supletiva, quando necessário. Contudo, em sendo o microssistema consumerista lei especial e mais abrangente, poucos casos vemos de possibilidade de aplicação do Código Civil. Já o contrário não nos parece que venha a ocorrer, posto que o Código Civil vigente é muito menos específico em assuntos como, por exemplo, contrato de adesão, que podem ser considerados de consumo ou não.

Positivação de Preceitos de Interpretação na Teoria Geral dos Contratos

Além de alguns dispositivos específicos à interpretação de alguns contratos típicos, o "Capítulo I" do Título "Dos Contratos" do Código

Civil de 1916 já adentrava diretamente a questão da formação dos contratos, possuindo como disposições gerais apenas: a vedação de contratos cujo objeto fosse herança de pessoa viva (Código Civil de 1916, art. 1.089 e Código Civil vigente, art. 426); que mais importante que a literalidade dos dispositivos contratuais era a vontade manifestada pelas partes, prevalecendo, assim, a teoria da vontade sobre a teoria da declaração (Código Civil de 1916, art. 85 e Código Civil vigente, art. 112); e, por fim, que os contratos benéficos deveriam ser interpretados restritivamente (Código Civil de 1916, art. 109 e Código Civil vigente, art. 114).

A razão pela qual, entretanto, o Código Civil de 1916 foi tão econômico em matéria interpretativa deduz-se de um estudo simples do contexto histórico da época. O liberalismo, corrente ideológica majoritária, buscava a mais absoluta liberdade, um Estado que cumprisse funções mínimas, o denominado Estado mínimo.

Assim, qualquer intervenção estatal no campo das liberdades, como a liberdade contratual, era vista como perniciosa e indevida. Impor como um contrato deveria ser escrito, interpretado, no contexto histórico liberal seria visto como uma ingerência descabida do Estado em assuntos que somente diriam respeito aos particulares.

A necessidade de intervenção do Estado foi surgir muito depois, posto que a disparidade de contratar deu origem a abusos que somente o Estado poderia coibir, nascendo o dirigismo contratual, que nada mais é do que a intervenção do Estado nos contratos (como o Estado intervém em muitas das esferas privadas atualmente) que aos poucos foi se consolidando no direito pátrio, encontrando-se, atualmente, com força jamais dantes vista.

Na ausência, então, sob a égide do Código Civil de 1916, de princípios de interpretação, a doutrina e a jurisprudência se encarregaram da tarefa de interpretar os contratos e estabelecer as balizas mínimas da hermenêutica, que são muito úteis e podem ser utilizadas supletivamente e de forma adequada à interpretação contratual face ao Código Civil vigente.

Podemos resumir os mais importantes princípios de hermenêutica da seguinte forma:

a. A boa-fé é o princípio que deve reger todos os contratos, devendo aquele que age de má-fé, que busca fim contrário ao direito, ser apenado.

b. Como todo contrato tem um fim econômico ou patrimonial, deve-se interpretar as cláusulas deste considerando os fins econômicos visados pelas partes, nunca deixando o contrato desprovido de um mínimo de conteúdo econômico.

c. Sempre que houver dúvida, as cláusulas deverão ser interpretadas da forma que for menos onerosa para o devedor.

d. O contrato é um conjunto orgânico; deste modo, deve ser interpretado de forma sistemática, não se separando uma cláusula do contexto contratual no qual ela está inserida. Qualquer cláusula deverá ser interpretada com relação às cláusulas precedentes e às subseqüentes, considerando a existência de uma finalidade comum, de um objetivo contratual.

e. A conduta das partes contratantes, quando estas já contrataram anteriormente ou quando se encontram em um contrato de trato sucessivo, é indicativa da vontade realmente pactuada e poderá fornecer indícios, caso haja uma mudança drástica de conduta, de que alguma das partes pode estar agindo de forma dolosa, culposa ou de má-fé.

f. Ao se interpretar uma cláusula, deve-se buscar aquela interpretação que empreste um mínimo de efeito para a disposição contratual, evitando-se, sempre que possível, a inaplicabilidade de uma cláusula ou a conclusão de que se trata de uma disposição inútil. Somente deve ser rejeitada de plano aquela cláusula contratual que não fizer qualquer sentido ou que não tiver qualquer relação com o contrato no qual está inserida.

g. Se uma palavra, expressão ou sentença tiver sentido equívoco (mais do que um significado), deve-se buscar conciliar o sentido leigo – já que muitas vezes os contratos não são escritos por operadores do direito – com o sentido que for condizente com a natureza do contrato.

h. Os usos e costumes já incorporados na praxe (desde que não sejam *contra legem* ou violem princípios de ordem pública) devem ser considerados como parte dos contratos daquela espécie, em caso de dúvida interpretativa.

i. Por mais que as cláusulas sejam genéricas, somente deverão ser aplicadas ao objeto determinado no contrato, sem especulação de objetos que não estejam explicitamente discriminados.

j. Interpretar-se-ão contrariamente ao contratante (em uma espécie de sanção) as cláusulas que este por má-fé ou dolo tenha escrito de forma obscura, ambígua ou que tenham dado origem a vícios contratuais.

Os princípios interpretativos citados, como já explanamos, são fruto do trabalho dos juristas, que recorreram às mais variadas fontes, inclusive ao próprio direito romano. Mas, percebe-se nitidamente um caráter casuísta nesses princípios, ainda que tivessem como inspiração a boa-fé e a reprovação do enriquecimento sem causa. Atente-se que sempre são feitas referências a cláusulas e disposições, mas não ao espírito contratual, já que a liberdade contratual era a regra.

Com o declínio da liberdade contratual individualista, muito avançou nosso Código Civil vigente, ao positivar e objetivar princípios de caráter geral que devem ser seguidos por todos os contratantes e em qualquer forma contratual. Apesar de poucos artigos dedicados a esta seção, a mudança é substancial, como se pode notar.

A liberdade contratual continua a ser um corolário da disciplina dos contratos, mas encontra limites na função social do contrato. O individualismo não pode ser exacerbado e se sobrepor aos interesses sociais (art. 412 do Código Civil vigente).

A probidade e a boa-fé devem pautar a conduta dos contratantes na conclusão e na execução dos contratos (art. 422 do Código Civil vigente).

Os contratos de adesão deverão ser interpretados de forma mais favorável ao aderente, em caso de ambigüidade e contradições nas cláusulas contratuais. E as cláusulas que importarem em renúncia a direitos resultantes da natureza do próprio contrato serão tidas como nulas. (arts. 423 e 424 do Código Civil vigente).

Os usos locais são parâmetros de interpretação (art. 113 do Código Civil vigente), positivando-se a regra hermenêutica citada de que os costumes locais devem ser considerados parâmetros de interpretação e de execução contratual.

A renúncia, por fim, deve ser interpretada de forma estrita, sempre relativa ao direito renunciado e nos seus limites (art. 114, Código Civil).

Analisemos, agora, mais detidamente, os princípios mais relevantes de hermenêutica geral dos contratos incorporados ao Código Civil vigente.

A Função Social dos Contratos

Para que possamos bem entender e definir a função social dos contratos, é necessária uma breve análise histórica da evolução desse instituto, considerando seu nascimento até o momento atual em que o contrato é visto como submetido a uma função social.

O nascimento dos contratos, considerando-se os tipos contratuais e as solenidades que podem envolver certas avenças, deu-se com o direito romano. Não se pode afirmar que havia exatamente uma liberdade contratual, posto que tal conceito lhes era estranho.[13] Em verdade, a liberdade que se prezava era a liberdade política, de participar das decisões e de exercer a democracia direta. O próprio conceito de liberdade não foi formulado à época, considerando-se a Antiguidade greco-romana.

Contudo, havia a necessidade de intercâmbio de bens e serviços, já que apesar da existência de escravos, havia também cidadãos, que não eram, de forma alguma, como alguns senhores feudais, autosuficientes.

Com uma origem extremamente religiosa iniciaram-se as celebrações dos contratos em Roma, o contratar estava ligado à religião e, ao serem pronunciadas palavras mágicas ou celebrados rituais,[14] transferiam-se bens, efetuavam-se tradições de compra e venda ou troca, e,

---

[13] FERRAZ JÚNIOR, Tércio Sampaio. *Estudos de filosofia do direito – reflexões sobre o poder, a liberdade, a justiça e o direito*. São Paulo: Atlas, 2002.
CONSTANT, Benjamin. Da liberdade dos antigos comparada à dos modernos. Tradução Loura Silva. *Filosofia política 2*, Porto Alegre, 1985.

[14] SOLON, Ari Marcelo. *Dever jurídico e teoria realista*. Porto Alegre: Sérgio Antônio Fabris Editor, 2000.

até mesmo, pactos antenupciais, casamentos. Desconheciam, outrossim, a idéia de manifestação de vontade como a conhecemos.

Ressalte-se que o direito romano somente era aplicável ao *cives,* ao cidadão romano, somente vindo no final do Império a ser aplicado aos estrangeiros e aos escravos. Tratava-se do direito quiritário, uma das fontes mais utilizadas de direito romano até hoje.

Passaram-se os anos e os motivos religiosos acabaram por se perder no tempo, mas as celebrações e solenidades persistiram, adquirindo agora um caráter secular (não religioso). Contudo, a casuística romana legou-nos os principais contratos que utilizamos até hoje e princípios como a boa-fé e a ilicitude do enriquecimento sem causa.

Com o fim do Império Romano e com o advento da Idade Média pouco se avançou em matéria contratual. Somente com as navegações é que o comércio floresceu e, juntamente com este, os contratos. E nesta linha de evolução, chegamos à ascensão da burguesia e de suas reivindicações.

Sob o domínio dos monarcas com poder absoluto, ou de monarcas que dividiam seu poder com os remanescentes do clero e da nobreza, surgiram os ideais iluministas e, conseqüentemente, a Revolução Francesa, que viria a inspirar, como dissemos na introdução desta obra, o movimento codificador.

A última coisa que os burgueses desejavam era a intervenção estatal; buscava-se a liberdade individual (em sentido amplo) e, no que nos pertine, a liberdade contratual, de contratar livremente, aumentando-se a esfera privada e o Estado quedando-se apenas como um árbitro muito discreto, que jamais deveria interferir nas questões privadas, sobretudo nas contratuais.

Assim, sem dúvida, à medida que a liberdade individual floresce, o mesmo se passa com o intercâmbio comercial. Daí surgem as idéias de que o contrato é lei entre as partes e que em hipótese alguma poderia ser revisto pelo Poder Judiciário, ainda que se tornasse, por qualquer motivo, extremamente oneroso para uma das partes. Empenhada a palavra, deveria a obrigação ser cumprida.

Durante quase dois séculos esta foi a visão contratual que imperou: da liberdade individual como bem supremo e intocável.

Contudo, a massificação da sociedade pós Revolução Industrial em muito modificou a idéia de liberdade contratual individual, sobretudo com a espiral evolutiva do século XX, em que as leis e os códigos não conseguiam dar conta da multiplicidade dos contratos e das situações imprevistas que surgiam.

Pelo brocardo *pacta sunt servanda*, ainda que uma causa inesperada e imprevista ocorresse, o contratante prejudicado por essa ocorrência não poderia livrar-se do vínculo contratual ou adaptá-lo para uma prestação condizente com uma realidade que não fora criada por ele.

A crescente intervenção do Estado na economia e o desenvolvimento social tornaram insustentável a visão de liberdade individual, de direitos puramente individuais. Assim, já sob a égide do constitucionalismo, nascem as primeiras constituições com preocupações sociais, como a Constituição dos Estados Unidos do México de 1917 (que dispunha sobre reforma agrária) e a Constituição Alemã de Weimar, de 1919, mais abrangente e sistematizada que passou a tratar da questão social como um todo.

No decorrer do século XX, houve um forte movimento para socializar e humanizar as relações sociais. As liberdades individuais são indispensáveis, mas a concepção do bem, da sociedade como um todo, era imperiosa, sob pena de que toda a estrutura estatal ruísse.

Aos poucos, passamos a sofrer em nossa doutrina e na jurisprudência influxos dessa idéia de direitos sociais e, portanto, de que o contrato não interessa somente aos indivíduos que o celebram, mas repercute na sociedade como um todo, já que é a mola propulsora das atividades negociais. Sem o contrato não há atividade econômica; então, o que fazer com a produção que não pode ser comercializada, por exemplo?

Desta forma, foram sendo adotados princípios que apontavam para a função social dos contratos no direito comparado. Mas, no Brasil, somente muito recentemente, nas últimas décadas, é que o reconhecimento implícito da função social do contrato ocorreu. Isto porque, ao se reconhecer que o contrato tem uma função social, implicitamente, permite-se sua revisão judicial para alcançar o equilíbrio financeiro (a substituição da igualdade formal dos contratos liberais por uma igualdade material), a possibilidade de renegociação ou de revisão judicial dos contratos que se tornassem de onerosidade excessiva para uma das partes ou de qualquer outra forma inexeqüíveis por fatos imprevistos e imprevisíveis à época da sua celebração, sobretudo pelo "fato do príncipe" (a intervenção do Estado) ou das mudanças de mercado.

Como referido, devido à nossa tradição jurídica romanística, no Brasil o apego ao direito positivo é muito forte. Foi introduzida, em alguns diplomas, a possibilidade da revisão dos contratos pela teoria da imprevisão, mas ainda contava-se com forte resistência dos tribunais à mudança dos paradigmas de função individual para função social.

O início da consolidação da idéia da função social do contrato deu-se, seguramente, com o advento da Constituição Federal de 1988. Sem ser socialista, mas prezando os valores sociais em detrimento de valores individuais, a Carta da República garantiu a propriedade, mas introduziu explicitamente que esta deveria cumprir sua função social no art. 5º, incisos XXII e XXIII.

A propriedade não deixa de ser um direito individual, mas deve ter uma função na sociedade: é fundamento da ordem econômica, deve servir de moradia, de fonte de emprego, deve ser útil à sociedade como um todo, não pode mais ser abandonada ou negligenciada. Não pode ser utilizada para fins ilícitos, como o plantio de substâncias entorpecentes, o que pode levar ao seu confisco. E se for propriedade rural deve ser produtiva, sob pena de desapropriação para fins de reforma agrária (art. 170, III; art. 182, § 3º, art. 184, art. 185, art. 186 e art. 243).

Citamos a propriedade como exemplo do início da consolidação da função social, pois este sempre foi um direito visto como um símbolo do direito individual, sagrado e intocável. Mas, seus paradigmas foram alterados substancialmente.

A função social deve permear os institutos do direito privado, como se pode depreender de algumas disposições da Constituição Federal. Isto não significa que o direito deixa de ser privado, continua a sê-lo, mas seu enfoque não pode ser puramente individual, devendo levar em consideração a sociedade civil em seus direitos privados como um todo.

A Constituição Federal prevê que são fundamentos da República Federativa do Brasil: a dignidade da pessoa humana e os valores do trabalho e da livre iniciativa (art. 1º, incisos III e IV). Outrossim, são objetivos do nosso país garantir o desenvolvimento nacional e promover o bem de todos sem qualquer tipo de discriminação (art. 3º, incisos III e IV).

Ora, como é possível garantir o desenvolvimento e a não discriminação se a prática contratual muitas vezes realizada pelos contratos de adesão já referidos é opressora, causando ônus muito maiores a uns do que a outros? Como se garante o desenvolvimento nacional com contratos que suprimem, em vez de gerar empregos e renda? Como garantir os objetivos do país se o desenvolvimento de cada um é obstado em uma simples compra e venda atingida, por uma alteração de um índice governamental que causa um desequilíbrio contratual e um aumento de prestação de tal sorte que impossibilita seu cumprimento? E se lhe é impedida a revisão judicial deste desequilíbrio?

Neste passo, a Constituição Federal muito avançou em lançar as bases e premissas para que fosse possível a compreensão de que o direito privado exerce uma função social sem que esta se confunda com o direito público.

Além disso, apercebendo-se de que o consumidor era o mais prejudicado nos contratos em geral, a Constituição Federal estabeleceu em seu art. 5º, inciso XXXII, que o Estado promoveria a defesa do consumidor, na forma da lei, e que esta deveria ser estabelecida em 120 (cento e vinte) dias a contar da promulgação da Constituição Federal (art. 48 do Ato das Disposições Constitucionais Transitórias). Além disso, a defesa do consumidor foi alçada à condição de um dos princípios que devem reger a ordem econômica (art. 170, inciso V da Carta da República).

Com o advento do Código de Defesa do Consumidor em 11 de setembro de 1990 (bem após o prazo constitucionalmente estabelecido), os princípios constitucionais de função social dos contratos passaram a ser aplicáveis, ao menos às relações de consumo. Como conseqüência, vedam-se cláusulas consideradas abusivas, as vantagens unilaterais, as cláusulas contratuais que impedem o exercício dos direitos próprios do consumidor e inerentes àquela forma contratual e, sobretudo, a possibilidade de revisão judicial dos contratos e o encampamento da teoria da imprevisão, pela qual fatos imprevistos e imprevisíveis à época da contratação não podem gerar ganhos excessivos de um contratante em detrimento de outro.

Após o Código de Defesa do Consumidor, visto que muitas das relações contratuais podem ser classificadas como relações de consumo (veja-se seção precedente, neste capítulo, "Classificação dos Contratos"), a função social dos contratos tomou corpo e seus principais efeitos através da revisão judicial puderam ser sentidos. Contudo, em outros campos ainda havia resistência doutrinária e jurisprudencial na aplicação desta função social dos contratos: os contratos bancários. Alegando-se que os contratos bancários não se adequavam à definição de contratos de consumo, muitos casos acabaram por não ser abarcados sob a égide do Código de Defesa do Consumidor, pela aceitação dessa tese.

O Código Civil vigente, contudo, parece ainda ter de transpor o último foco de resistência à função social do contrato. Com a unificação do direito privado no tocante às obrigações e contratos em espécie e com a previsão explícita de que o contrato exerce uma função social, ou seja, afeta terceiros, a sociedade como um todo. A liberdade contratual não pode ser irresponsável, a ponto de ignorar seus reflexos, acreditamos, então, que a aplicação deste "Novo Código Civil" possa finalmente exercer, dentro dos limites devidos, a função social dos direitos essencialmente privados.

A previsão é clara e cogente no art. 421 do Código Civil vigente:

> "*A liberdade de contratar será exercida em razão e nos limites da função social do contrato*".

E as principais decorrências do exercício dessa função social, como a aplicação da teoria da imprevisão, a eliminação da onerosidade excessiva superveniente não imputável a nenhum dos contratantes e a previsão de revisão judicial dos contratos, seja nestes casos, seja nos casos de vício do negócio jurídico,[15] estão previstas expressamente no Código Civil vigente, para permitir que esta se cumpra plenamente.

[15] Referimo-nos à lesão e ao estado de perigo (arts. 156 e 157) nos quais o contrato não é anulado ou considerado nulo de plano, mas permite-se ao menos a tentativa de sua revisão judicial e o alcance de uma isonomia contratual.

Além disso, o art. 2.035, em seu parágrafo único, dispõe que qualquer convenção tendente a retirar a eficácia da função social da propriedade ou do contrato será tida como nula, impedindo tentativas de burla deste novo requisito.

Resta-nos, ainda, analisar a dicção do art. 421, já referida supra, na qual consta a expressão *liberdade de contratar*. Com acerto, doutrinadores como Álvaro Villaça Azevedo[16] e Giselda Maria Fernandes Novaes Hironaka[17] destacam a diferença essencial entre *liberdade de contratar* e *liberdade contratual*.

A *liberdade de contratar* não está sendo questionada. É um atributo da personalidade e da dignidade humana (art. 1º, inciso III da Constituição Federal) a liberdade de escolher entre contratar ou não contratar. A *liberdade de contratar* nada mais é do que uma possibilidade de escolha, de não submissão à vontade alheia, de apenas vincular-se quando esta é sua vontade. Só se vincula por sua própria vontade. Não há servidão nem obrigação. Novamente recorremos à fundamentação constitucional: ninguém está obrigado a fazer ou deixar de fazer algo se não em virtude de lei (art. 5º, inciso II da Constituição Federal).

Sendo a liberdade individual o princípio maior como estatuído pela Constituição Federal, ninguém pode ser compelido a contratar.

Já a *liberdade contratual*, apesar do aparente preciosismo terminológico, é um fundamento diverso. Uma vez superada a fase de escolha entre contratar ou não (da liberdade de contratar) e tendo o indivíduo escolhido celebrar o contrato, entra em uso a figura da *liberdade contratual*. Esta nada mais significa do que a liberdade de escolher o objeto do contrato, a forma do contrato, os prazos, a execução, ou seja, o conteúdo do contrato.

Se a *liberdade de contratar* só encontra limites na licitude, a *liberdade contratual* é que deve ser pautada pelos ditames da função social do contrato. É no momento após a decisão de que se quer contra-

---

[16] AZEVEDO, Álvaro Villaça. Anotações sobre o novo Código Civil. *Revista do Advogado*, São Paulo, ano XXII, n. 68, p. 7-18, dez. 2002.

[17] HIRONAKA, Giselda Maria Fernandes Novaes. Contrato: estrutura milenar de fundação do direito privado. *Revista do Advogado*, São Paulo, ano XXII, n. 68, p. 79-86, dez. de 2002.

tar e quando o contrato está sendo formulado que a função social primeiro se manifesta, para depois continuar a prevalecer tanto na conclusão como na execução do contrato.

Assim, procede a crítica dos autores citados supra que, corretamente, entendemos, interpretam que não é a *liberdade de contratar* que deve ser pautada pela função social do contrato, mas sim a *liberdade contratual*.

Deste modo, devemos interpretar o art. 421 de forma que a *liberdade contratual* é que seja

"exercida em razão e nos limites da função social do contrato".

De toda forma, já tramita perante o Congresso Nacional projeto de alteração do Código Civil (Projeto 6.960/2002) de autoria do Deputado Ricardo Fiúza, que dentre várias alterações propostas em todos os livros do Código Civil vigente propõe, corretamente, a substituição da locução *liberdade de contratar* pela expressão *liberdade contratual*, facilitando a interpretação do real sentido de função social que se busca dar ao contrato.

Como conclusão, devemos ressaltar que a função social do contrato é um *topos*, um ponto de partida comum para as várias interpretações que se possa dar a um contrato. Em nome da função social um contrato poderá ser alterado, anulado, ampliado ou restrito. Isto dependerá da interpretação do caso concreto e do atendimento aos parâmetros do que vem a ser a função social, que já foram expostos.

Assim, resta-nos aguardar e verificar como os tribunais, diante dos casos concretos que surjam para julgamento e que demandem a aplicação da função social do contrato, atingirão este difícil equilíbrio entre o individual, o social e o público que, todavia, se impõe por força da Constituição Federal, de sua previsão de igualdade material e pela agora expressa previsão do Código Civil vigente.

Da Boa-fé como Princípio Objetivado

A questão da boa-fé sempre esteve entre nós no Código Civil de 1916, em sua interpretação e aplicação. Citada de forma esparsa, era, contudo, tida como princípio geral inspirador. Sempre aquele que de boa-fé agia era beneficiado.

Assim, qualquer doutrinador que tenha escrito sobre o direito civil vigente até o limiar do século XXI sempre citou a boa-fé como princípio vetor para interpretar, preencher lacunas e até decidir controvérsias. Considerava-se a boa-fé ínsita e do espírito inspirador das disposições do Código Civil de 1916.

Em muitos artigos do Código Civil de 1916 há menção explícita ao princípio da boa-fé. Podemos citar alguns exemplos:

> *"Art. 109 – A ação, nos casos dos arts. 106 e 107, poderá ser intentada contra o devedor insolvente, a pessoa que com ele celebrou a estipulação considerada fraudulenta, ou terceiros adquirentes que hajam procedido de má-fé."*

> *"Art. 112 – Presumem-se, porém, de boa-fé e valem os negócios ordinários indispensáveis à manutenção de estabelecimento mercantil, agrícola, ou industrial do devedor."*

> *"Art. 510 – O possuidor de boa-fé tem direito, enquanto ela durar, aos frutos percebidos."*

> *"Art. 516 – O possuidor de boa-fé tem direito à indenização das benfeitorias necessárias e úteis, bem como, quanto às voluptuárias, se lhe não forem pagas, a levantá-las, quando o puder sem detrimento da coisa. Pelo valor das benfeitorias necessárias e úteis, poderá exercer o direito de retenção."*

> *"Art. 622 – Feita por quem não seja proprietário, a tradição não alheia a propriedade. Mas, se o adquirente estiver de boa-fé, e o alienante adquirir depois o domínio, considera-se revalidada a transferência e operado o efeito da tradição, desde o momento do seu ato.*
>
> *Parágrafo único – Também não transfere o domínio a tradição, quando tiver por título um ato nulo."*

"Art. 1.002 – Se o novo devedor for insolvente, não tem o credor, que o aceitou, ação regressiva contra o primeiro, salvo se este obteve por má-fé a substituição."

"Art. 1.073 – Na cessão por título oneroso, o cedente, ainda que se não responsabilize, fica responsável ao cessionário pela existência do crédito ao tempo em que lho cedeu. A mesma responsabilidade lhe cabe nas cessões por título gratuito, se tiver procedido de má-fé."

"Art. 1.405 – A renúncia é de má-fé, quando o sócio renunciante pretende apropriar-se exclusivamente dos benefícios que os sócios tinham em mente colher em comum; e haver-se-á por inoportuna, se as coisas não estiverem no seu estado integral, ou se a sociedade puder ser prejudicada com a dissolução nesse momento."

Ao examinarmos detidamente os artigos supra, verificamos que a boa-fé ou o sancionamento de sua violação, que corresponderia à má-fé não se revelava, ao menos de forma positiva, apenas como princípio, como já dito, de forma genérica. A boa-fé era tratada de forma assistemática, sobretudo no tocante aos contratos, como demonstram os arts. 1.002, 1.073 e 1.045 do Código Civil de 1916.

Outra importante conclusão que podemos extrair da indispensável leitura destes artigos é o conceito de boa-fé que vigia sob a égide do Código Civil anterior. A boa-fé como disposta no Código Civil de 1916 era a boa-fé subjetiva, ao passo que o Código Civil vigente trata de uma boa-fé objetiva, sendo esta uma diferença essencial, como explicaremos.

A boa-fé subjetiva diz respeito ao indivíduo, ao sujeito que, em nosso caso, contrata licitamente, conhecendo ou desconhecendo uma determinada circunstância. A boa-fé subjetiva derivava da noção individual, concluída dentro de ditames de honestidade, que não tivesse sido influenciada por circunstâncias externas que demonstrassem o contrário. Era uma noção interna que se exteriorizava na prática de atos (contratuais ou não) e desses atos é que se aferiria a intenção intelectual individual.

Assim, agia de boa-fé quem, tendo visto no passeio público, por vários dias, um móvel, sem que houvesse qualquer pessoa por perto ou aviso, supusesse que este tivesse sido abandonado. Coisas abandonadas são passíveis de apropriação e o indivíduo se o fizesse estaria agindo de boa-fé. Se a coisa não fosse abandonada, impunha-se o dever de devolvê-la, mas nunca de indenizar, posto que não agira de má-fé.

Aplicando esta idéia aos contratos, aquele que tivesse recebido, por exemplo, de herança de um parente um objeto e lhe tivesse sido dito que tal objeto era de ouro, mesmo que não o fosse, estaria agindo de boa-fé se o vendesse como se de ouro fosse. Novamente, se descoberto posteriormente pelo comprador o vício, o negócio poderia ser desfeito ou o preço, adaptado à realidade do valor do objeto. Mas nunca poderia redundar em perdas e danos contra o vendedor, pois este agira de boa-fé.

Assim, a boa-fé no Código Civil de 1916 era uma boa-fé subjetiva que inspirava o sistema e que era prevista de forma esparsa sob as mais diversas rubricas (direitos reais, direito dos contratos, direito de família, entre outros).

O Código Civil vigente inova por ter objetivado o princípio da boa-fé. Assim não se trata do conhecimento interno e da crença do indivíduo, torna-se um princípio geral, ético, que pauta as condutas exteriorizadas por todos os contratantes. Objetiva-se qual o *standard* ou o padrão que o homem médio, em geral, deveria seguir, e esse padrão serve de termo comparativo para as condutas dos contratantes.

A inserção do princípio da boa-fé objetiva, ressalte-se, é como todo novo instituto que nos referimos, fruto de uma evolução histórica do tratamento dado à matéria. Os Códigos Civis liberais trataram da boa-fé como fez o Código Civil de 1916. Mas somente após os períodos de guerra e de constitucionalização do direito civil é que se objetivou a boa-fé.

Assim, o Código Civil alemão tratava desde 1900 da boa-fé, mas foi somente após o advento da Constituição de Weimar de 1919 (já citada por seu aspecto socializante) que se objetivou o princípio da boa-fé. O mesmo ocorreu na Itália; o Código Civil de 1865 possuía o princípio da boa-fé subjetiva, mas somente no Código Civil italiano posterior, de 1942, é que se introduziu no art. 1.374, o princípio da boa-fé como cláusula geral. O Código Civil português de 1966, outrossim, objetivou o princípio da boa-fé em seu art. 762, 2ª alínea. Atribui-se, no mais, a primeira objetivação do princípio da boa-fé ao Código Civil suíço de 1912 que prevê em seu art. 2º:

> *"Todos devem exercer e executar suas obrigações segundo as regras de boa-fé. O abuso de direito não é protegido por lei".*

No direito pátrio, antes do Código Civil vigente, o Código de Defesa do Consumidor tratou de cuidar da matéria, objetivando o princípio da boa-fé no art. 4º, inciso III

> *"A Política Nacional de Relações de Consumo tem por objetivo o atendimento das necessidades dos consumidores, o respeito à sua dignidade, saúde e segurança, a proteção de seus interesses econômicos, a melhoria da sua qualidade de vida, bem como a transparência e harmonia das relações de consumo, atendidos os seguintes princípios:*
> *(...)*
> *III. harmonização dos interesses dos participantes das relações de consumo e compatibilização da proteção do consumidor com a necessidade de desenvolvimento econômico e tecnológico, de modo a viabilizar os princípios nos quais se funda a ordem econômica (art. 170, da Constituição Federal), sempre com base na boa-fé e equilíbrio nas relações entre consumidores e fornecedores;"*

e no art. 51, inciso IV:

> *"São nulas de pleno direito, entre outras, as cláusulas contratuais relativas ao fornecimento de produtos e serviços que:*
> *(...)*
> *IV. estabeleçam obrigações consideradas iníquas, abusivas, que coloquem o consumidor em desvantagem exagerada, ou sejam incompatíveis com a boa-fé ou a eqüidade;"*

As disposições que tratam da boa-fé no Código de Defesa do Consumidor, como se pode depreender, são objetivas; elas tratam do relacionamento entre os contratantes, fornecedor e consumidor e em nada se relacionam com a idéia de conhecimento prévio de circunstâncias. São relativas à contratação e à execução do contratado, impondo deveres e limites à liberdade contratual.

Assim, o princípio da boa-fé objetiva já existia em nosso ordenamento, mas relativo somente aos contratos de consumo. Com a sua positivação no Código Civil vigente, todo e qualquer contrato (considerando-se a unificação das obrigações de direito privado) deverá pautar-se pelo princípio geral da boa-fé objetiva.

No Código Civil vigente a boa-fé objetiva está prevista no art. 113

> *"Os negócios jurídicos devem ser interpretados conforme a boa-fé e os usos do lugar de sua celebração."*

e no art. 422

> *"Os contratantes são obrigados a guardar, assim na conclusão do contrato, como em sua execução, os princípios de probidade e boa-fé."*

A crítica que fazemos em relação ao art. 422, acompanhando o entendimento da doutrina mais abalizada,[18] está em sua limitação de aplicabilidade ao momento da conclusão do contrato e ao período de execução, excluindo-se do texto legal as tratativas, por exemplo, que muitas vezes geram expectativas de direito.

É certo que o Código Civil vigente trata de apenar com perdas e danos aquele que descumprir o contrato preliminar (arts. 465 e 466 do Código Civil vigente). Outrossim, há também o dever genérico de indenizar, por danos patrimoniais e/ou morais, por aquele que vio-

[18] AZEVEDO, Álvaro Villaça. *Op. cit.*
HIRONAKA, Giselda Maria Fernandes Novaes. *Op. cit.*
TUCCI, Cibele Pinheiro Marçal Cruz e. Teoria geral da boa-fé objetiva. *Revista do Advogado*, São Paulo, ano XXII, n. 68, p. 100-110, dez. 2002
BALBINO, Renata Domingues Barbosa. O princípio da boa-fé objetiva no novo Código Civil. *Revista do Advogado*, São Paulo, ano XXII, n. 68, p. 111-119, dez. de 2002.

lou o direito de outrem por sua conduta dolosa ou culposa (art. 186 do Código Civil vigente).

E, por fim, considera-se ato ilícito o desrespeito à boa-fé contratual ou não, conforme disposto no art. 187 do Código Civil vigente:

> *"Também comete ato ilícito o titular de um direito que, ao exercê-lo, excede manifestamente os limites impostos pelo seu fim econômico ou social, pela boa-fé ou pelos bons costumes."*

Contudo, seria mais didático e proveitoso se o art. 422 do Código Civil vigente não exigisse toda esta interpretação sistemática para que se pudesse chegar à idéia de que desde as tratativas os contratantes devem se pautar pela boa-fé, não podendo agir os proponentes como especuladores que, sem nenhum respeito aos princípios éticos da boa-fé, não se atêm ao prometido quando a outra parte contratante resolve manifestar sua vontade no sentido de aceitação.

Seria de todo conveniente, portanto, que o art. 422 citado claramente incluísse as tratativas, as negociações e os compromissos preliminares que não viessem a caracterizar um contrato escrito. E, outrossim, até mesmo o pós-contrato, posto que, após contratar com determinada pessoa física ou jurídica pode ter sido objeto do contrato o conhecimento de dados sensíveis que não devem ser expostos, por exemplo, que devam ser sigilosos para preservar direitos da personalidade ou até segredos industriais. Neste passo, teríamos uma redação como a do Código Civil italiano, supracitado.

Finalizando a análise do direito positivado para depois examinarmos o conteúdo e as conseqüências jurídicas da boa-fé objetiva, devemos ressaltar que o mesmo projeto que pretende alterar o art. 421 do Código Civil vigente (Projeto 6.960/2002) de autoria do Deputado Ricardo Fiúza, em trâmite legislativo, também altera o art. 422, incluindo salutar e pedagogicamente, que a boa-fé deve ser observada nas tratativas e no pós-contrato.

Examinada a questão jurídico-positiva, vejamos, o conteúdo do princípio da boa-fé objetiva e suas repercussões. Primeiramente, faz-se necessário estabelecer que a boa-fé objetiva nada mais é do que uma decorrência da função social do contrato, e de acordo com esta deve ser exercida.

Retomando o que já foi dito anteriormente, a boa-fé contratual é objetiva porque visa à estabilidade e à segurança contratual, na expectativa de cumprimento do avençado. Supera a limitada boa-fé subjetiva (que ainda é útil e deve permanecer como *standard* de certas situações, mas não se sustenta sozinha) e estabelece um padrão ou *standard* objetivo do homem médio, probo e de como este agiria nesta ou naquela situação. Trata-se, portanto, do padrão médio objetivado.

Apesar do conteúdo ainda muito fluído da expressão boa-fé, a sua objetivação como princípio geral diminuiu seu grau de abstração e concretizou as limitações que devem ser impostas, já que agora temos o chamado comportamento padrão para ser seguido.

Em conseqüência, quatro funções podem ser atribuídas à boa-fé objetiva: a função interpretativa, a função de imposição de deveres implícitos, a função de integração e a função de controle.

a. *Função Interpretativa* – Esta é a primeira função, que mais clara se apresenta, posto que a exegese do art. 422 do Código Civil vigente é de um contexto interpretativo, sobretudo porque a própria seção é preliminar e dedicada à interpretação dos contratos. Além do caráter tópico, da localização do artigo citado, há que se ressaltar que o art. 113 do Código Civil vigente impõe que todos os negócios jurídicos, dentre os quais se incluem os contratos, sejam interpretados de acordo com a boa-fé.

   Assim, sempre que surgir dúvida a respeito da interpretação de uma cláusula contratual, dever-se-á ter em mente que a boa-fé objetiva inspira toda a contratação, sendo necessário recorrer ao padrão, à indagação de como agiria o homem honesto, o homem médio da sociedade diante daquela situação. Ressalte-se que a boa-fé é presumida e a má-fé é que deve ser comprovada. Assim, se por exemplo, dolosamente, um dos contratantes insere cláusula ambígua prejudicial, é necessário comprovar que houve a intenção maliciosa, que quem inseriu tal cláusula foi o contraente que visava a obter vantagem iníqua ou ilícita.

b. *Função de imposição de deveres implícitos* – Como decorrência da cláusula de respeito à boa-fé objetiva desde a conclusão do contrato e durante sua execução, além dos deveres aos quais explicitamente se comprometem as partes, em função do contrato, a boa-fé impõe deveres implícitos a todos os contratos:

b.1. O dever de oportunidade de conhecimento do conteúdo do contrato. Muitas vezes, em decorrência da contratação por adesão, o contratante preenche os dados constantes de uma ficha e assina uma declaração de que conhece todas as cláusulas contratuais às quais está aderindo e que estão arquivadas em um determinado Cartório para publicidade. Ora, a boa-fé objetiva é totalmente violada, posto que uma das partes está impondo à outra a contratação de algo que em geral envolve cláusulas complexas, tão complexas que sequer cabem em um formulário, sem que o contraente as conheça.

Para que a boa-fé seja cumprida, neste passo, o proponente deve apresentar ao contratante todas as cláusulas e adotar a prática de resumir, de forma didática, o conteúdo dos direitos e dos deveres do contraente, para que este tenha noção exata do que está contratando. Caso contrário, o desconhecimento total ou parcial do conteúdo, ou a comunicação meramente verbal de direitos e deveres deve ser tida como uma frontal violação dos deveres da boa-fé objetiva.

b.2. O dever de informar (que se encontra positivado no art. 31 do Código de Defesa do Consumidor) tudo aquilo que for necessário à consecução do contrato, ou seja, sobre o objeto contratado, sua qualidade, quantidade, disponibilidade, validade. Incluem-se aí todas as informações necessárias para que o contratante tenha plena certeza de que deve assumir o vínculo contratual, sem que escape ao seu conhecimento circunstância que, se conhecida anteriormente, faria com que o contratante não assumisse qualquer obrigação.

Ousamos dizer que até mesmo informações sobre a saúde financeira e o nível de endividamento de uma empresa possam ser relevantes em determinados contratos (não em todos). Por exemplo, caso alguém decida adquirir um imóvel "na planta", ou seja, em um condomínio vertical a ser edificado, as condições financeiras da empresa construtora, se esta possui mais de um ônus gravando o terreno da construção, por exemplo, são de vital importância, já que o contratante irá despender de uma soma relevante de dinheiro sem saber se haverá a contraprestação. Nos casos em que houver, portanto, uma contraprestação a ser realizada a longo prazo, parece-nos perfeita e cabível a prestação de informações sobre aspectos econômicos e financeiros da parte contratada.

b.3. O dever de sigilo, de manter em segredo dados sensíveis à pessoa jurídica, como o segredo industrial ou à personalidade da pessoa física. Este sigilo deve ser mantido também findo o contrato, como já ressaltamos. Tudo aquilo de que se tenha conhecimento por razão do desempenho do contrato não pode ser transmitido a terceiros, sob pena de violação da boa-fé e de imputação do dever de ressarcir os danos materiais e morais àquele que se viu prejudicado pela revelação de dados que somente interessavam às partes contratantes. Sem dúvida, o dever de sigilo é corolário da segurança contratual, de que se pode efetuar um contrato com determinada pessoa sem que haja preocupações com futuras divulgações indevidas.

b.4. O dever de respeito à honra e aos direitos da personalidade do contratante. Além de manter sigilosos dados que não digam respeito ao público em geral, nenhum contrato pode impor a uma pessoa física ou jurídica uma situação vexatória ou constrangedora que viole sua honra ou seus direitos da personalidade.

Certamente, o conceito de honra variará de circunstância para circunstância. Flagrar despida em uma fotografia uma pessoa, de valores religiosos ortodoxos, será tido por ela como uma violação de sua honra e direitos mais caros à sua personalidade. Já outros receberão com prazer uma contraprestação para serem fotografados despidos. Cada caso deve ser analisado, portanto, de maneira única.

Existirão, contudo, casos em que não haverá dúvida da violação. Por exemplo, se um contratante, ao invés de utilizar os meios jurídicos cabíveis para obter a prestação do inadimplente resolve colar cartazes ou anunciar em alto e bom som através de uma aparelhagem que o contratante é um inadimplente; sem dúvida, haverá abuso de direito e desrespeito à honra e aos direitos da personalidade.

b.5. O dever de cooperação ou de lealdade. As partes contratantes devem ser honestas entre si, colocando à disposição da outra todas as informações e os meios disponíveis para a realização do contrato. Não devem iludir ou furtar-se a dar conhecimento, mas sim agir de comum acordo para que ambas atinjam, através da cooperação, o fim licitamente visado pelo contrato.

c. *Função de integração* – Nos casos em que o contrato é omisso em estabelecer a conduta que deva ser seguida por qualquer um dos contratantes, qualquer conduta cabível, desde que de boa-fé, pode ser adotada. Assim, na falta de disposição contratual explícita, a boa-fé será o primeiro princípio supletivo a ser utilizado para suprir as cláusulas omissas em parte ou simplesmente inexistentes.

d. *Função de controle* – A boa-fé é um instrumento de controle para a limitação da liberdade contratual, tal qual a função social do contrato, servindo, outrossim, como forma de coibir abuso de direito. Ademais, o abuso de direito que não era previsto no Código Civil de 1916, é declarado ato ilícito no art. 187 do Código Civil vigente. A boa-fé, como princípio regente dos contratos impõe os balizamentos da liberdade contratual e impede também o abuso, pois todo aquele que abusa de um direito está a modificar a sua conduta, de boa-fé, a princípio, para uma conduta de má-fé, já que a torpeza alheia não serve de exculpante para a prática de atos ilícitos civis. Assim, pela liberdade de contratar ou pela liberdade contratual, alguém pode alienar seus bens. Contudo, se tal fizer para impedir o exercício dos direitos dos credores, estará violando os limites da liberdade contratual e agindo de má-fé, servindo, portanto, a boa-fé, o princípio de que os débitos devem ser saldados.

Concluímos, assim, resumidamente, que o princípio da boa-fé objetiva, apesar dos defeitos de redação, representou grande avanço para a teoria contratual atual. Ademais, o conceito de boa-fé encontra-se, por ser objetivo, muito mais concreto do que a boa-fé subjetiva adotada pelo Código Civil de 1916, mas ainda dependerá muito do trabalho interpretativo dos operadores do direito e, diante das situações concretas, também se realizará a tarefa de operacionalizar tal conceito, refletindo-se em quais casos a violação da boa-fé objetiva importa em devolver as partes ao *status quo ante*, em anular o contrato, cabendo o dever de indenizar à parte que agiu de má-fé, ou se basta uma revisão judicial que restabeleça o equilíbrio contratual.

Interpretação dos Contratos de Adesão

Como já referido anteriormente, os contratos de adesão são definidos pelo Código de Defesa do Consumidor, tendo como característica básica apenas a liberdade de contratar, ou seja, de escolher entre aderir ou não às cláusulas já preestabelecidas. Quando se trata de serviço público, prestado diretamente pela Administração ou seus concessionários ou permissionários, a situação se complica, uma vez que a liberdade de contratar resume-se a ter ou não o serviço. Mas, não compete a este trabalho um estudo exaustivo do contrato de adesão como disposto no Código de Defesa do Consumidor, e sim como o mesmo é tratado no Código Civil vigente.

O Código Civil de 1916 não previu originariamente o contrato de adesão e nem nunca sofreu alterações neste sentido. O Código de Defesa do Consumidor foi o primeiro diploma a cuidar de forma ampla e sistematizada do contrato de adesão, ainda que com aplicabilidade restrita às relações de consumo.

O Código Civil vigente prevê a disciplina da matéria em apenas dois artigos, cuja interpretação pode ser muito frutífera. Vejamos o art. 423

> *"Quando houver no contrato de adesão cláusulas ambíguas ou contraditórias, dever-se-á adotar a interpretação mais favorável ao aderente."*

e o art. 424

> *"Nos contratos de adesão, são nulas as cláusulas que estipulem a renúncia antecipada do aderente a direito resultante da natureza do negócio."*

Primeiramente, estabelece o Código Civil vigente que o contrato de adesão deverá ser interpretado, sempre que necessário, de forma mais favorável ao aderente. Sem dúvida, trata-se de uma regra salutar, posto que o aderente é sempre hipossuficiente na relação contratual por adesão. E não só por hipossuficiência econômica, de contar com menos recursos financeiros, a hipossuficiência pode estar relacionada ao desconhecimento de conceitos técnicos, ou mesmo de informações mais precisas e exatas sobre o produto ou serviço contratado.

Apesar de ser referido como devedor contratante ao contrato de adesão, o aderente, pelas regras de hermenêutica gerais e pelo próprio Código Civil vigente, deveria ser beneficiado. Mas a repetição tem fins de clareza, para que não sobrepairem dúvidas de que o aderente deve ser objeto de tratamento mais brando.

A segunda regra interpretativa colocada pelo Código Civil vigente é a nulidade de cláusulas em contrato de adesão que imponham ao aderente a prévia renúncia a direitos que lhe são resultantes da natureza do contrato celebrado.

Sem dúvida, este artigo é o que causa uma grande diferença. Em muitos contratos de consumo, por exemplo, antes do advento do Código de Defesa do Consumidor, o aderente era compelido a renunciar ao seu direito de exercer sua defesa e nomear, forçosamente, a pessoa jurídica contratada como sua representante legal.

Nos contratos que não são de consumo é muito comum a prática do locador, de impor ao fiador que este renuncie ao benefício de ordem, isto é, que seja executado primeiramente o devedor e somente na impossibilidade deste saldar a dívida, o fiador seja chamado a responder pelo débito. A praxe neste contrato, que não é de consumo, e que, portanto, se submete à disciplina geral do Código Civil vigente, é impor ao fiador que renuncie ao benefício de ordem, facilitando ao locador a execução direta do bem que o fiador deu em garantia da locação (arts. 818 e 827 do Código Civil vigente).

Trouxemos este exemplo à baila para mostrar que um único artigo pode ter grandes repercussões, como vislumbramos no caso em tela. Cremos que apesar da dicção parcimoniosa dos contratos de adesão em matéria que não se refere a consumo, as conseqüências serão sentidas de forma direta e alterarão substancialmente o comportamento das partes contratantes.

A Interpretação dos Contratos Celebrados após a Vigência do Atual Código Civil

A questão de como devem ser interpretados os contratos celebrados antes da vigência do Código Civil atual, mas que ainda produzem efeitos, dos contratos *sub judice* e dos contratos que foram celebrados após a vigência do *Codex,* é matéria de direito intertemporal.

Há que se levar em consideração o ato jurídico perfeito, a coisa julgada e o direito adquirido que não podem ser alcançados pela lei que, regra geral, reputa-se irretroativa, como previsto pelo art. 6º da Lei de Introdução ao Código Civil.

A princípio, portanto, as regras sobre contratos somente serão aplicáveis àqueles celebrados após a data de início da vigência do Código Civil atual, 12 de janeiro de 2003, que teve um período de *vacatio legis* de um ano, como já referido.

Contudo, a questão não é tão simples quanto se apresenta. Certamente aos contratos *sub judice* deverá ser aplicada a lei vigente à época de sua contratação, qual seja o Código Civil de 1916. Mas, os contratos de trato sucessivo podem ser reputados como atos jurídicos perfeitos? A aplicação da teoria da onerosidade excessiva para revisão contratual de um celebrado aos 12 de janeiro de 2003 e a negativa de sua aplicação para outro contrato celebrado, suponhamos, um mês antes, no dia 12 de dezembro de 2002, não seria uma violação da igualdade material, ainda que a decisão esteja rigorosamente correta?

Acreditamos que os tribunais, quando não se depararem com casos patentemente diversos, com anos de diferença de celebração contratual e circunstâncias totalmente diversas, estarão diante de questões de alta indagação, às quais, cremos, deva ser aplicado o princípio constitucional da isonomia ou da igualdade material, para que a solução seja a mais justa possível.

Além das disposições citadas da Lei de Introdução do Código Civil, há, outrossim, um livro final do Código Civil vigente que trata das disposições finais e transitórias, interessando-nos perquirir se há alguma disposição de transição em relação ao direito dos contratos no art. 2.035

> *"A validade dos negócios e demais atos jurídicos, constituídos antes da entrada em vigor deste Código, obedece ao disposto nas leis anteriores, referidas no art. 2.045",*

leis expressamente revogadas pelo Código Civil vigente,

> *"mas os seus efeitos, produzidos após a vigência deste Código, aos preceitos dele se subordinam, salvo se houver sido prevista pelas partes determinada forma de execução.*
>
> *Parágrafo único. Nenhuma convenção prevalecerá se contrariar preceitos de ordem pública, tais como os estabelecidos por este Código para assegurar a função social da propriedade e dos contratos.*

Interessante este artigo, o único referente ao direito dos contratos. Taxativamente exclui do âmbito de aplicação do Código Civil vigente os contratos anteriores à sua vigência. Todavia, os efeitos dos contratos deverão estar adaptados ou ser adaptados aos ditames do Código Civil a partir de sua vigência. Deste modo, como dissemos, não alcança o Código Civil vigente os atos jurídicos perfeitos ou negócios jurídicos concluídos. Mas, caso se trate de contratos de trato sucessivo, seus efeitos deverão se subordinar à nova disciplina do Código Civil vigente.

E, ao mesmo tempo em que prevê que os contratos de trato sucessivo podem escapar aos seus ditames se pelas partes foi escolhida uma determinada forma de execução, proíbe quaisquer pactos que sirvam para excluir a função social dos contratos.

A dicção a princípio pode parecer contraditória, mas é perfeitamente aplicável. Os contratantes cujos contratos fossem surtir efeitos após a vigência do Novo Código Civil (os contratos de trato sucessivo) poderiam escolher determinadas formas de execução diversas daquelas que estão previstas nele, antes de sua entrada em vigor. Mas essa escolha não poderia contrariar princípios cogentes de ordem pública e, sobretudo, a função social do contrato.

Portanto, concluímos que a determinação da lei aplicável ao caso em tela não será difícil ao operador do direito, visto que são claras as disposições sobre o tema. O novo Código Civil alcançará, salvo disposição em contrário, somente os contratos de trato sucessivo. Entretanto, haverá, em nossa opinião, um dilema de caráter ético em decidir casos muito parecidos de formas diversas, beneficiando ou prejudicando contratantes, por diferenças de prazos ínfimos, sem que isto não configure uma violação de um princípio maior, da isonomia.

2

Formação, Vícios e Extinção dos Contratos

Da Formação dos Contratos

Formação Regular dos Contratos

Requisitos

O elemento essencial do contrato, como negócio jurídico, é sem dúvida a manifestação da vontade humana, como já ressaltamos anteriormente quando discorremos sobre os requisitos legais do negócio jurídico. E, retomando o entendimento daquelas características, temos que o contrato será um negócio jurídico perfeito e acabado quando houver a manifestação da vontade.

A manifestação da vontade dá-se, basicamente, em três fases, considerando-se os contratos mais complexos como base. A primeira fase corresponderia às tratativas ou às negociações preliminares, seguidas da proposta no segundo momento e, por fim, da aceitação e conclusão do contrato. Em contratos mais simples é fácil distinguir que somente temos a proposta e sua conseqüente aceitação, redundando na formação do contrato.

Neste primeiro momento, de tratativas, preliminares ou ainda de pontuação, não há vinculação alguma e as partes contratantes estão se conhecendo mutuamente para verificar a possibilidade de uma futura contratação. Outrossim, nesta fase pré-contratual não há, de regra, vínculo jurídico. Portanto, em tese, a desistência, neste estágio preliminar, não causa qualquer responsabilidade, em razão da inexistência de qualquer obrigação.

Contudo, esta regra não pode ser generalizada. Isto porque as negociações preliminares ou tratativas de contratos complexos podem envolver expectativas e verdadeiros dispêndios por uma das partes contratantes que, conseqüentemente, pode ser prejudicada pela desistência da outra parte. As especulações comerciais são intensas, podem envolver papéis em bolsa de uma empresa, sua valorização ou desvalorização perante o mercado, não sendo possível, portanto, que as preliminares quedem-se à margem.

Desta forma, muito se criticou a redação do art. 422 do Código Civil vigente que não impôs a observância do princípio da boa-fé, do agir com lealdade nas tratativas contratuais, somente a partir da conclusão do contrato, como já citado anteriormente.

Entretanto, a inexistência de previsão no artigo referido não significa a plena irresponsabilidade do contratante que agindo de má-fé, com dolo ou culposamente cause prejuízo a outrem porque interrompe, de forma imotivada as tratativas e causa prejuízo a outrem. Assim, resta apenas identificar diante de qual espécie de responsabilidade estamos: de uma responsabilidade contratual, de uma responsabilidade aquiliana (ou extracontratual) ou de um terceiro gênero.

A responsabilidade seria contratual porque apesar da clara inexistência de vínculo (sequer houve proposta, apenas sondagens), as tratativas são tendentes à formação de um contrato e, portanto, seria uma espécie de responsabilidade contratual.

Outros sustentam, entretanto, que a responsabilidade seria extracontratual, baseada no conceito de que todo aquele que por sua conduta causar prejuízo a outrem incorre no dever de indenizar, conforme disposto no art. 186 do Código Civil vigente.

Por fim, não podemos deixar ao menos de registrar a posição do ilustre jurista Antônio Chaves[19] que em sua obra sobre responsabilidade contratual sustenta essa teoria sobre um terceiro gênero de responsabilidade. Não poderia ser contratual porque o vínculo não foi estabelecido, mas o contratante deveria agir de boa-fé e seu rompimento imotivado seria um abuso de direito, ambos princípios positivados no Código Civil vigente.

Contudo, com a devida vênia, apesar de concordarmos que a responsabilidade pré-contratual realmente é diversa das demais, os parâmetros para indenizar e identificar o conjunto de regras aplicáveis revelam-se extremamente complexos, uma vez que o Código Civil contempla somente duas espécies de responsabilidade: contratual ou extracontratual.

Desta forma, quedamo-nos ao lado da doutrina majoritária que caracteriza a *responsabilidade pré-contratual como uma responsabilidade extracontratual*, uma vez ser inexistente o vínculo contratual ou obrigacional e haver necessidade de prova das tratativas, do prejuízo causado e de sua extensão, posto que a responsabilidade contratual decorre simplesmente da quebra de um contrato preexistente.

Assim, implicitamente, são requisitos para a caracterização de um dever de indenizar: a existência inequívoca de tratativas contratuais, o rompimento das tratativas contratuais por uma das partes, por uma conduta dolosa ou culposa e o dano moral ou patrimonial causado à parte contrária, havendo um nexo entre a conduta da parte que desistiu da contratação e o dano causado.

A indenização deverá ser fixada levando-se em consideração os danos patrimoniais efetivamente causados (as despesas efetivas) e os lucros cessantes, ou seja, as vantagens que se deixou de auferir porque o referido contrato não foi concluído, seja porque se deu preferência ao contratante desistente, seja porque se perderam outras oportunidades, ou até mesmo porque se sofreu abalo creditício perante a praça.

---

[19] CHAVES, Antônio. *Responsabilidade pré-contratual.* 2. ed. São Paulo: Lejus, 1997.

Porém, se as negociações preliminares correrem da forma esperada, passar-se-á às fases seguintes do contrato, a proposta e a conclusão por sua aceitação. Até que o contrato se finalize, ainda não há vínculo obrigacional. Mas isto não significa que deixa de haver responsabilidade dos contratantes. As responsabilidades do proponente e do aceitante estão bem definidas em lei, não gerando quaisquer dúvidas ou questionamentos. Analisemos, pois, a fase seguinte, a proposta.

Proposta

Terminada a fase de tratativas preliminares uma das partes faz a proposta. Esta também é chamada de oferta, policitação ou oblação. A proposta está plenamente disciplinada pelos arts. de 427 a 429 do Código Civil vigente. Devemos, outrossim, examinar a proposta como realizada na forma de oferta no Código de Defesa do Consumidor.

Na esfera do Código Civil, a proposta deve ser séria, precisa e conter as linhas principais do futuro contrato, posto que se for aceita pela parte contratante estará aperfeiçoado o contrato. Conforme dispõe o art. 427, a proposta obriga o proponente. Isto significa que se não for mantida em sua inteireza a proposta como realizada, o potencial contratante (aceitante ou oblato) pode demandar indenização por perdas e danos causados, de natureza extracontratual, conforme o art. 186 do Código Civil vigente.

Há apenas duas exceções à obrigatoriedade da proposta: quando a obrigatoriedade for excluída de seus termos ou quando for da natureza do negócio. Assim, pode o proponente ou policitante, desde que o faça claramente, expressar que sua proposta não lhe obriga dentro de certas condições, por exemplo, de prazo, de localidade. Já a não obrigatoriedade da proposta decorrente da natureza do negócio de todo modo deve ser explícita ou ao menos implícita ao tipo de negócio. Veja-se o exemplo de uma construtora que anuncia a venda de unidades condominiais por um determinado preço. É necessário que a proposta seja clara sobre a existência e quantidade das unidades, posto que, se todas forem vendidas, não há como mantê-la.

Além das duas hipóteses que desobrigam o policitante a manter sua proposta (sua clara manifestação ou a natureza do negócio), devemos reconhecer que há limites para que a proposta seja válida, já que o proponente não pode submeter seu patrimônio a um eterno ônus ou à insegurança jurídica de que encontrará ou não um oblato (aceitante).

Em princípio, a morte do proponente ou sua incapacidade superveniente, salvo se não se tratarem de prestações personalíssimas que somente o proponente poderia cumprir, na ausência de previsão específica do Código Civil vigente, não retiram a obrigatoriedade da proposta, transmitindo-se aos herdeiros (até as forças da herança) ou compelindo o curador a cumpri-la.

No mais, o Código Civil vigente prevê os seguintes casos em que a proposta deixa de ser obrigatória:

a. Quando a proposta for feita a uma pessoa presente e não for imediatamente aceita, o proponente encontra-se desobrigado a mantê-la, como previsto no art. 428, inciso I do Código Civil vigente. A inovação da legislação atual considera presente a pessoa que esteja em comunicação telefônica ou semelhante. Ao enunciar "semelhante" podemos, outrossim, colocar como análogas às propostas feitas via internet, por meio de comunicação imediata ou através de um determinado endereço eletrônico. Um determinado bem pode ser oferecido por um preço determinado. Todos aqueles que viram e de imediato fizeram seu pedido aceitaram a proposta. Se esta melhorar ou piorar futuramente em curto espaço de tempo, em outro acesso via internet, não há mais que se falar em sua força vinculante.

b. Quando a proposta for feita a uma pessoa ausente e se considere que houve prazo insuficiente para que a proposta chegasse ao conhecimento do proponente (art. 428, II do Código Civil vigente). Primeiramente, devemos esclarecer que presentes, como referido no item supra, não são aqueles que se encontram no mesmo local, mas em contato direto e imediato, ainda que fisicamente distantes, por qualquer um dos meios que a tecnologia atualmente proporciona (fax, telefone, internet, entre outros).

Já ausentes são consideradas pessoas que não estão em contato direto, estejam próximas ou distantes. Assim seria a proposta pelo correio, por catálogo, entre outras possíveis. Nestes casos, o proponente deve aguardar o que se chama de prazo moral, que é o prazo razoável, considerando-se distância, facilidade ou não de comunicação para que a emissão da proposta recebida e expedida a resposta, seja ela afirmativa ou não. Uma vez que não há prazo fixo em lei, já que a multiplicidade casualística de situações não comporta positivação, em última instância o Poder Judiciário pode ser chamado a decidir se determinada proposta era ainda (ou não) vinculante.

c. Novamente, em caso de ausentes, tendo o policitante (proponente) estabelecido um prazo para o oblato (aceitante) responder se aceita ou não a proposta, e o prazo tenha transcorrido sem que a resposta tenha sido *expedida*, considera-se o proponente livre da obrigatoriedade da proposta (art. 428, inciso III). Perceba-se que dentre as várias teorias possíveis (da recepção da proposta, da emissão da resposta ou do recebimento da aceitação), o Código Civil vigente adotou, explicitamente neste caso a teoria da *expedição*.

Assim não é necessário que a resposta tenha chegado ao proponente dentro do prazo estipulado, mas é preciso se comprovar que dentro do prazo estipulado o aceitante tenha *expedido* sua resposta, ainda que demore em alcançar, por fatores alheios à sua vontade, o conhecimento do proponente.

Então, toda a precaução deve ser necessária ao proponente, posto que a resposta pode ser válida e obrigatória, ainda que recebida após findo o prazo. Nesse caso, a demora está regulada pelo art. 430 do Código Civil vigente que impõe ao proponente a necessidade de comunicar ao aceitante imediatamente esta circunstância, que muitas vezes impede a contratação. Caso não o faça, impõe-se ao proponente indenizar o aceitante por perdas e danos.

d. Ao proponente é possível desobrigar-se, caso se arrependa da proposta, desde que a comunicação de seu arrependimento alcance o destinatário da proposta ao mesmo tempo ou antes da própria proposta. Ou seja, o arrependimento não pode acontecer posteriormente. Essa hipótese prevista no art. 428, inciso IV equivale à inexistência de proposta, se a retratação ocorrer em tempo hábil. Esta via pode ser facilmente obtida em casos de proposta a pessoa(s) certa(s), determinada(s) e de preferência em pequeno número, ao passo que em uma oferta ao público, a dificuldade está em fazer com que a retratação chegue ao conhecimento dos destinatários.

A respeito de oferta ao público em geral, a propósito, talvez por esta ser uma matéria mais afeita às relações de consumo, o Código Civil vigente dedica apenas um artigo que considera a oferta ao público equivalente à proposta, desde que possua os elementos necessários à contratação, equiparando-se, portanto, à proposta pessoal. Seria a proposta a pessoa incerta ou impessoal.

Novamente, como em relação à proposta pessoal, as circunstâncias podem desobrigar o proponente, tais quais os usos negociais. Assim, a proposta pode conter a ressalva: válida somente para tal data, para tal circunstância. Ou se submeter ao costume comercial de que não vincula o proponente de forma total porque o proponente depende de um fator variável, como a cotação de uma moeda estrangeira.

Por fim, é lícito àquele que realiza oferta ao público retratar-se dela, tal qual a oferta que chamamos de pessoal. Mas dois requisitos devem ser atendidos: *a.* que seja utilizada a mesma forma para retratação que a utilizada para a oferta; *b.* que na oferta seja realizada ressalva prévia de possibilidade de retratação. Por exemplo, oferta válida por período determinado ou até que o estoque termine ou que seja revogada por mera vontade do proponente.

Devem, entretanto, ser ressaltadas algumas diferenças entre a proposta no Código Civil vigente e a proposta no Código de Defesa do Consumidor.

A oferta, pressupõe-se, seja a pública em massa ou mesmo a pessoal, sofre severas limitações. O Código de Defesa do Consumidor dita no art. 31 o conteúdo da oferta de forma minuciosa. O Código Civil vigente somente se refere aos elementos necessários à contratação, de forma genérica.

O Código de Defesa do Consumidor, por sua vez, impõe que a oferta deva ser feita trazendo o seguinte conteúdo:

> *"informações corretas, claras, precisas, ostensivas e em língua portuguesa sobre suas características, qualidades, quantidade,*

composição, preço, garantia, prazos de validade e origem, entre outros dados, bem como sobre os riscos que apresentam à saúde e segurança dos consumidores."

Enquanto a oferta é retratável, mesmo que feita ao público, desde que haja ressalva anterior como dita o Código Civil vigente, esta se torna praticamente irretratável nos termos do art. 35 do Código de Defesa do Consumidor, posto que a recusa a dar cumprimento à oferta por parte do proponente/ofertante pode dar direito ao consumidor a escolher entre rescindir o contrato antecipadamente e ser ressarcido em perdas e danos; aceitar proposta equivalente de produto ou prestação equivalente ou, por fim, requerer o cumprimento forçado da obrigação imposta pela proposta.

Entretanto, como já esclarecemos anteriormente, o Código de Defesa do Consumidor somente é aplicável às relações de consumo, assim definidas. Às demais relações, aplicar-se-á o Código Civil vigente.

Aceitação

A aceitação é a manifestação de vontade que vai ao encontro da proposta e resulta no aperfeiçoamento do contrato. Necessário faz-se analisar, basicamente, três artigos do Código Civil vigente, o art. 430, o art. 431 e o art. 432.

A aceitação pode ser expressa ou tácita. A aceitação expressa demanda não a mera aquiescência, mas uma declaração de concordância por parte do aceitante. Esta é a regra geral na maioria dos negócios jurídicos; o aceitante deve manifestar expressamente a sua aquiescência.

A aceitação tácita somente pode ser aceita se o proponente dispensá-la ou se decorrer de costume. Nestes casos, é necessário que haja uma prévia relação negocial entre as partes. Assim, se uma determinada empresa fornece com regularidade a outra empresa, certo material em determinadas datas, o envio da proposta sem que haja qualquer resposta importa em aceitação, pelo costume negocial. Subespécie desta aceitação tácita é o caso de o proponente dispensar o oblato de aceitação. Ora, se o proponente costuma contratar com o aceitante regularmente, pode enviar-lhe a proposta tendo como certa a aceitação. Caso discorde, há uma inversão de ônus pelo costume; quem deve discordar é o aceitante.

Em nosso entendimento, somente relacionamento prévio e costume podem justificar a aceitação tácita. O envio de uma proposta por um proponente desconhecido que dispense a aceitação expressa do destinatário fere qualquer princípio de boa-fé e importa, seguramente, em abuso de direito.

A aceitação não será válida, entretanto, quando apesar de expedida no prazo correto, chegue tardiamente ao conhecimento do proponente. Isto está contido no já mencionado art. 430 do Código Civil vigente, que impõe ao proponente o aviso imediato da demora ao oblato, sob pena de sofrer as sanções devidas.

Outrossim, não valerá a aceitação se o proponente se retratar antes ou simultaneamente à proposta. Interessante que esta conclusão poderia ser deduzida facilmente do art. 428, IV do Código Civil vigente que dispõe sobre quando a proposta deixa de ser vinculante. Entretanto, talvez para obter maior clareza e segurança o art. 433 do Código Civil vigente reputa *inexistente* a aceitação se houver retratação prévia ou contemporânea à proposta, já que tal retratação torna *inexistente* a própria proposta.

Por fim não valerá como aceitação, mas sim como contraproposta, a aceitação que ocorrer fora do prazo estipulado, estabelecer condições, prazos, cláusulas ou restrições diversas. Neste caso há uma inversão de papéis. O proponente passa a aceitante e o aceitante a proponente. Inicia-se todo o trâmite novamente, até que, possivelmente, se chegue a um consenso e a uma contratação ou a uma recusa expressa.

Momento e Local da Celebração

Feita a proposta, aceita pelo destinatário, concretizado está o contrato. Mas em que momento realmente, após a aceitação, reputa-se perfeito o contrato? No momento da própria aceitação, no momento em que se expede a aceitação ao proponente ou quando o proponente efetivamente toma conhecimento da aceitação? A resposta dependerá se estivermos tratando de contratos entre ausentes ou entre presentes.

Como já definimos anteriormente, presentes reputam-se as partes que estiverem, por qualquer meio, em contato direto, seja via telefone ou qualquer outro meio tecnológico em que a resposta possa ser imediata. Percebe-se que o momento em que o contrato se reputa celebrado nestes casos não é difícil de se perceber, posto que uma vez aceita a oferta, a declaração é feita e imediatamente depois de expedida é recebida pelo proponente que toma conhecimento de sua aceitação. Portanto, não há dúvidas em se estabelecer o momento da aceitação entre presentes.

A complexidade está em determinar o momento em que se reputa celebrado o contrato entre ausentes. Há três teorias, como já nos referimos brevemente, em que se reputa celebrado o contrato:

a. quando o aceitante declara aquiescer com os termos da proposta;
b. quando o aceitante expede a resposta na qual expressa sua concordância e
c. quando o proponente recebe do aceitante sua manifestação de concordância.

O Código Civil vigente, como já o havia feito o Código Comercial, adotou a teoria da expedição: o contrato está celebrado e, portanto, já é fonte de direitos e deveres para as partes no momento em que o aceitante expede sua aceitação. Isto decorre de adoção expressa desse princípio pelo art. 434 do Código Civil vigente.

Excepcionalmente, o contrato não será reputado como celebrado quando o aceitante expede sua resposta, nos seguintes casos:

a. quando o proponente se retratou em tempo hábil (art. 434, inciso I, e art. 433, ambos do Código Civil vigente);
b. quando o proponente, em derrogação permitida da disposição legal, somente iria considerar aceita a proposta ao receber a resposta do aceitante (art. 434, inciso II);
c. quando a resposta apesar de expedida tiver um prazo para ser recebida e não houver chegado (art. 434, inciso III, do Código Civil vigente). Esta última previsão parece complementar a anterior, já que mesmo que o proponente se disponha a esperar a recepção de

uma resposta, é razoável que estabeleça um prazo para tanto, para não haver dúvidas quanto ao prazo da vinculação ou uma descabida vinculação *ad aeternum*.

Concluímos, assim, que o momento da celebração entre ausentes é aquele determinado pela teoria da expedição, do momento em que o aceitante expede sua declaração de vontade concordando com os termos da proposta. Mas, a teoria não foi aceita de forma integral uma vez que há três exceções previstas no art. 434 do Código Civil vigente (retratação do proponente, obrigação de esperar resposta ou resposta que não chega no prazo avençado).

Quanto ao local da celebração, reputa-se o contrato celebrado no local onde foi proposto, conforme o disposto no art. 435 do Código Civil vigente. Tal disposição é muito importante, posto que muitas vezes pode, por exemplo, determinar a competência judicial para dirimir controvérsia.

Se a contratação for efetuada entre presentes que se encontram fisicamente em um mesmo local, não há dúvidas sobre o local da celebração. Em caso de celebração entre presentes que se encontram em locais diversos, ainda que em países diversos, reputa-se celebrado o contrato no local onde se encontra e reside o proponente, valendo o mesmo para os ausentes, aplicando-se subsidiariamente o art. 7º da Lei de Introdução ao Código Civil.

Devemos ressaltar, entretanto, que se trata de uma regra dispositiva, e não cogente, podendo ser alterada pelas partes o local da celebração e, em casos de direito internacional, de países diversos, convencionado o direito aplicável à espécie.

Contratos Preliminares

O contrato preliminar ou *pactum de contrahendo* é um instituto peculiar, por ser um contrato que obriga a elaboração e formação de outro contrato. De muito o contrato preliminar ou a "promessa de contratar" já havia se incorporado à prática negocial, sem que, contudo, houvesse no Código Civil de 1916, em sua redação original ou posterior, menção a essa figura contratual.

Com a evolução deste instituto, houve várias disciplinas legislativas de uma das formas de contrato preliminar, que é o contrato de compromisso de compra e venda. Ou seja, antes do advento do Código Civil vigente uma única forma de contrato preliminar era prevista de maneira expressa em legislação específica. Contudo, admitia-se, por interpretação do art. 1.088 do Código Civil de 1916, uma interpretação ampliativa, que possibilitava a celebração de contratos preliminares não somente de compra e venda.

O contrato preliminar de compra e venda de bens imóveis está disciplinado atualmente pela Lei Federal 6.766 de 19 de dezembro de 1979, com suas alterações posteriores. Após longas discussões doutrinárias e modificações legislativas, para que o promitente comprador não restasse sem qualquer segurança jurídica, uma vez que a promessa era retratável pelo loteador, o art. 25 da referida lei torna irretratável a promessa de contratar nesses casos. Somente a violação contratual, como o não pagamento, pode eximir o promitente vendedor de seu dever de adjudicação, conforme previsão do art. 27 da lei supracitada. Vejamos a dicção dos art. 25 e 27;

> *"Art. 25 – São* irretratáveis *os compromissos de compra e venda, cessões e promessas de cessão, os que atribuam direito a adjudicação compulsória e, estando registrados, confiram direito real oponível a terceiros* (grifo nosso)*".*

> *"Art. 27 – Se aquele que se obrigou a concluir contrato de promessa de venda ou de cessão não cumprir a obrigação, o credor poderá notificar o devedor para outorga do contrato ou oferecimento de impugnação no prazo de 15 (quinze) dias, sob pena de proceder-se ao registro do pré-contrato, passando as relações entre as partes a serem regidas pelo contrato-padrão".*

O Código de Defesa do Consumidor, por sua vez, em complementação à legislação existente dispõe sobre a compra e venda de imóveis em prestações, em geral a forma de pagamento dos compromissos de compra e venda, vedando a perda total das prestações já pagas, evitando o enriquecimento sem causa do promitente vendedor e a insegurança jurídica do promitente comprador, em seu art. 53:

> *"Nos contratos de compra e venda de móveis ou imóveis mediante pagamento em prestações, bem como nas alienações fiduciárias em garantia, consideram-se nulas de pleno direito as cláusulas que estabeleçam a perda total das prestações pagas em benefício do credor que, em razão do inadimplemento, pleitear a resolução do contrato e a retomada do produto alienado."*

Entendemos que estes esclarecimentos prévios sobre o contrato de compra e venda de imóveis como contrato preliminar são imprescindíveis para que se entenda como a questão evoluiu no direito pátrio, e se possa, licitamente, concluir que a sistemática do Código Civil vigente é uma inovação, posto que trata dos contratos preliminares como um gênero e não mais uma espécie particular de contrato preliminar de compra e venda.

Assim, introduzindo a disciplina da matéria, o Código Civil vigente trata do contrato preliminar nos arts. de 462 a 466, de modo amplo, disciplinando desde sua formação e efeitos, até sua execução.

Primeiramente, devemos relembrar a distinção entre obrigações acessórias e obrigações principais. Tudo aquilo que é acessório é considerado meio, instrumento, direto ou indireto, de se atingir o objetivo principal visado. No que se refere aos contratos, existe a mesma classificação quanto à sua natureza, contratos acessórios e contratos principais.

Por exemplo, em uma locação garantida por fiança há dois contratos, um acessório e outro principal. Há o contrato de locação regular no qual estão regulados os direitos e os deveres do locador e do locatário, que é o contrato principal. Já o contrato acessório, de fiança, é uma obrigação assumida por terceiro, de adimplir com os alugueres caso o locatário reste inadimplente. Veja-se que o contrato de fiança é acessório, pois visa a garantir ao locador os pagamentos que este deve receber.

Portanto, temos que o contrato preliminar cumpre uma função acessória. Quando as partes por razões as mais várias, não podem ainda estabelecer o contrato principal, pactuam o contrato preliminar que é tão obrigatório quanto o principal, mas cujo objeto é distinto e peculiar. Enquanto o objeto de um contrato tido como principal é a compra e venda de uma coisa, a locação de outra, o objeto do contrato preliminar é que seja elaborado um contrato principal e confirmada a intenção preliminar.

Outrossim, que não haja equívocos entre *tratativas*, *preliminares*, *fase pré-contratual* ou *puntuação* e *contrato preliminar*. Como expusemos (onde tratamos da "Proposta") anteriormente, neste mesmo capítulo, os contratos, em sua formação, passam por um período de negociação denominado de várias formas, uma delas, preliminares.

Mas, esse termo não se confunde com o contrato preliminar. Enquanto as negociações preliminares não constituem contrato ainda e, em geral, visam à formação de um contrato principal, o contrato preliminar possui todos os efeitos obrigatórios e vinculantes de um contrato normal. Outra diferença basal é que as negociações preliminares, como já dito anteriormente, podem levar, em caso de descumprimento, a uma responsabilização de fundamento extracontratual. Já o descumprimento do contrato preliminar sempre terá caráter de violação do contratado gerando responsabilidade contratual, disciplinada pelo Código Civil vigente nos artigos mencionados.

Esclarecidas essas questões, vejamos o contrato preliminar propriamente dito. Como dissemos anteriormente, o contrato preliminar é celebrado entre partes que não têm condições de celebrar o contrato principal. A definição apresentada pelo eminente civilista Caio Mário da Silva Pereira é lapidar: reputa-se contrato preliminar "aquele por via do qual ambas as partes ou uma delas se comprometem a celebrar mais tarde outro contrato, que será objeto principal".[20]

O exemplo mais comum é o contrato de compromisso de compra e venda de imóveis. Como o adquirente/comprador muitas vezes realizará os pagamentos de forma parcelada, o vendedor não pode pactuar o contrato definitivo, posto que equivaleria a um contrato de compra e venda que poderia ser levado a registro, sem que os pagamentos tivessem sido em sua totalidade efetuados.

Assim surgiu o contrato de compromisso de compra e venda de imóveis, da prática comercial. E muito do que se estudou em

---

[20] PEREIRA, Caio Mário da Silva. *Op. cit.* p. 48.

relação aos contratos preliminares originou-se desse tipo contratual. Isto não significa que não se possa ter um contrato preliminar de prestação de serviços, por exemplo. Contratam-se os serviços de limpeza de determinada empresa *A* à empresa *B* que, se forem aprovados dentro de critérios estabelecidos no próprio contrato, deverão resultar em uma contratação definitiva ao final de um prazo determinado. Portanto, apesar do surgimento quase que vinculado à compra e venda, várias são as possibilidades para o contrato preliminar.

Examinemos, portanto, as características do contrato preliminar como previsto no Código Civil vigente.

Dependendo das obrigações a serem realizadas pelos contratantes, o contrato preliminar, tal qual um contrato principal, poderá ser bilateral ou unilateral. E, apesar da compra e venda ser o objeto mais comum destes contratos, qualquer contrato definitivo pode ser objeto do contrato preliminar.

Em relação aos requisitos, o contrato preliminar, conforme dispõe o art. 462, deve preencher todos os requisitos essenciais do contrato que virá a ser celebrado, exceto a forma.

Então, quanto aos requisitos, além daqueles impostos a todos os negócios jurídicos, objeto de explicação no capítulo 1, seção "Requisitos e Elementos dos Contratos em Geral", o contrato preliminar deverá conter os mesmos caracteres do contrato principal. Se para a compra e venda é necessário o consenso sobre a coisa e seu preço, o contrato preliminar deve conter esta cláusula, sob pena de nulidade. Idem, por exemplo, com qualquer outro contrato tipificado no Código Civil vigente, obedecendo a seus requisitos específicos.

Quanto à forma, o contrato preliminar, conforme a dicção do art. 462, não fica submetido ao contrato principal. Assim teríamos a liberdade de forma do contrato preliminar. Qualquer forma mais ou menos solene poderia ser adotada, posto que, por expressa determinação da disposição, a forma é o único requisito que o contrato preliminar não precisa guardar relação direta com o contrato principal.

Contudo, essa liberdade de forma sucumbe rapidamente a uma interpretação sistemática. O parágrafo único do art. 463 do Código Civil vigente diz que o contrato preliminar deve ser levado ao registro competente. Ora, se a forma é livre porque haveria de ser o contrato preliminar registrado? A única possibilidade é entendermos que a forma deve ser a mesma do contrato principal, uma vez que há contratos que exigem registro.

Assim, entendemos que, por cautela, em razão da conjugação do art. 462 com o parágrafo único do art. 463 do Código Civil vigente, se o contrato principal exigir forma escrita, particular ou pública (como a doação, conforme o art. 541 do Código Civil), o contrato preliminar deverá ter a mesma forma, possivelmente escrita e pública.

Estudados os requisitos e a forma do contrato preliminar, cumpre analisar os seus efeitos.

Diferentemente do contrato de compromisso de compra e venda disciplinado pela Lei Federal 6.766 de 19 de dezembro de 1979, que é uma promessa irretratável, o art. 463 do Código Civil vigente permite aos contratantes estipular, se o quiserem, expressamente o direito ao arrependimento. Assim, salvo disposição em contrário, as promessas contidas nos contratos preliminares são irretratáveis e poderão ser objeto de execução específica ou adjudicação compulsória, caso o promitente não cumpra com o avençado.

Desta forma, o contrato preliminar deverá conter, se quiser reservar às partes a possibilidade de liberação da promessa, cláusula expressa neste sentido. Caso contrário, entender-se-á que se trata de promessa irrevogável de contratar. Salientamos, contudo, que a possibilidade de retratação deve obedecer aos princípios da boa-fé, da função social dos contratos e do não enriquecimento sem causa. Assim, se a retratação, por ser prevista em contrato não enseja perdas e danos, pode permitir a devolução de prestações adimplidas até certa quantia, devolução ao menos de parte das arras ou sinal, em nome dos princípios já referidos.

Em sendo irretratável a promessa contida no contrato preliminar, como regra geral, qualquer uma das partes, nos contratos bilaterais, poderá exigir da outra a efetivação do contrato preliminar, qual seja, a celebração do contrato definitivo em um prazo determinado (art. 463 *in fine*).

Esgotado o prazo assinalado sem que a parte inadimplente cumpra com o previsto no contrato, a parte prejudicada pode exigir em juízo o cumprimento do contrato, sendo que a manifestação judicial suprirá a falta de manifestação de vontade daquele que não quis celebrar o contrato. Em alguns casos, de obrigação de fazer, é possível, outrossim, que um dos contratantes exija do outro a própria prestação, sob pena de multa por dia de descumprimento, que é chamada de "astreintes", conforme previsto no art. 638 do Código de Processo Civil.

Contudo, haverá ocasiões em que o contratado não poderá ser cumprido, nem o contratante compelido a cumprir o avençado, em razão da natureza da obrigação (art. 464, *in fine*). Isto porque se trata de um contrato personalíssimo e forçar o devedor ao seu cumprimento seria uma violação de sua liberdade individual.

Um exemplo muito comum de obrigação personalíssima é a de realização de um quadro por um pintor famoso. Se fosse uma simples pintura de parede, por exemplo, decorrido o prazo sem que o devedor cumprisse a obrigação, o credor poderia contratar terceiro às expensas do devedor. O mesmo não ocorre na obrigação personalíssima. Isto porque neste caso o contrato possui um caráter pessoal, somente aquele devedor poderia executar aquela prestação.

Nos casos, então, que da natureza do contrato, a execução forçada se torna inadmissível, a inadimplência converte-se em perdas e danos a serem recebidos pelo contratante que foi lesado. A solução será a mesma – transformação em pagamento de perdas e danos – quando o estipulante considerar o contrato desfeito ou quando mesmo sob pena de multa ou outros instrumentos processuais o devedor não satisfizer sua obrigação (art. 465 do Código Civil vigente).

Quanto aos contratos preliminares unilaterais, no qual apenas uma das partes contratantes possui ônus, o credor possui o ônus de se manifestar no prazo assinalado em contrato ou em um prazo razoável que estipule para o devedor (art. 466 do Código Civil vigente). Isto porque não se pode olvidar a hermenêutica de que os contratos benéficos devem ser interpretados estritamente (art. 114 do Código Civil vigente).

Assim, concluímos o exame dos contratos preliminares, ressaltando-se seus efeitos pelos quais uma das partes pode exigir da outra o cumprimento compulsório da obrigação, caso não haja cláusula de arrependimento, havendo uma disciplina abrangente dos instrumentos jurídicos para tanto no Código de Processo Civil,[21] o que possibilita dar-se eficácia plena aos comandos do Código Civil vigente.

MODOS DE FORMAÇÃO EXCEPCIONAIS INCORPORADOS PELO CÓDIGO CIVIL VIGENTE

Da Estipulação em Favor de Terceiros

A estipulação em favor de terceiros foi por nós classificada neste trabalho como forma excepcional de formação contratual posto que não obedece às regras gerais de formação contratual.

Na estipulação em favor de terceiro, dois contratantes (o estipulante e o promitente) contratam com vistas a conceder benefício a um terceiro, estranho à relação contratual.

Ora, como vimos anteriormente, os contratos se formam com no mínimo duas manifestações de vontade, característica esta presente nas estipulações. Mas, o que diferencia a estipulação em favor de terceiros das demais formas contratuais são os efeitos.

Enquanto em um contrato qualquer as obrigações vinculam com benefícios ou ônus as próprias partes, ambas ou apenas uma delas (contratos bilaterais e unilaterais), a estipulação em favor de terceiros, como o próprio nome já diz, resulta do contratado entre duas partes (o estipulante e o promitente) para beneficiar um terceiro, estranho à relação contratual.

Por essa razão, muito já se discorreu sobre a natureza da estipulação em favor de terceiros. A doutrina, em geral, estabelece quatro ou cinco categorias para esta forma contratual:[22]

---

[21] Ver a respeito, a execução de obrigações de fazer no Código de Processo Civil, arts. 632 a 641.

[22] DINIZ, Maria Helena. *Curso de direito civil brasileiro. Teoria geral das obrigações contratuais e extracontratuais*. 18. ed. São Paulo: Saraiva, 2003, v. 3, p. 109-110.
PEREIRA, Caio Mário da Silva. *Op. cit.* p. 64.
FIÚZA, César. *Op. cit.*, p. 430-431.
MONTEIRO, Washington de Barros. *Op. cit.* p. 51-52.

a. tratar-se-ia de uma oferta, à espera da aceitação do beneficiário, teoria esta que não explica a relação contratual perfeita entre estipulante e promitente;
b. seria uma gestão de negócios feita pelo estipulante que contratou com o promitente em favor do terceiro;
c. caracterizaria uma declaração unilateral de vontade do estipulante de beneficiário terceiro, sem que isto explique a existência de um vínculo contratual;
d. seria uma exceção ao princípio de que o contrato somente gera efeitos para as partes contratantes, sendo esta teoria explicativa dos efeitos, realmente, da estipulação, mas não da sua natureza; finalmente
e. estaríamos diante de um contrato, mas um contrato diverso, *sui generis*, com seu gênero próprio porque gera direitos para terceiros.

No ordenamento brasileiro, em função do que dispunha o Código Civil de 1916, em seus arts. 1.098, parágrafo único e 1.099, que expressamente denominavam a estipulação em favor de terceiros como um contrato, a doutrina acolheu este posicionamento.

Em relação ao Código Civil vigente, não há diferenças de fundo com a legislação do Código Civil anterior, inclusive denominando que a estipulação em favor de terceiro é um contrato. Por essa razão, temos a posição doutrinária pátria, exposta por Clóvis Beviláqua,[23] de que a estipulação em favor de terceiros é um contrato com gênero próprio, posto que, excepcionando a regra geral tradicional, seus efeitos atingem terceiros.

Assim, podemos definir a estipulação em favor de terceiros como um contrato pelo qual o estipulante contrata outrem, o promitente, para que este realize uma prestação, benéfica, a terceiros.

Vários exemplos correntes podem ser trazidos à baila. O contrato de seguro de vida quando beneficia um terceiro pela morte do estipulante. No exemplo referido temos o estipulante, que paga as prestações para uma seguradora promitente, que será obrigada, quando ocorrer o termo (morte), a beneficiar o terceiro. Além do seguro,

[23] BEVILÁQUA, Clóvis. *Código Civil dos Estados Unidos do Brasil comentado.* Rio de Janeiro: Francisco Alves, 1917. v. 3.

outras ocorrências comuns são a constituição de renda, se beneficiar terceiro, a doação com encargo, ou até um contrato de transporte de objetos ou coisas em favor de terceiro.

Esclarecidos a natureza e o conceito da estipulação em favor de terceiros, vejamos seus requisitos e seu tratamento legal atual e anterior.

A estipulação em favor de terceiros, como qualquer contrato obedece aos requisitos gerais à formação do negócio jurídico válido. Assim temos as partes que devem ser capazes, o objeto possível, lícito e econômico e a forma prescrita ou não defesa em lei.

Quanto à capacidade, basta que o estipulante e o promitente a possuam, o terceiro favorecido ou beneficiário não precisa ser capaz, posto que não pratica nenhum ato contratual, de manifestação de vontade. Mesmo que ausente o estipulante, o terceiro que venha perante o promitente reclamar o benefício devido não precisa ser capaz. Neste caso dar-se-á a representação ou assistência necessárias para o exercício desse direito. Portanto, o terceiro não precisa ser capaz nem no momento da estipulação e nem posteriormente, na execução do contrato.

O terceiro não interfere na formação do contrato. Este se conclui e se torna perfeito sem qualquer manifestação de vontade do favorecido. Assim, o terceiro não pode impedir que se contrate uma estipulação em seu favor. Contudo, pode renunciar ao direito ou benefício a que faz jus, explicitamente, quando manifestar ao promitente sua desistência do benefício ou tacitamente, quando ocorrida a hipótese que ensejaria o benefício, o terceiro beneficiário permanece inerte sem reivindicar seu direito, deixando que transcorra *in albis*, ou em branco, o prazo que teria para fazer jus à estipulação feita em seu favor.

Em relação ao objeto, não há requisitos específicos. E, por fim, no que tange à forma, esta é livre, trata-se de um contrato consensual que se aperfeiçoa pelo mero consenso. Contudo, se necessária alguma solenidade para o perfazimento do contrato (como a doação), neste caso deverá ser observada a peculiaridade do contrato celebrado entre estipulante e promitente.

Como o contrato é *sui generis,* ele não gera efeitos tão somente entre as partes contratantes, há três classes de efeitos: os efeitos entre o estipulante e o promitente, entre o estipulante e o terceiro e entre o terceiro e o promitente. Vejamos cada um deles.

Considerando os contratantes, o estipulante e o promitente, temos as conseqüências regulares da contratação, os direitos e deveres normais de um contrato unilateral ou bilateral. As diferenças percebidas são as seguintes: que há duas pessoas com poderes de credor e que o estipulante pode se reservar o direito de substituir o terceiro.

O verdadeiro credor da prestação é o terceiro, posto que a estipulação foi feita em seu favor. Mas por decorrência de expressa previsão legal, o estipulante pode exigir do promitente o cumprimento da obrigação em favor de terceiro. Por isso dissemos haver duas partes com poder de credor. Há um único credor, o terceiro, que pode exigir a prestação do promitente, contudo, em razão do previsto no art. 436 *caput* do Código Civil vigente, o estipulante também poderá exigir o cumprimento da prestação.

O estipulante ainda pode, em decorrência do art. 438 do Código Civil vigente, reservar-se o direito de substituir o terceiro, independentemente da anuência do terceiro ou do promitente. Esta substituição pode ser realizada por ato entre vivos ou por disposição de última vontade (testamentária).

Além disso, como em qualquer contrato, o estipulante pode rescindir o contrato com o promitente, não restando qualquer benefício para o terceiro. Ou o promitente, a seu turno, em razão de inadimplência, por exemplo, pode rescindir o contrato com o estipulante, quedando-se o terceiro, novamente, sem qualquer benefício.

No que tange às relações entre o estipulante e o terceiro, não há vínculo obrigacional que os una, restando maiores poderes para o estipulante que pode exigir o cumprimento da obrigação em favor do terceiro (art. 436 do Código Civil vigente) ou pode até substituí-lo, como já ressaltamos (art. 438 do Código Civil vigente), se para si expressamente ressalvar essa prerrogativa.

Por fim, tratemos das relações entre o promitente e o terceiro. O terceiro, em ocorrido o fator contratual que lhe beneficie (por exemplo: a morte do segurado no contrato de seguro), tem o direito de reclamar seu benefício de forma concorrente com o estipulante (quando possível diante da natureza contratual), conforme dispõe o art. 436, parágrafo único do Código Civil vigente, ou de forma exclusiva, se o estipulante deixou-lhe essa incumbência (art. 437, *caput*).

Outrossim, se o estipulante deixou a execução da obrigação a cargo do terceiro, não mantendo para si essa possibilidade, o credor torna-se, para todos os fins, o terceiro beneficiário, não podendo o promitente (devedor) ser exonerado por ato do estipulante (art. 437 do Código Civil vigente).

Comparando os arts. 436 a 438 do Código Civil vigente com os arts. 1.098 a 1.100 do Código Civil de 1916, podemos encontrar pequenas alterações de redação; entretanto, podemos afirmar, sem sombra de dúvida, que o tratamento dado à matéria pelo Código Civil anterior foi mantido pelo Código Civil vigente.

Da Promessa de Fato de Terceiro

A promessa de fato de terceiro encontra-se examinada sob este mesmo capítulo porque, apesar das diferenças essenciais com o contrato de estipulação em favor de terceiros, ambos têm algo em comum: estrutura de formação excepcional.

No contrato em que consta uma promessa de fato de terceiro, novamente há uma triangulação da relação contratual que envolve pessoa estranha à contratação. Contudo, como veremos, diferentemente da estipulação, sua vontade é de vital importância para a concretização do contrato e da responsabilidade decorrente de um eventual inadimplemento.

Primeiramente, conceituemos esta promessa de fato de terceiro. O contrato que envolve uma promessa de fato de terceiro nada mais é que uma obrigação de fazer, na qual o promitente se compromete a obter uma declaração de vontade de um terceiro em favor da outra parte contratante. Alguns exemplos que elucidam essa espécie contratual: Uma pessoa contrata com uma casa de espetáculos que irá conseguir a apresentação de determinado artista em determinada data. O marido promete a venda de um imóvel para o comprador, afirmando que sua esposa concordará com a venda, posto que sua concordância por escrito é necessária, seja qual for o regime de bens que o casal adota (com exceção da separação total de bens).

Assim, temos o promitente que promete um fato de terceiro para a outra parte contratante. Nesta primeira fase temos um contrato perfeito entre o promitente e a outra parte, sem que o terceiro sequer precise ter conhecimento do pactuado.

A segunda fase do contrato consiste em se verificar se o terceiro irá ou não se comprometer, conforme a promessa efetuada. Mas, o terceiro não é obrigado independentemente de qualquer manifestação de vontade, a executar a prestação: ele deverá aquiescer, concordar com o prometido para que o contrato valha em relação a si.

Portanto, depois da contratação entre promitente e aquele que pretende a prestação do terceiro, abrem-se duas possibilidades. A primeira é que o terceiro concorde com o contratado e execute o contratado. Caso isso ocorra, exonera-se toda a responsabilidade do promitente, posto que este havia se obrigado a obter a concordância e execução do terceiro. Qualquer tipo de responsabilidade superveniente passa a ser do terceiro, mas, ressalve-se, para isto é necessária sua manifestação expressa.

A segunda hipótese é a não obrigação do terceiro. O promitente se compromete a obter uma prestação do terceiro, mas não logra obter sua concordância ou sua execução. Neste caso, o promitente não se exonera e responde pelas perdas e danos causados ao contratante (lucros cessantes e danos emergentes).

Esta era a única disposição a respeito da promessa de fato de terceiro existente no Código Civil de 1916, art. 929, no título dos efeitos das obrigações (veja-se que não era considerada a promessa uma espécie de contrato e sim um efeito de um contrato):

> *"Aquele que tiver prometido fato de terceiro responderá por perdas e danos, quando este o não executar".*

A mesma disposição está presente no Código Civil vigente, no *caput* do art. 439, que se encontra na seção "Da promessa de fato de terceiro" no Capítulo das Disposições Gerais, mas logo após as disposições sobre a formação do contrato e da estipulação em favor de terceiro, seguramente modificando a noção de que a promessa de fato de terceiro é uma forma *sui generis* de contratar.

Já o Código Civil vigente prevê, no parágrafo único a exceção à regra geral. Vejamos, se o terceiro aquiescer, se obriga e executa o fato e temos sua responsabilidade. Se o terceiro não concorda com a contratação, o promitente responde pelas perdas e danos causados.

Contudo, exonerar-se-á o devedor promitente, mesmo que este não consiga a manifestação do terceiro, somente no caso em que o terceiro seja seu cônjuge. Como requisitos para essa exoneração, é necessário que se trate de ato que necessite da anuência do cônjuge (uma fiança, uma venda de imóvel) e que a indenização venha a recair sobre patrimônio comum em decorrência do regime de bens.

Um exemplo dessa exoneração poderia ser dado no caso da fiança, que o casal *A* e *B*, casado sob o regime da comunhão universal de bens, daria a *C*. *A* promete a *C* que conseguirá a anuência necessária de seu cônjuge *B*. Caso *B* discorde, para *A* não restará nenhuma responsabilidade, nos termos do parágrafo único do art. 439 do Código Civil vigente.

Assim, o Código Civil vigente inovou ao trazer uma hipótese expressa de exoneração do promitente, posto que a obrigação poderia se extinguir para ele, pelas causas extraordinárias de extinção, para as quais não se concorre com dolo ou culpa.Por exemplo, a prestação se tornasse impossível em virtude de falecimento do terceiro e sequer tempo hábil tivesse transcorrido para o promitente contactar o terceiro.

Veja-se, a título de conclusão, que tanto a estipulação em favor de terceiro como a promessa de fato de terceiro são contratos de formação *sui generis*, que têm um gênero próprio, mas isto não implica igualdades. A diferença essencial entre ambos encontra-se em como o terceiro participa da relação: na estipulação dispensa-se a sua manifestação uma vez que apenas é beneficiado; já na promessa de fato de terceiro sua aquiescência é imprescindível, posto que ninguém se obriga sem manifestação de vontade. Além disso, na estipulação o terceiro somente recebe benefícios, enquanto que na promessa, caso venha a concordar com esta, o terceiro terá tanto ônus como direitos, ou apenas ônus (como no exemplo da fiança, desde que esta não seja remunerada).

Do Contrato com Pessoa a Declarar

Finalizando as espécies de contratos cuja formação não segue a regra geral, temos o contrato com pessoa a declarar, uma inovação do Código Civil vigente, disciplinado nos arts. 467 a 471 e sem qualquer paralelo no Código Civil de 1916.

Em uma rápida análise dos dispositivos constantes do Código Civil vigente é possível concluir que o contrato com pessoa a declarar se assemelha com a gestão de negócios e tem os efeitos de uma cessão de contrato. Contudo, o contrato com pessoa a declarar não se confunde com nenhuma das duas figuras citadas, pois senão, vejamos.

No contrato com pessoa a declarar os contratantes procedem à formação contratual normalmente, mas um dos contratantes reserva a si a faculdade de indicar a pessoa que, no momento da contratação, por motivos lícitos, não desejando ser identificada, deverá adquirir os direitos e obrigações dele decorrentes.

Assim, a substituição é compulsória e somente em caráter excepcional as partes originais serão mantidas (art. 467 do Código Civil vigente). Esta modalidade contratual é muito corrente, por exemplo, nos contratos de compromisso de compra e venda de imóveis, nos quais o promitente comprador reserva-se a opção de receber a escritura definitiva em seu nome ou de pessoa que ele comprador indicar como adquirente. Também é muito útil quando há uma compra com propósito de revenda, na qual o adquirente está atuando como intermediador e não tem interesse de comprar para si o bem, mas para a pessoa a declarar.

Definido e exemplificado o contrato com pessoa a declarar, vejamos seus requisitos e hipóteses em que se manterão as partes originárias do contrato.

Após a celebração do contrato, a parte contratante a ser substituída comunicará a nomeada à outra parte contratante no prazo de cinco dias, caso o contrato não disponha de modo diverso, com um prazo maior ou menor (art. 468 do Código Civil vigente).

A pessoa nomeada, por sua vez, deverá, como irá assumir obrigações e ônus, manifestar sua vontade. Somente é dispensada a manifestação do terceiro quando este for mero beneficiário. Feita a nomeação, a aceitação pela pessoa indicada deverá guardar a mesma forma que o contrato principal, utilizada pelas partes originárias (art. 468, parágrafo único). Com a aceitação, a pessoa declarada sub-roga-se em todos os direitos e deveres do contrato a partir da data da celebração, ou seja, os efeitos da substituição serão sempre retroativos.

O Código Civil vigente contempla três hipóteses nas quais o contrato será mantido entre as partes originárias e não haverá a substituição pela pessoa a declarar. Ressalte-se que essas hipóteses, previstas nos arts. 470 e 471 do Código Civil, são excepcionais. A regra geral é que a pessoa declarada aceita a indicação e assume os direitos e ônus contratuais.

O art. 470 do Código Civil vigente contempla duas das três hipóteses de impossibilidade de substituição pela parte indicada, mantendo-se as partes originais que contrataram: se não houver indicação de pessoa ou esta se recusar a aceitá-la; se a pessoa indicada está insolvente e esse fato era desconhecido no momento da contratação. Esta última hipótese está a resguardar a boa-fé contratual e faz com que a parte indicante tenha de assumir os ônus contratuais em caso de impossibilidade pela indicada.

Por fim, o art. 471 prevê novamente que em caso de insolvência da pessoa a nomear, o contrato produzirá efeitos entre as partes originárias. E mais, prevê que se a pessoa a declarar for incapaz no momento da nomeação, a parte original indicante também arcará com os ônus decorrentes do contrato.

Se qualquer uma das hipóteses dos arts. 470 e 471 ocorrer, a cláusula que reservava a uma das partes o direito à indicação torna-se ineficaz, por força de lei, e o contrato deverá ser mantido e cumprido pela parte indicante com quem contratou. Portanto, perde eficácia somente esta cláusula, permanecendo válido, integralmente o contrato entre as partes originárias.

DOS VÍCIOS QUE AFETAM OS CONTRATOS

DOS VÍCIOS REDIBITÓRIOS

Antes de conceituarmos precisamente o que vêm a ser os vícios redibitórios, cabe fazer uma análise semântica do termo redibitório.

Redibitório é qualidade, um adjetivo, derivado do verbo *redibir*, que significa ação de tomar ou de reaver, encampar ou tomar outra vez. O termo redibitório incorporou-se ao direito pátrio pela influência do direito romano, que definiu esse tipo de vício na prática contratual, daí redibitório advir de *redhibitor* ou *redhibitoris*.

Este pequeno esclarecimento terminológico já explica, em parte, a natureza jurídica dos vícios redibitórios, os quais autorizam reaver a quantia paga (quando a coisa simplesmente é inútil para o fim que existe) ou um abatimento proporcional ao vício (há um vício, mas não há descaracterização da coisa e esta pode ser utilizada).

Conceituação

Vício redibitório é um vício oculto que torna a coisa alienada imprestável para o uso a que se destina ou que lhe diminui o valor, pois apesar de não descaracterizar ou tornar a coisa imprestável, falta-lhe alguma característica essencial sem a qual o contrato não haveria sido celebrado.

Assim, os vícios redibitórios são de duas espécies: a primeira delas torna a coisa imprestável. Exemplo comum é do equipamento que adquirido e corretamente instalado simplesmente não funciona, não desempenha a tarefa para a qual foi comprado.

A segunda espécie que pode atingir a coisa é o vício que não lhe prejudica total ou parcialmente o funcionamento, mas se traduz na falta de uma característica essencial que o adquirente acreditava fazer parte dela, por ocasião da celebração do contrato. Exemplifiquemos. Se alguém adquire um relógio pensando que este é de ouro e paga o preço condizente, o fato de ser ouro o material constitutivo da coisa em questão é essencial. O mecanismo do relógio pode funcionar a contento, mas este não é feito de ouro.

Outro exemplo de vício redibitório que não torna a coisa imprestável pode ser, por exemplo, adquirir um aparelho de telefone celular que se presume ter uma função além da regular de fazer e receber chamadas, como uma função calculadora. Sem essa função, o referido aparelho funciona perfeitamente, embora apresente um vício redibitório porque não possui a característica que o adquirente buscava ao adquiri-lo.

O vício redibitório é sempre oculto. Isto significa que o vício era desconhecido do adquirente no momento da compra e que não seria perceptível a um exame mediano, mais detido no momento da aquisição. Ou mesmo o vício pode se manifestar tão somente após a compra ter se efetivado há algum tempo, razão pela qual o adquirente também poderá se valer dos instrumentos, tratados a seguir, que servem para sanar estes vícios.

Veja-se que a análise do vício redibitório é objetiva, pois não leva em conta as características subjetivas da vítima, a não ser que o alienante se aproveite da falta de conhecimentos do adquirente para obter vantagem superior à devida e, portanto, ilícita. Contudo, como regra geral, o adquirente deve examinar a coisa cuidadosamente para que não seja surpreendido por vícios que qualquer pessoa poderia perceber com facilidade.

Outrossim, devemos levar em consideração que o exame da coisa no momento de aquisição de um equipamento, por exemplo, não pode ser verificado quando da celebração do contrato. Isto porque, muitas vezes, o equipamento será montado e entregue ao adquirente como, por exemplo, um equipamento industrial (uma fresa, um torno) ou um equipamento de escritório (um computador, uma máquina copiadora). Neste passo, a doutrina já afirmava previamente ao Código Civil vigente, na falta de disposição do Código Civil de 1916, que o prazo para que o adquirente reclamasse o vício oculto contar-se-ia da data em que o equipamento estivesse instalado e devidamente em funcionamento. A partir deste momento é que seria possível perceber ou não a existência do vício oculto.[24]

O mesmo tipo de interpretação doutrinária e jurisprudencial dava-se, mais atualmente, ainda na vigência do Código Civil de 1916, de que a venda de animais também poderia estar sujeita a prazo diverso, posto que somente com o decorrer do tempo é que um animal vendido como reprodutor, por exemplo, poderia demonstrar que não correspondia a essas características, equivalendo a um vício oculto.

Na esteira do entendimento que se desenvolveu sobre a matéria, o Código Civil vigente prevê no seu art. 445, § 1º e § 2º:

---

[24] MONTEIRO, Washington de Barros. *Op. cit.* p. 61.

> *"§ 1º – Quando o vício, por sua natureza, só puder ser conhecido mais tarde, o prazo contar-se-á do momento em que dele tiver ciência, até o prazo máximo de cento e oitenta dias, em se tratando de bens móveis; e de um ano, para os imóveis."*
> *"§ 2º – Tratando-se de venda de animais, os prazos de garantia por vícios ocultos serão os estabelecidos em lei especial, ou, na falta desta, pelos usos locais, aplicando-se o disposto no parágrafo antecedente se não houver regras disciplinando a matéria."*

Estabelecida a definição do que são os vícios redibitórios, antes de adentrarmos aos requisitos necessários para sua caracterização, vejamos os fundamentos nos quais se baseiam os deveres do alienante em razão dos vícios ocultos.

Além da boa-fé, o princípio subjacente a estes vícios redibitórios, ou vícios ocultos, é o da garantia. Não se trata de responsabilidade contratual, porque esta diz respeito à violação dos deveres contratuais, o que não é um conceito perfeitamente adequado à questão, já que o dever de entregar a coisa foi cumprido.

Porém, a coisa entregue pelo alienante deve estar em perfeito funcionamento ou corresponder àquilo que foi pactuado. Deve haver uma garantia mínima ao adquirente, de que a coisa funcionará a contento, desempenhará as funções para as quais serve, ou terá todos os atributos que lhe fizeram contratar. É uma segurança contratual que deve haver. Assim, os deveres do alienante em razão dos vícios redibitórios, que examinaremos seção "Comparação com o Código de Defesa do Consumidor" neste capítulo, são baseados no princípio da garantia, da segurança que deve haver nos negócios jurídicos.

Requisitos

Como já expusemos, o vício da coisa deve ser oculto, ou seja, não pode ser facilmente percebido a um exame minucioso – dentro das possibilidades oferecidas – do bem a ser adquirido, considerando-se um critério objetivo de conhecimento. Porém, vários outros requisitos devem ser analisados.

a. *A ciência prévia pelo adquirente da existência de vícios na coisa* descaracteriza o instituto do vício redibitório. Mesmo que o vício não seja aparente, mas o adquirente tenha conhecimento dele, não poderá argüir posteriormente que a coisa ostentava um vício oculto. Assim, mesmo não sendo aparente, se comunicado e ciente, o adquirente não poderá alegar, mais tarde o vício e, em conseqüência, sua reparação.

Isto ocorre, como se verifica na prática, na venda de produtos de saldo que são denominados "com pequenos defeitos de fabricação", na qual o adquirente está plenamente ciente da existência dos vícios. Ocorre ainda nas vendas que (comuns no direito anglo-saxão) são denominadas *as is*, ou seja, do modo em que a coisa se encontra está sendo alienada. Ou mesmo, por fim, nas vendas de objetos em mostruário, que podem conter pequenos defeitos decorrentes de seu período de exposição, sendo, novamente, necessário que se faça essa ressalva.

b. A coisa deve ter sido adquirida por meio de *contrato bilateral, comutativo e oneroso.* Desta forma dispõe o art. 441 do Código Civil vigente. Isto porque o contrato bilateral estabelece deveres somente para ambas as partes e só na correspondência de deveres é que se pode falar no dever de garantia. Do mesmo modo, o contrato deve ser comutativo. Isto porque o contrato em que o risco é ínsito, faz parte dele, não comporta indenização por vícios, já que as partes contratantes assumiram os riscos inerentes. E por fim, oneroso, visto que a mera liberalidade, praticada através dos contratos gratuitos, não dá direito a nenhuma garantia, não há diminuição patrimonial do adquirente, ele simplesmente não obtém uma vantagem que esperava.

Por exemplo, alguém recebe em doação uma jóia com uma pedra que se reputava preciosa. Caso venha a descobrir o donatário que não se trata de uma pedra preciosa, não pode alegar o vício oculto em desfavor do doador. Somente nas doações onerosas, ou seja, com encargos, onde há deveres de ambas as partes contratantes, é que se poderá reclamar o vício oculto, já que em troca de receber determinado bem, o donatário deveria cumprir com determinada obrigação. Isto está disposto explicitamente no parágrafo único do art. 441 do Código Civil vigente, já mencionado. Entendemos que o mesmo pode ser estendido para as doações remuneratórias, posto que estas também prevêem contraprestação, apesar do art. 441 ter se referido tão-somente a doações onerosas.

c. O defeito deve ser preexistente ao contrato. Seja ele conhecido ou desconhecido do alienante, o defeito deve existir antes da contratação e persistir até o momento da contratação. O conhecimento prévio do alienante somente importará na avaliação de seu dever de indenizar pela quebra do princípio da garantia que, obviamente, será maior se conhecia o fato. Mas, importa salientar o requisito essencial da *anterioridade* do vício.

d. O defeito da coisa deve torná-la *inútil, inadequada à sua finalidade ou reduzir sua expressão econômica, conforme o disposto no art. 441, caput, do Código Civil* vigente. Não é, portanto, qualquer defeito que justifica a invocação dos vícios redibitórios e da conseqüente proteção. O vício oculto não pode ser mera frivolidade. É preciso que a coisa não funcione (um computador que sequer liga) ou não cumpra a sua finalidade (um computador que possui todos os componentes necessários para acessar a rede mundial de computadores, *Internet*, adquirido para este fim e que não consegue acessá-la) ou, por fim, tenha um defeito que reduz sua expressão econômica (um computador que funciona perfeitamente mas foi adquirido pensando-se que tivesse um processador extremamente rápido e de última geração, mas que na verdade possui um processador de capacidade inferior).

e. A *coisa adquirida da Justiça Pública por hasta pública* não pode ser objeto de reclamação de vício redibitório. Primeiro, poderíamos dizer que isto se dá porque é consignado prazo para exame detido da coisa antes da sua arrematação por leilão público. Em segundo lugar, poderíamos salientar que o Poder Judiciário estaria realizando uma venda da coisa *as is* ou no estado em que se encontra.

Por fim, com relação a leilões, cabe salientar que um leilão realizado por um particular, para alienar bens, ou pelas casas de leilões, não constitui exceção do princípio e, portanto, respondem o indivíduo ou a casa especializada em leilões pelos vícios ocultos.

Do mesmo modo, acreditamos que os leilões feitos através de *sites* especializados via *Internet*, do qual as pessoas se utilizam para realizar compra e venda de bens, também não se furtam a responder por eventuais vícios redibitórios. Por essa razão, as informações fornecidas devem ser as mais detalhadas possíveis, para evitar qualquer tipo de compreensão equivocada e, conseqüentemente, responsabilização por vício oculto.

f. *Inexistência de possibilidade de renúncia prévia ao direito de reclamar dos vícios ou ao direito de garantia*, por interpretação do Código Civil vigente. Pela exegese do art. 1.102 do Código Civil de 1916, era possível ao adquirente, em ressalva expressa, abrir mão de seu direito de reclamar de quaisquer eventuais vícios ocultos. Não há artigo correspondente a este no Código Civil vigente, e mais, a atual legislação civil tem redação expressa e mais restritiva. Neste sentido, portanto, discordamos, com a devida vênia, de Maria Helena Diniz,[25] que entende ser possível aos contratantes diminuir os prazos de garantia ou de reclamação dos vícios redibitórios. Vejamos o citado art. 446:

> *"Não correrão os prazos do artigo antecedente na constância de cláusula de garantia; mas o adquirente deve denunciar o defeito ao alienante nos trinta dias seguintes ao seu descobrimento, sob pena de decadência."*

Parece-nos que se trata de dispositivo cogente, ou seja, que não está submetido à liberdade contratual das partes, não podendo estas diminuir o prazo da garantia e nem de reclamação do vício oculto, que não passa a contar durante este período.

Efeitos

Constatado o vício oculto, o adquirente possui duas alternativas jurídicas: rejeitar a coisa (art. 441 do Código Civil vigente) ou requerer o abatimento do preço da coisa em proporção ao vício. Parece-nos que a primeira alternativa seria mais comum nos casos em que a coisa porte vícios que a tornem inadequadas para seu uso e a segunda para casos

[25] DINIZ, Maria Helena. *Op. cit.* p. 122.

em que há vícios que não importam em não funcionamento ou utilidade, mas lhe diminuem o valor (respectivamente o exemplo do computador que não funciona e do anel cuja pedra vendida como preciosa, revela-se sem valor, comum).

As ações que podem ser exercidas pelo adquirente possuem nomes latinos, posto que influenciadas pelo direito romano. A ação para enjeitar a coisa ou aquela para abater seu preço são ditas edilícias, em referência à atuação nos mercados romanos para a resolução de problemas contratuais dos *edis curules*, que por ali circulavam e tentavam pôr fim às controvérsias negociais.

Caso o adquirente opte por enjeitar a coisa, estará fazendo uso da ação redibitória. Já se o adquirente preferir ajuizar demanda para receber quantia em razão do abatimento proporcional pela desvalorização da coisa, neste caso estará se utilizando da ação *quanti minoris*.

O alienante, demonstrado o vício oculto, prévio à aquisição, será obrigado a substituir a coisa ou a ressarcir o adquirente pela diminuição do valor da coisa adquirida. Esta é a regra geral, contida no art. 443, parte final, do Código Civil vigente, para o alienante que desconhece o vício oculto da coisa, ou seja, age de boa-fé.

E mesmo desconhecendo o vício oculto, se este era preexistente à contratação e à entrega (tradição) da coisa, e esta perecer (o animal falecer, a coisa se deteriorar irremediavelmente) em mãos já do adquirente, a responsabilidade persiste. Se a causa do perecimento foi o vício oculto, o alienante responderá, mesmo desconhecendo, pelo vício oculto, com fundamento no princípio da garantia, devendo devolver a quantia recebida (art. 443 do Código Civil vigente). Há, portanto, no caso, uma exceção à regra geral da *res perit dominus*, a coisa perece para o dono. Como já havia ocorrido a tradição, o adquirente deveria arcar com o prejuízo, mas como a causa, demonstrada, ocorreu antes da contratação, persiste a responsabilidade daquele que alienou a coisa, mas sequer é mais dono e senhor dela.

Caso o alienante soubesse do vício oculto, mas não cientificou o adquirente do mesmo, agindo, portanto, de má-fé, buscando um enriquecimento ilícito, seria obrigado a restituir o que recebeu acrescido de perdas e danos (lucros cessantes e danos emergentes), como previsto no art. 443, parte inicial, do Código Civil vigente. Os danos de que trata o artigo referido são, seguramente, de caráter material. Contudo, entendemos ser possível, dependendo do caso concreto, das circunstâncias nas quais a negociação ocorreu, a possibilidade de indenização por danos morais, cumulativa aos prejuízos materiais.

Quanto aos prazos que o adquirente possui para reclamar dos vícios ocultos, tem ele 30 (trinta) dias quando se tratar de coisas móveis e 1 (um) ano se a coisa for imóvel. O prazo começa a fluir da data da efetiva entrega da coisa (art. 445, *caput*, do Código Civil vigente).

Os prazos começam a ser contados da expiração do prazo de garantia contratualmente estabelecido, se houver essa cláusula, conforme o art. 446 do Código Civil vigente prescreve. Mas, apesar de haver tal suspensão, se durante o prazo de garantia o adquirente conhecer do vício oculto, terá o dever de denunciar imediatamente o defeito ao alienante.

Como exceção à regra do art. 445 *caput*, do Código Civil vigente, temos:

a. Se foi adquirida coisa imóvel e o adquirente já estava na posse da coisa, o prazo será reduzido pela metade, portanto, seis meses (art. 445, parte final, do Código Civil vigente). O fundamento lógico é que se o adquirente já estava na posse do bem, conhece-o melhor.

b. Quando o vício somente puder ser conhecido tardiamente, como já dissemos em exemplos de equipamentos que demandam instalação, o prazo passa a ser de 180 (cento e oitenta dias) para bens móveis e mantém-se um ano para bens imóveis (art. 445, § 1º do Código Civil vigente).

c. Em caso de venda de animais, deverá ser respeitada legislação especial. Na falta desta, a venda deverá ser regida pelos usos locais e pelos prazos citados no item *b*, conforme o art. 445, § 2º do Código Civil vigente.

Comparação com o Código de Defesa do Consumidor

O Código de Defesa do Consumidor tem uma disciplina minuciosa dos vícios redibitórios. Como já explicitamos na seção "Aceitação" deste capítulo, as disposições do Código de Defesa do Consumidor somente são aplicáveis aos contratos nos quais se configure uma relação de consumo, tal qual definido anteriormente naquele momento.

Contudo, não podemos deixar de traçar um paralelo entre os vícios redibitórios previstos no Código de Defesa do Consumidor e no Código Civil vigente, para que possamos concluir acerca de qual tipo de negócio jurídico, consumidor ou civil ou comercial traz as maiores garantias.

No Código Civil vigente, como dissemos, o adquirente que perceber vício oculto na coisa tem duas opções à sua disposição: rejeitar a coisa (e, portanto, exigir sua substituição) ou requerer o abatimento do valor dela.

O Código de Defesa do Consumidor apresenta três possibilidades ao consumidor em seu art. 18, § 1º :

a. a substituição do produto por outro da mesma espécie, que esteja em perfeitas condições de uso;
b. o desfazimento do contrato, com a restituição da quantia paga e o pagamento de eventuais perdas e danos causados e
c. o abatimento proporcional do preço. A escolha entre as três alternativas é feita pelo consumidor, mas a substituição imediata (letra *a*) somente pode ser requerida em casos graves, nos quais a troca das partes viciadas (em geral peças vitais) comprometa o funcionamento correto do produto (esta a terminologia utilizada pelo Código de Defesa do Consumidor).

Veja-se que o Código de Defesa do Consumidor contempla uma opção a mais para o consumidor, em detrimento dos contratos em que não há relação de consumo: o consumidor pode desfazer o contrato, retornando as partes ao estado anterior (por exemplo, devolução do produto mediante devolução das quantias pagas), sem que isto afaste a possibilidade de responder o fornecedor (alienante nos termos dos contratos não de consumo) por perdas e danos.

Além dos vícios ocultos das coisas (produtos), o Código de Defesa do Consumidor também prevê o vício oculto dos serviços, no caso em que o fornecedor será obrigado a uma de três hipóteses previstas no art. 20:

a. reexecução do serviço, sem custo adicional, quando possível e necessário;
b. desfazimento do vínculo contratual voltando as partes ao estado anterior, sem prejuízo de eventual indenização por perdas e danos e
c. abatimento do preço.

Outra questão que devemos ressaltar é a da garantia. Se o Código Civil vigente previu expressamente que durante o prazo de garantia contratual estabelecido está suspensa a contagem do prazo decadencial para reclamação dos vícios ocultos, não há qualquer disposição neste sentido, no Código de Defesa do Consumidor.

Contudo, o Código de Defesa do Consumidor é mais abrangente em termos de restrições. A garantia legal independe, nos casos de consumo, de cláusula contratual, e nenhuma estipulação contratual pode atenuá-la ou exonerá-la, conforme previsto nos arts. 24 e 25. Esta é a posição que defendemos, em relação ao Código Civil vigente, de que implicitamente ao previsto no art. 446 encontra-se uma vedação à diminuição da garantia. Mas nada impede, entretanto, que não haja previsão qualquer a respeito de garantia em um contrato regido pelo Código Civil. Já em um contrato de consumo, há o mínimo legal de garantia.

Por fim, vale a pena analisar os prazos. Se como regra geral o art. 445 do Código Civil vigente estabelece trinta dias para bens móveis e um ano para bens imóveis, o prazo para se reclamar de vícios ocultos, contados a partir da entrega efetiva, as disposições do Código de Defesa do Consumidor são bem diversas.

O termo inicial é a constatação do defeito ou vício oculto. Assim que constatado esse fato, em caso de produtos ou serviços não duráveis, o prazo para reclamação é de 30 (trinta) dias; para produtos ou serviços duráveis o prazo é de 90 (noventa) dias, conforme o art. 26, incisos I a III o § 3º do mesmo artigo.

Em conclusão, parece-nos que muito melhor caminhou o Código Civil vigente, em termos de vícios redibitórios, inclusive fazendo menção à questão da garantia contratual. Contudo, acreditamos que melhor seria se o Código Civil tivesse adotado a exegese do Código de Defesa do Consumidor quanto ao início da contagem do prazo. Ao invés de ser contado o prazo, como regra geral, da efetiva entrega da coisa (Código Civil, art. 445), entendemos que devido a certas particularidades que podem ocorrer,[26] melhor seria se o legislador civil tivesse adotado a posição expressa no Código de Defesa do Consumidor, art. 26, § 3º, de que os prazos para reclamação de vícios ocultos começariam a correr a partir da efetiva constatação do vício. Sabemos que haveria dificuldades de ordem prática, mas, no caso concreto, o juiz poderia avaliar, com o tempo e o desgaste da coisa, se o vício era oculto e preexistente ou se foi se desenvolvendo posteriormente ao contrato.

Da Evicção

A evicção foi por nós classificada como um vício dos contratos e submetida à mesma divisão teórica e didática que os vícios redibitórios, porque em seu fundamento e natureza encontramos um vício, daquele que aliena coisa que não lhe pertence, e acaba por fazer com que o adquirente perca o bem. E, ademais, as soluções para os problemas jurídicos decorrentes da evicção dão-se pelo fundamento do princípio da garantia e da segurança que deve reger os contratos. Por essas razões, decidimos tratar da evicção juntamente com os vícios ocultos ou redibitórios.

Antes de adentrarmos ao exame do instituto, vale ressaltar que a redação do Código Civil de 1916 foi mantida quase que integralmente, sendo que as modificações introduzidas pelo Código Civil vigente foram poucas e pontuais, tendo maior relevância uma delas, relacionada à questão processual da evicção, como veremos.

Definição

Podemos conceituar a evicção como a perda judicial de um bem pelo adquirente, em conseqüência de reivindicação feita por um terceiro,

[26] Estas particularidades se referem, por exemplo, à compra de veículos. Sabe-se atualmente que vícios genuinamente ocultos levam anos a aparecer, como falhas de projeto. O chamado *recall* em que uma empresa se oferece para gratuitamente reparar falhas em seus produtos é um exemplo de que, na realidade, para um bem móvel, trinta dias contados da entrega efetiva pode ser um prazo muito exíguo.

estranho ao contrato, mas que é seu verdadeiro dono, possuidor ou que possui direitos sobre a coisa, sendo responsável o alienante, posto que a causa jurídica da perda era prévia ao contrato.

Clóvis Beviláqua definiu a evicção como sendo *"a perda total ou parcial de uma coisa, em virtude de sentença, que a atribui a outrem, por direito anterior ao contrato, de onde nascera a pretensão do evicto"*.[27]

Temos, então, uma relação triangular e três agentes na evicção: o alienante, o adquirente (também chamado de evicto) e o terceiro que é o verdadeiro dono e senhor da coisa objeto ou sujeito de direitos sobre a coisa que é o objeto do contrato entre os dois primeiros (seria este o *evictor*).

O termo evicção tem origem no verbo latino *envicere*, que significa ser vencido em uma demanda. Por esta razão o caráter judicial vem atrelado à definição da evicção, posto que, apesar de algumas exceções vislumbradas (exemplo de uma apreensão policial), a evicção disciplinada pelo Código Civil vigente tal qual o Código Civil de 1916, necessita de uma decisão judicial.

Requisitos para Caracterização

O Código Civil vigente em seu art. 447 dispõe que o alienante responde pela evicção, ou seja, que o alienante, para que se obedeça aos princípios informativos da garantia e da segurança, proteja o adquirente dos riscos de ter a coisa objeto do contrato (que apesar de ser mais comum no contrato de compra e venda, pode existir em contrato de troca ou até em contratos de doação com encargo) retirada de seu patrimônio por um terceiro estranho à relação.

Esta é uma garantia legal, portanto, desnecessário que venha a constar de cláusula contratual expressa (art. 447 do Código Civil vigente). Sua efetivação depende da atuação processual do evicto, ou seja, do adquirente prejudicado. Contudo, de forma expressa pode-se reforçar, diminuir ou excluir a garantia da execução, conforme dispõem os arts. 448 e 449. A título comparativo, ressalvamos novamente nossa

---

[27] BEVILÁQUA, Clóvis. *Código Civil dos Estados Unidos do Brasil comentado.* São Paulo: Francisco Alves, 1917. v. 4, p. 275.

posição, da impossibilidade de atenuação ou irresponsabilidade pelos vícios redibitórios por inexistência de permissão legal expressa e por garantia prevista, a nosso ver como dispositivo cogente.

Feita esta observação, afastar-se-á totalmente a responsabilidade legal do alienante pela evicção, que pode ser excluída se houver previsão contratual a respeito e dessa cláusula constar a total exoneração do alienante e a ciência do adquirente do risco eventual da evicção. Caso se opere uma reivindicação por terceiro e a sentença judicial lhe seja favorável, o terceiro reaverá o bem, o adquirente perderá a coisa, se tornará evicto e o alienante por nada responderá. Ao afastar de forma absoluta a garantia de evicção, o adquirente encontra-se em uma posição de risco, transformando-se o contrato celebrado de comutativo para aleatório, no qual o adquirente irá arcar com todos os riscos negociais.

É possível, outrossim, diminuir as garantias da evicção. Isto porque o alienante, em ocorrendo a evicção, além de restituir o preço pago, deverá arcar com outras verbas, como de frutos, benfeitorias, entre outras (que serão especificadas na seção "Efeitos da Evicção" a seguir), conforme os arts. 450 a 454 do Código Civil vigente.

A diminuição da garantia dar-se-á, conforme o previsto no art. 449, se cientes ou não dos riscos da evicção, as partes contrataram que caso esta eventualmente ocorresse, a responsabilidade do alienante ficaria limitada ao preço pago pela coisa. Assim o alienante passa a arcar com uma verba que pode ser consideravelmente menor do que a devida, se o exercício dos direitos de evicção fossem exercidos plenamente.

O reforço da garantia contra a evicção pode se dar por um contrato acessório, de fiança, por exemplo. O fiador, neste caso, garante a solvabilidade e a possibilidade de o alienante arcar com as verbas devidas, se configurada a evicção. Se o alienante não puder arcar com os ônus da evicção em sua substituição, o fiador poderá ser acionado.

Para finalizar a questão da responsabilidade pela evicção, diferentemente dos vícios redibitórios, persiste a garantia da evicção mesmo quando o bem foi vendido em hasta pública, por expressa disposição legal do art. 447 do Código Civil vigente.

Vejamos os requisitos para que se caracterize a evicção:

a. Contrato oneroso – Tal qual os vícios redibitórios, é necessário que o contrato seja oneroso para que se efetive a garantia da evicção. Isto porque, pelo mesmo motivo já exposto, em se tratando de um contrato gratuito, não há contrapartida, não há lesão ao patrimônio daquele que adquire a coisa, simplesmente deixa de acrescer, mas não há diminuição patrimonial, razão pela qual não há garantia de evicção em contratos gratuitos (art. 447 do Código Civil vigente).

b. Perda da coisa – Quanto à perda, o adquirente perde a coisa ou seus direitos sobre ela de forma parcial ou total. De forma total, quando o adquirente se torna evicto e lhe é tomada a posse ou a propriedade da coisa. De forma parcial, quando perde parte desta ou de sua disposição, por um ônus de usufruto, servidão, ou até mesmo, em se tratando de um imóvel, com a diminuição, por direito de um vizinho, do terreno que havia adquirido.

c. Sentença judicial – A perda, outrossim, é qualificada, é uma perda por sentença judicial. Não se trata da perda da coisa por força de ato antijurídico de terceiro (roubo, furto) ou por ato próprio do adquirente, que abandona a coisa e dá direito a terceiro que dela se aposse e a adquira por usucapião.

d. Direito de terceiro anterior ao contrato – A sentença judicial deve reconhecer um direito de terceiro que faça com que o adquirente perca a coisa por um direito que já existia anteriormente à celebração do contrato. Assim, caso haja, por exemplo, em favor de terceiro um prazo de usucapião plenamente escoado, o fato era anterior ao contrato, devendo o alienante sofrer as sanções da evicção em favor do alienante.

Ao revés, se havia uma usucapião em andamento, cujo prazo ainda não havia fluído integralmente, a causa não se revela anterior ao contrato, ciente o adquirente que, ao se imitir na posse, se depararia com outros na posse da coisa.

A desapropriação que se efetua posteriormente ao contrato pode ou não ter origem em fato anterior ao contrato. Se o decreto expropriatório já havia sido publicado antes da contratação, certamente que haverá responsabilidade do alienante, ao menos em dar ciência ao adquirente desta condição e devendo suportar os ônus da evicção pelo Poder Público. Mas, se o início do processo expropriatório ocorreu após a celebração do contrato, não há que se cogitar de qualquer responsabilidade do alienante, que não pode antever os "fatos do príncipe" típicos da Administração Pública.

e. *Denunciação da lide* – O adquirente, ao ser acionado judicialmente pelo terceiro, deve utilizar o instrumento processual reservado do chamamento ao processo daqueles que têm dever de garantia: a denunciação da lide (art. 456 do Código Civil vigente e art. 70 do Código de Processo Civil abaixo)

> "*A denunciação da lide é obrigatória:*
>
> *I. ao alienante, na ação em que terceiro reivindica a coisa, cujo domínio foi transferido à parte, a fim de que esta possa exercer o direito que da evicção lhe resulta;*
> *II. ao proprietário ou ao possuidor indireto quando, por força de obrigação ou direito, em casos como o do usufrutuário, do credor pignoratício, do locatário, o réu, citado em nome próprio, exerça a posse direta da coisa demandada;*
> *III. àquele que estiver obrigado, pela lei ou pelo contrato, a indenizar, em ação regressiva, o prejuízo do que perder a demanda*".

Assim, para poder exercer imediatamente seu direito de reaver as contraprestações e acessórios, o evicto (adquirente) deve denunciar a lide ao alienante.

Mas, neste ponto o parágrafo único do art. 456 do Código Civil vigente abrandou o rigor, posto que o alienante evicto era obrigado a defender-se até o último recurso possível da evicção para poder exercer seus direitos contra o alienante, posteriormente. Pela atual redação do Código Civil vigente do artigo citado, caso o alienante, chamado ao processo não conteste, não recorra, ou seja, não tome qualquer medida processual, fica o evicto liberado, sendo manifesta a procedência, de utilizar os recursos processuais até esgotá-los.

Deste modo, o direito do terceiro e do evicto se efetivam de modo mais célere, o terceiro obtém a sentença favorável e exerce seu direito de reaver o bem e o evicto pode se utilizar da mesma sentença como título judicial contra o alienante que, mesmo sendo citado, quedou-se inerte na defesa do direito que possuía, aparentemente, e alienou contratualmente para o adquirente.

Efeitos da Evicção

Prolatada a sentença de evicção, se não houver cláusula excludente ou atenuante da responsabilidade, o alienante deverá arcar com as seguintes verbas em favor do adquirente, agora evicto:

a. A devolução do valor pago pela coisa. Pode ter sido um pagamento total ou parcial, mas deverá ser ressarcido ao evicto (art. 450, *caput,* do Código Civil vigente). Esta é a única indenização que o evicto recebe caso tenha pactuado exclusão parcial da garantia da evicção por cláusula contratual. Caso haja exclusão total sequer os valores pagos o evicto receberá. O valor pago será aquele da época em que a coisa se evenceu, ou seja, que o adquirente tornou-se evicto, proporcionalmente ao valor que perdeu, seja total ou parcial.
b. O pagamento por indenização dos frutos que percebeu durante o período em que esteve na posse da coisa e que teve de restituir ao terceiro (art. 450, I).
c. Os prejuízos causados diretamente pela evicção como as despesas contratuais e correlatas (art. 450, II).
d. Os honorários advocatícios e custas judiciais que teve de despender para se defender na ação de evicção e na própria ação que move contra o alienante (art. 450, III).
e. As benfeitorias úteis ou necessárias realizadas não pagas pelo terceiro, serão ressarcidas também pelo alienante (art. 453).

Quanto aos direitos do alienante, temos as seguintes disposições:

a. O alienante se eximirá de pagar a coisa alienada deteriorada por dolo do adquirente. Caso o adquirente não haja concorrido com dolo para a deterioração da coisa, subsiste a obrigação do alienante.

Portanto, somente o dolo do adquirente exonera o alienante (art. 451 do Código Civil vigente).

b. Caso o adquirente haja se beneficiado da deterioração da coisa e não tenha sido condenado a indenizá-la ao terceiro, o alienante tem direito de abater do total que deve ressarcir essa quantia, para que ninguém tenha enriquecimento sem causa, seja o alienante, seja o adquirente (art. 452 do Código Civil vigente).

c. Se as benfeitorias realizadas pelo adquirente tiverem sido indenizadas pelo terceiro, o valor destas também será deduzido do valor da indenização que o alienante terá de fazer ao adquirente, posto que já foi uma vez ressarcido (art. 454 do Código Civil vigente).

d. Caso o adquirente conheça o fato de que a coisa era alheia ou litigiosa, o alienante se exime de qualquer responsabilidade, posto que resta vedado ao adquirente demandá-lo (art. 457).

As disposições supra se referem à evicção total. Em caso de evicção parcial, o evicto pode optar por uma das duas opções legais: indenização proporcional à perda ou rescisão do contrato, com a devolução dos valores pagos. Contudo, se considerável a parte perdida, não lhe caberá escolha, somente terá direito à indenização como se total fosse a evicção. Esta previsão do art. 455 é equânime, mas o preenchimento do conteúdo da expressão considerável, em relação à perda, seguramente sofrerá uma construção casuística jurisprudencial, posto que se trata de termo amplo, pendente de interpretação em cada caso.

Da Extinção dos Contratos

Das Formas de Extinção dos Contratos

É implícito à relação contratual o fato de ser esta temporária. Ainda que parcialmente, a vontade das partes contratantes fica restringida. Assim, sua liberdade, no que tange àquela espécie contratual, fica restrita. E as restrições à liberdade não podem ser sem prazo de término ou indefinidas. Por essa razão, o contrato é sempre celebrado tendo em vista um prazo maior ou menor de tempo. Mas é sempre efêmero, não deve ser uma relação duradoura, no sentido de existir indefinidamente. Cumpre, então, analisar as formas pelas quais o contrato se extingue.

Da Extinção dos Contratos de Forma Regular

A primeira forma pela qual os contratos podem se extinguir é sua forma regular ou normal. Seja o contrato de execução imediata, diferida ou sucessiva, ambas as partes contratantes cumprem com seus deveres, recebem respectivamente seus direitos, extinguindo-se, então, o contrato pelo *cumprimento* ou pela *solutio* (que no direito romano significava exatamente este fim regular do contratado).

O cumprimento regular das previsões contratuais extingue as relações contratuais, libertando ambas as partes do vínculo contratual, extinguindo, outrossim, todos os direitos e deveres dele decorrentes.

A prova da extinção regular ou do cumprimento do contrato dá-se através da quitação. A quitação é o ato pelo qual o credor atesta que o devedor efetuou o pagamento. Com a quitação, opera-se a prova da extinção do contrato e da liberação ocorrida com o cumprimento. Ressalte-se que a quitação é um direito do devedor, para provar que houve a extinção regular do contrato. Mas, não é a quitação que põe fim ao vínculo contratual. O vínculo estará extinto com o cumprimento regular do contratado, de pleno direito. A quitação é apenas uma prova que facilita a demonstração, por parte do devedor, de que cumpriu o avençado.

A disciplina da quitação encontra-se no campo das obrigações (arts. 319 a 326 do Código Civil vigente), não sendo objeto desta obra. Somente cumpre ressaltar que o devedor tem direito à quitação e, caso se negue o credor a procedê-la, o devedor tem o direito de reter o pagamento. Isto cabe sobretudo quando o devedor não dispuser de outros modos de comprovar o seu cumprimento (um pagamento em dinheiro, por exemplo).

Caso o credor não lhe queira dar quitação, pode o devedor reter o pagamento e, para não sofrer os efeitos da mora, utilizar um instrumento processual: a ação de consignação em pagamento, como prevista, um procedimento especial, nos arts. 890 a 900 do Código de Processo Civil.

De qualquer forma, a retenção do pagamento, a falta de quitação e a possível consignação em juízo do valor a ser pago são vicissitudes que até um cumprimento regular pode enfrentar. Mas o cumprimento normal dos contratos, tenha-se presente, que é o adimplemento de ambas as partes, que opera a liberação imediata e a extinção do contrato.

Da Extinção Anômala dos Contratos

Qualquer forma que puser fim ao contratado que não seja o adimplemento das prestações devidas vem por nós classificada sob a rubrica de extinção anômala. A extinção regular somente se opera com o adimplemento, que era a intenção inicial das partes. Ainda que haja concorrência de nova manifestação de vontades (como veremos que ocorre em alguns casos), o contrato não se extinguiu da forma prevista, mas, por isso, de forma anômala.

Pode ocorrer um novo acordo de vontades para a extinção (distrato) uma composição entre as partes (transação), ou ainda, o descumprimento voluntário por culpa do devedor ou o descumprimento involuntário. Mas, esses fatores não importam na classificação geral: trata-se de uma forma de extinção sem cumprimento do que originalmente se havia pactuado.

Das Formas de Extinção Anômala

Estabelecido que a extinção anômala é o descumprimento ou o cumprimento defeituoso daquilo que fora pactuado entre as partes, as causas deste descumprimento podem ter duas origens. Há causas que extinguem um contrato de forma extraordinária e se originam de fatos anteriores ou contemporâneos à contratação, ao passo que há outras causas que surgirão de fatores posteriores, que ocorrem durante a execução do contrato.

Os fatos anteriores que estão presentes no momento da celebração do contrato e que se manifestam posteriormente, podendo extinguir a relação contratual, podem ser:

a. Defeitos nos requisitos do contrato, quanto à capacidade das partes, do objeto lícito, possível, determinado ou determinável, economicamente apreciável ou quanto à forma prescrita ou não proibida por lei (ver seção "Do Movimento Codificador ao Código Civil Vigente" para mais detalhes sobre os requisitos do contrato).
b. Ocorrência de uma cláusula resolutiva prevista no contrato, ou seja, uma condição que, se implementada, põe fim ao contratado (estudaremos a cláusula resolutiva com mais detalhes na seção "Resolução e Cláusula Resolutiva", uma vez que se insere na questão da resolução).
c. Exercício do direito de arrependimento nos contratos em que se convencione tal cláusula, questão já examinada quando tratamos dos contratos preliminares e dos contratos que podem ou não conter tal cláusula (ver seção "Contratos Preliminares", neste capítulo).

Já em relação às causas supervenientes de extinção anômala dos contratos, faz-se necessário, antes de tudo, um esclarecimento teórico. Em geral todas as formas de extinção por não cumprimento do contrato são, na praxe jurídica, chamadas de rescisão contratual. Assim, a resilição e a resolução seriam espécies do gênero rescisão.

Não podemos negar que o termo rescisão é utilizado mesmo pelos operadores do direito como sinônimo de qualquer forma de extinção do contrato por fatos supervenientes. Contudo, devemos ressaltar que a rescisão contratual, apesar dessa idéia genérica e ampla, reconhecida até pela doutrina, não deixa de ser uma forma específica de extinção contratual que deve ser examinada detidamente em seus limites e aplicações.

Assim, temos que as causas supervenientes para a extinção do contrato são: a resilição, a resolução, a rescisão e a morte do contraente de um contrato *intuitu personae*. As três primeiras hipóteses serão examinadas nos itens próprios a seguir, cumprido examinar a extinção do contrato por falecimento de um dos contratantes.

A regra geral é que os contratos não se extinguem por morte de um dos contratantes, recebendo os herdeiros o dever de cumpri-los, até as forças da herança (art. 1.792 do Código Civil vigente). Contudo, quando se contrata *intuitu personae*, ou seja, com vistas às qualidades específicas do contratante, o seu falecimento torna impossível o cumprimento.

Estes contratos são mais raros, mas levam em conta uma habilidade especial do contratado; é por essa razão que nesse tipo de contrato a morte põe fim à contratação. Essa habilidade pode ser artística, de fazer um quadro, uma escultura, ou técnica, de dar um parecer jurídico, de construir um determinado equipamento, de conduzir uma pesquisa. Não importa a origem, o fato é que a morte extingue a possibilidade de adimplemento.

Neste caso, é necessário que haja desfazimento do contrato, levando-se em conta o que foi realizado pelo contratado e se isto é aproveitável ou não. Se o contratado havia realizado o trabalho em parte e este é aproveitável, a contraprestação deve ser reduzida a um valor proporcional e condizente ao que foi realizado. Já se algo foi executado mas não pode ser aproveitado ou nada foi realizado, a melhor solução é que as partes voltem ao *status quo ante*, ou seja, resolvam a questão voltando ao estado anterior ao contratado; se alguma parcela foi paga, os herdeiros têm o dever de devolvê-la. Caso nada tenha sido despendido pelo contratante, tem-se por extinto o contrato, sem obrigações para as partes e seus herdeiros, já que a morte do contratado acarreta um inadimplemento involuntário que não pode sofrer sanções punitivas.

Por fim, a revisão judicial dos contratos importa, de certo modo, em modificação do pactuado e uma extinção posterior do contrato, mas não da forma que foi pactuado. A causa é ao mesmo tempo anterior e superveniente. Isto porque há uma cláusula (anterior) que é atingida na execução do contrato por um fato imprevisto (fato posterior). Por essa caracterização híbrida, cuidamos para que a revisão judicial dos contratos e a resolução por onerosidade excessiva fossem examinadas em capítulo à parte, diante da complexidade do desenvolvimento da matéria, que merece exame mais detido.

Resilição

A resilição é uma forma de extinção do contrato que pressupõe manifestação de vontades. Ou seja, uma ou ambas as partes decidem pela inconveniência da continuação do contrato e manifestam sua vontade neste sentido.

Portanto, a resilição pode ser *bilateral* ou *unilateral*. Pela regra geral, a resilição terá de ser bilateral, manifestando, como fizeram para contratar, ambas as partes, sua vontade de pôr término ao relacionamento contratual. A essa extinção dar-se-á designação de distrato.

E conforme dispõe o art. 472 do Código Civil vigente, há uma única exigência para o distrato: ele deve ter a mesma forma exigida para o contrato. Assim, se o contrato for de forma livre, qualquer forma, particular ou pública, será aceita. Se o contrato, todavia, exigir forma específica, neste caso o distrato deverá obedecer à mesma forma do contrato.

Em alguns contratos, em razão de sua natureza, é possível que a regra geral da resilição bilateral seja excetuada, podendo operar-se unilateralmente. Nestes casos, a resilição se chamará denúncia.

Temos, portanto, duas formas de resilição: o *distrato* e a *denúncia*.

A denúncia é possível se prevista contratualmente ou se decorrer da natureza do contrato. Exemplifiquemos. O contrato de mandato pressupõe uma relação de confiança entre o mandante e o mandatário. Este irá praticar atos jurídicos em nome daquele. Cessada a confiança que existia entre ambos, o mandante não pode permanecer preso ao contrato, somente porque este possui um prazo. Desta forma é implícita ao contrato de mandato a possibilidade de denúncia.

Outros contratos aos quais é implícita a possibilidade de denúncia são o depósito (gratuito) e o comodato. Devido ao seu caráter unilateral, em que uma parte somente recebe benefícios ao passo que a outra somente arca com os encargos, é, outrossim, implícito a estes contratos que possam ser denunciados.

Há contratos em que a possibilidade de denúncia está prevista expressamente. É o caso da locação dos bens imóveis, contrato que pode ser objeto de denúncia cheia (motivada) ou denúncia vazia (imotivada), arcando cada parte com suas responsabilidades decorrentes desta terminação antecipada do contratado (conforme previsto nos arts. 4º a 6º da Lei Federal 8.245 de 18 de outubro de 1991).

Nos demais contratos, desde que não seja incompatível com sua natureza, é possível a denúncia, sem prejuízo, obviamente, do estabelecimento de multas contratuais, por exemplo, para que não haja enriquecimento sem causa.

O Código Civil vigente dispõe somente em um artigo sobre a denúncia. Não se lhe impõe que a denúncia tenha a mesma forma que o contrato, uma vez que esta tem como característica principal a unilateralidade, impossibilitando, diferentemente do distrato, que haja um acordo de vontades para a sua efetivação.

O art. 473, *caput*, do Código Civil vigente determina que a denúncia (resilição unilateral) é possível quando a lei expressa ou implicitamente a permita, como dissemos. Quando esta é compatível com a natureza do contrato, torna-se implicitamente permitida. Quanto à forma, que não é a do contrato, é necessário que a denúncia seja efetuada por notificação à parte contrária.

Já o art. 473, parágrafo único, estabelece uma disposição protetiva. Como dissemos, não poderá haver, se a denúncia não possui previsão expressa, um locupletamento de uma parte à custa de outra, sendo lícita a fixação de multas ou cláusulas penais no contrato. Mas, na ausência de previsão contratual, o Código Civil vigente (em disposição inédita, posto que nenhum artigo do Código Civil de 1916 dispôs sobre a matéria) tratou de proteger aquele que poderia ser prejudicado pela denúncia.

Assim, na falta de proteção contratual, é possível que uma parte denuncie o contrato, mas os efeitos da denúncia somente passarão a ocorrer em momento posterior se a parte denunciada realizou investimentos, ou seja, despesas. O prazo variará nos casos concretos, posto que depende da natureza e do vulto dos investimentos.

Deste modo, não consideramos impossível que uma denúncia possa demorar meses até passar a produzir efeitos, para que a outra parte contratante não sofra prejuízo. E, sem dúvida, vislumbramos que muitas vezes, no acordo sobre o tempo que deverá transcorrer até que a denúncia tenha efeitos, o Poder Judiciário será chamado a se pronunciar. Ou mesmo, as partes se utilizem de um terceiro, de um árbitro imparcial que resolva a disputa e por meio da arbitragem resolva qual o prazo razoável para que a parte se recupere das despesas efetuadas e a denúncia passe a surtir efeito, extinguindo o contrato.

Resolução e Cláusula Resolutiva

A resolução é uma forma de extinção anômala do contrato que pressupõe a ocorrência de uma de três hipóteses. Duas delas são de causas posteriores à formação contratual, tratam-se do inadimplemento voluntário culposo e do inadimplemento voluntário sem culpa pelo devedor. Ou seja, aquele que deveria cumprir com as prestações pactuadas não o faz, podendo a causa ser culposa ou não. Já a terceira hipótese é mista, posto que concomitante à formação contratual, há a previsão de uma cláusula contratual de resolução, de desfazimento do contratado caso ocorra a hipótese prevista posteriormente, durante a execução do contrato. Examinaremos cada uma das hipóteses mais detidamente a seguir:

a. *Inadimplemento voluntário* – O inadimplemento voluntário é mais do que a simples mora. A mora caracteriza o atraso no pagamento. Quando o atraso se protrai no tempo e torna impossível o cumprimento do contrato ou patente que o contratante não quer cumprir o contrato, passa a existir a figura do inadimplemento.[28]

   Como explica a própria terminologia, neste caso o inadimplemento é voluntário. Ou seja, por vontade própria o devedor deixa de cumprir com o pactuado, sem que uma causa externa (força maior ou caso fortuito) o impeça de fazê-lo. O devedor tem todas as condições necessárias para cumprir com o avençado, mas não o faz.

   O contratante que não cumpre com suas obrigações dá causa ao rompimento contratual por culpa. E essa resolução implica, além da extinção do vínculo, a produção de efeitos *ex tunc*, ou seja, retroativos, fazendo-se com que as partes voltem ao estado anterior à contratação.

   Além disso, o contratante que agiu com culpa e deu causa ao inadimplemento deverá indenizar a outra parte pelas perdas e danos causados nos termos dos arts. 402 a 405 do Código Civil vi-

[28] Para maiores detalhes na diferenciação entre mora e inadimplemento, ver o volume desta coleção que trata da teoria geral das obrigações.

gente e por eventual cláusula penal que estiver prevista no contrato, dentro dos termos do art. 411 do Código Civil vigente.

Caso o contrato em hipótese seja daqueles de trato sucessivo e durante algum tempo foi cumprido, sobrevindo posteriormente o inadimplemento, não há razão para os efeitos serem retroativos, posto que o contratante inocente, que não deu causa ao inadimplemento, estaria sofrendo uma sanção. Então, as prestações já efetivadas e os efeitos serão *ex nunc*, ou seja, a partir do momento do reconhecimento do inadimplemento. No mais, caberão igualmente a indenização por perdas e danos e a aplicação da cláusula penal, caso esta tenha sido prevista.

Quanto à cláusula penal, ela poderá ser cumulativa ou não com a indenização por perdas e danos. Caso a cláusula penal tenha sido estipulada para os casos de mora, o credor poderá exigir a cláusula penal cumulativamente com as perdas e danos, em lugar da prestação que não foi cumprida (conforme art. 411 do Código Civil vigente).

Já se a cláusula penal foi prevista como garantia do inadimplemento, o credor tem a faculdade de escolher entre o cumprimento da cláusula penal ou da indenização por perdas e danos (lucros cessantes e danos emergentes).

Devemos ressaltar que conforme dispõe o art. 475 do Código Civil vigente, a parte lesada pode exigir a prestação ou indenização por perdas e danos, alternativamente. Mas, em geral, essa questão se resolve em perdas e danos pela facilidade do ressarcimento e pela conveniência maior do credor. Não excluímos, em nenhuma hipótese, a possibilidade de cumulação da indenização por danos materiais com a indenização por danos morais decorrentes do caso concreto.

b. *Inadimplemento involuntário* – O inadimplemento nesses casos ocorre por fatores posteriores à contratação, caso fortuito ou força maior que impedem o devedor de cumprir com sua prestação. O devedor não agiu com dolo nem com culpa; por essa razão, não pode ser sancionado, mas, ao mesmo tempo, não pode haver um enriquecimento sem causa.

Como solução, neste caso há resolução do contrato, novamente com força retroativa (*ex tunc)*, voltando as partes ao estado pré-contratual, excetuando-se os contratos de trato sucessivo ou de execução continuada que serão extintos, mas com força *ex nunc*, ou seja, a partir do momento em que se caracteriza o inadimplemento.

A grande diferença é que, por regra geral, se o devedor não agiu com culpa e o inadimplemento se deu por causas alheias à sua vontade, *não responderá por perdas e danos*. Tal impossibilidade superveniente deve ser objetiva e não relacionada ao devedor. Deve ser total e definitiva. Uma impossibilidade parcial ou temporária pode dar causa à suspensão do contrato. Somente se essa impossibilidade parcial ou temporária se prolongar no tempo e se consolidar é que poderá dar causa ao rompimento do contrato e sua extinção.

Excepcionalmente, arcará o devedor com perdas e danos, cumulativamente com o devido em virtude do desfazimento do contrato. Isto ocorrerá quando o devedor estiver em mora. Ou seja, estando em atraso, a responsabilidade do devedor se avulta e ele responde pelo inadimplemento, mesmo que não tenha agido com dolo ou culpa para a impossibilidade, mas já estava agindo com culpa pela mora; por isso, o sancionamento mais grave de ter de responder pelo caso fortuito e pela força maior nos termos do art. 399 do Código Civil vigente.

Outra hipótese na qual o devedor responderá pelas perdas e danos deverá estar prevista contratualmente. Ou seja, o devedor se compromete a indenizar o credor por perdas e danos em caso de inadimplemento, mesmo que não o haja causado. Essa hipótese está disciplinada no art. 393 do Código Civil vigente, que dispõe que o devedor não responde por prejuízos causados por perda e danos, salvo se houver contratual e expressamente se responsabilizado por essa ocorrência.

c. *Cláusula resolutiva* – Como já explicamos em linhas gerais, a cláusula resolutiva é um motivo de resolução e conseqüente extinção do contrato com fundamento em uma causa antecedente, qual seja a previsão contratual. Entretanto, ressaltamos haver um caráter misto na cláusula resolutiva, posto que para que esta se caracterize e o contrato seja resolvido é necessário que a condição contratualmente prevista ocorra durante a execução do contrato.

Por isso, consideramos melhor classificação da cláusula resolutiva como mista: previsão anterior combinada com acontecimento posterior. Entende-se que todo o contrato bilateral possui uma cláusula resolutiva implícita. Esta seria a possibilidade de pleitear a resolução do contrato por inadimplemento, voluntário ou involuntário, como vimos nos itens *a* e *b supra*. Seriam cláusulas resolutivas ínsitas a todo contrato. A respeito disso, o Código Civil vigente, inovando, previu uma única disposição, de que em se tratando dessas cláusulas resolutivas tácitas, implícitas a qualquer contrato bilateral, impõe-se ao credor o dever de notificar o devedor, conforme o art. 474 do Código Civil vigente.

Já se estivermos diante de uma cláusula resolutiva expressa, seu efeito opera de pleno direito, independentemente de qualquer notificação (art. 474, Código Civil vigente, parte inicial). A cláusula resolutiva pode impor qualquer condição lícita para que as partes voltem ao *status quo ante*.[29] O contrato opera efeitos plenos desde a celebração, mas o implemento da condição resolve o contrato, extinguindo-o e pondo fim a todas as condições dela decorrentes, de pleno direito (sendo desnecessária qualquer notificação do credor ao devedor).

Quanto aos efeitos, a cláusula resolutiva muito se parece com o inadimplemento involuntário sem culpa das partes contratantes. O negócio jurídico foi válido durante todo o período em que existiu, até que se implementou a condição prevista na cláusula resolutiva. Daí, as partes são restabelecidas ao estado pré-contratual. Em se tratando, contudo, de contratos de trato sucessivo, como o negócio jurídico existiu validamente no mundo jurídico, os efeitos não retroagirão.

A princípio, não há dever de ressarcir por perdas e danos. Somente haverá esse dever se uma das partes agindo dolosa ou culposamente der causa à resolução ou se houver previsão contratual. Contrariamente, não haverá qualquer dever de indenizar se não houver dolo ou culpa ou se não houver previsão contratual.

---

[29] A respeito de modo, encargo e condições, ver o volume desta coleção que trata da teoria geral das obrigações.

Rescisão

A rescisão, como já nos referimos anteriormente, tem sido utilizada como sinônimo de extinção do contrato, ou seja, de resolução e de resilição em suas duas formas: distrato e denúncia. Apesar desse uso não técnico ser muito comum, a resolução é uma hipótese específica de extinção do vínculo contratual, pela melhor doutrina e técnica contratuais.

Podemos definir a rescisão como sendo a extinção do contrato efetuado com um vício do consentimento, seja esse vício a lesão ou o estado de perigo. Na vigência do Código Civil de 1916 era facilmente explicável essa distinção, uma vez que um vício da vontade seria causa de nulidade ou anulabilidade do contrato. Mas a lesão e o estado de perigo são defeitos do negócio jurídico e que, diferentemente da coação, do dolo ou de outros vícios, podem ser ratificados ou simplesmente reduzidos à quantia correspondente que seria a contraprestação devida. Esclarecemos.

O estado de perigo previsto atualmente no Código Civil vigente, art. 156, caracteriza-se pela promessa de contraprestação exorbitante para livrar a si próprio ou pessoa de sua família de uma situação de perigo. São exemplos comuns os do náufrago que oferece quantia exorbitante a outrem para que o salve do afogamento iminente, do empréstimo de quantia vultosa contraído pelo pai para pagar o resgate do filho vítima de extorsão mediante seqüestro.

Já a lesão, prevista no art. 157 do Código Civil vigente, caracteriza-se pela contratação efetuada por pessoa inexperiente ou em situação de extrema necessidade na qual se estipula uma contraprestação iníqua. É o caso, por exemplo, daquele que em situação de extrema necessidade de numerário para saldar um pagamento vende um bem imóvel a preço vil. Passada a necessidade, apercebe-se do erro na contratação que só ocorreu pela necessidade premente.

Deste modo, se um contrato for realizado mediante um defeito do negócio jurídico, seja ele da lesão ou do estado de perigo, sempre haverá duas hipóteses possíveis.

No caso da lesão, o contratante pode optar entre a redução ou aumento da prestação para que haja proporcionalidade e equilíbrio contratual. Caso este não seja alcançado, a parte lesada, se preferir, poderá requerer a extinção do vínculo contratual através da rescisão.

No tocante ao estado de perigo, caso o contratante em situação desfavorável confirme a prestação, esta será válida e perfeito o contrato. Mas, se o contratante, passado o perigo, não confirmar o negócio e achá-lo totalmente desproporcional, poderá valer-se da rescisão para pôr fim ao vínculo contratual.

Em ambos os casos, a rescisão opera efeitos retroativos (*ex tunc)*, ou seja, a parte que recebeu qualquer prestação decorrente dos contratos celebrados sob lesão ou estado de perigo será obrigada a restituir aquilo que recebeu, retornando as partes ao estado anterior ao da contratação.

Exceção do Contrato não Cumprido

A exceção do contrato não cumprido ou a *exceptio non adimpleti contractus* está prevista nos arts. 476 e 477 do Código Civil vigente, correspondendo ao que previa o Código Civil de 1916.

Mister se faz ressaltar que a execução do contrato não cumprido não pode ser invocada quando há uma ordem contratual. Assim, se foi convencionado em uma compra entre *A* e *B*, que *A* primerio pagaria o preço e só depois *B* entregaria a coisa, *A* não pode exigir a entrega antes do pagamento.

Outrossim, neste mesmo caso, *B* poderia se valer da exceção do contrato não cumprido se *A* não tivesse pago a prestação devida e, como já dito, fosse previsto no contrato que *A* deveria adimplir sua prestação anteriormente à *B*.

Assim, o contratante que deve cumprir em segundo lugar, em uma ordem contratual pré-definida, sua prestação, poderá invocar a exceção do contrato não cumprido, mas, somente se o primeiro contratante estiver inadimplente.

Sendo as prestações contratuais não simultâneas, quando não houver confiança na outra parte que deixou de realizar sua prestação, o contratante que deve realizar a sua, pode se valer da exceção, posto que desfaz-se o vínculo de confiança e este se apercebe de que poderá sofrer prejuízo, já que a parte contrária não se empenhou em adimplir o devido.

Feitas estas observações, tem-se como regra geral que o contratante faltoso ou que ainda não adimpliu com sua obrigação não pode exigir o cumprimento pelo outro da contraprestação que lhe cabe. É um princípio de equidade, positivado no art. 476 do Código Civil vigente.

Outra decorrência do princípio da exceção do contrato não cumprido está prevista no art. 477 do Código Civil vigente e dispõe que o contratante, quando houver ordem de cumprimento das prestações e que tiver de fazer sua prestação em primeiro lugar, poderá, excepcionalmente, se recusar a adimplir, desde que, depois de concluído o contrato, alguma mudança no patrimônio ou condições econômicas do outro contratante indique que este poderá não ser capaz de cumprir com sua prestação.

A previsão do referido artigo indica um possível contrato não cumprido e, diante dessa possibilidade concreta, permite ao contraente o uso de instrumentos para defesa de seu patrimônio, de forma, como dissemos, que excepciona a regra geral.

Caso saiba, antes de contratar, da situação econômica do contratado, o contratante não poderá se valer da possibilidade de não cumprimento do contrato, posto que contratou a despeito da situação financeira estabelecida.

Veja-se que se trata de hipótese excepcional, em que o primeiro contratante que deveria cumprir sua obrigação pode cessar o pagamento ou retê-lo até que o segundo contratante cumpra sua prestação, invertendo a ordem contratual original, ou preste garantia idônea de que irá fazê-lo. Prestada a garantia, deve o contratante cumprir sua obrigação.

Da Extinção de um Contrato com a Celebração de um Novo Contrato

As hipóteses estudadas na seção “Das Formas de Extinção Anômala” são de extinção não regular do contrato, posto que o contrato não se extinguiu com o cumprimento normal, ou seja, com o cumprimento das prestações.

Classificamos a transação e o compromisso arbitral como formas de extinção anômala dos contratos, posto que a própria transação e o compromisso são contratos, mas que podem servir para dirimir disputas ou solucionar conflitos das partes na execução destes, os quais podem ou não ser levados ao Poder Judiciário.

Assim, temos duas espécies de contrato que põem termo a um contrato anterior criando um novo contrato, portanto, com novos deveres e obrigações para as partes. Vejamos cada uma dessas espécies.

Da Transação

A transação está prevista nos arts. 840 a 850 do Código Civil vigente. Esta pressupõe como requisitos: a existência de uma controvérsia colocada em juízo ou não (caráter preventivo ou caráter terminativo) e concessões mútuas, ou seja, de ambas as partes envolvidas para que haja uma composição de interesses.

Assim, podemos definir transação como um negócio jurídico bilateral, por meio do qual as partes podem prevenir litígios sobre questões obrigacionais duvidosas ou pôr fim a um litígio já existente em relação a uma obrigação. Esta é a definição possível, de acordo com o art. 840 do Código Civil vigente.

É necessário ressaltar a bilateralidade, pois não há renúncia unilateral. As partes concedem e renunciam pretensões de forma *recíproca* e, desta forma, asseguram um melhor exercício de seus direitos.

Apesar de originar-se de um litígio ou de um possível litígio, a transação não perde sua natureza de negócio jurídico bilateral, posto que estabelece direitos e deveres. A única característica que lhe torna peculiar e diferente em relação aos demais contratos é que a transação tem o condão de ser o meio extintivo de outros contratos e obrigações.

Elementos essenciais e características

Os elementos essenciais para a existência deste contrato *sui generis* de transação são os seguintes:

a. *Declaração e manifestação de vontade* – Como em qualquer outro contrato, a manifestação da vontade é imprescindível para que se aperfeiçoe a transação. As regras necessárias para a livre manifestação de vontades são as regras gerais impostas aos contratos sobre a capacidade dos agentes.

Em sendo o agente absolutamente incapaz, este é representado, ao passo que o relativamente incapaz é assistido por seu representante legal. Exatamente nas hipóteses em que há uma representação, em que uma pessoa não está transacionando direitos próprios, mas de terceiros, é que o Código Civil vigente trará exceções.

As exceções se referem: ao tutor e curador, em relação aos negócios do tutelado ou curatelado (Código Civil vigente, arts. 1.748, inciso III e 1.774), ressalvando-se a permissão judicial expressa porque a transação é do interesse do tutelado ou curatelado; aos pais que somente podem efetuar transação sobre bens e direitos dos filhos com expressa autorização judicial; às pessoas jurídicas de direito público interno, porque não representam interesse próprio mas o interesse social; ao sócio que não esteja administrando a sociedade (arts. 1.010 a 1.020 do Código Civil vigente); ao síndico da massa falida, salvo expressa autorização judicial e à pessoa casada em transações que envolvam bens imóveis, sendo necessária a autorização do cônjuge, qualquer que seja o regime de bens do casal (exceto a já mencionada separação total de bens).

b. *Litígio existente ou litígio iminente* – É necessário que se caracterize uma ou várias questões controvertidas a respeito do contrato e que estas tenham dado origem a um litígio, a uma demanda em juízo ou estejam prestes a originar uma demanda. Portanto, há necessidade de que os direitos e deveres do contrato sejam duvidosos ou litigiosos.
c. *Intenção de pôr fim à controvérsia* – Ambas as partes devem ter interesse de pôr fim à controvérsia, judicial, ou não, através da transação. Em geral esta intenção significa uma vontade de obter maior celeridade na resolução do conflito, pois a demora intrínseca à solução judicial dos conflitos pode ser muito mais danosa às relações negociais de ambas as partes do que às concessões mútuas que possam fazer.

Outrossim, quando há dúvida, a transação pode resolver a questão. A intenção de pôr fim às questões dúbias e ao litígio deve ser resoluta, posto que não há transação condicional. Se fosse possível estabelecer condições, poder-se-ia não atingir a finalidade maior da transação que é dirimir a dúvida ou conflito de interesses, esteja ele posto em juízo ou não.

d. *Reciprocidade de concessões* – Como está disposto no art. 840 do Código Civil vigente, os interessados podem pôr fim a litígio ou preveni-lo através de *concessões mútuas*. É impossível que uma parte renuncie seu direito em relação à outra, mas isto será uma liberalidade ou uma desistência que pode produzir efeitos e resolver as questões pendentes, embora não caracterize a transação. A transação importa em sacrifícios e renúncias de *ambas* as partes envolvidas no contrato.

Ressaltamos que deve haver concessões de ambas as partes, mas não se lhes impõe que as concessões sejam comutativas ou obedeçam a um equilíbrio. Uma parte pode ceder mais do que outra em seus direitos e deveres. Somente não caracteriza a transação a renúncia unilateral de direitos.

Quanto às características principais, a transação, como contrato *sui generis*, somente pode ter como objeto direitos patrimoniais de caráter privado (daí que se exclui a possibilidade de transação pelos poderes públicos, mesmo em se tratando de direitos patrimoniais, como ressaltamos acima em relação aos legitimados a transacionar), conforme previsto no art. 841 do Código Civil vigente.

Ainda quanto ao objeto da transação, vale destacar que ela somente atinge os direitos privados patrimoniais, não extinguindo possível ação penal pública, conforme disposto no art. 846 do Código Civil vigente. Assim, o homicídio, a lesão corporal dolosa, além de repercutirem no plano penal, com as devidas ações penais, podem fazer surgir demandas de indenização *ex delicto* no âmbito civil. Se proposta uma demanda com um fundamento de responsabilidade por um crime cometido, pode haver uma transação para o ressarcimento da vítima ou de seus sucessores. Mas, essa transação civil não extingue a ação penal pública *ipso facto iure* (de pleno direito). Pode até influenciar na fixação da pena ou na concessão de benefícios, mas não significa extinção da ação penal.

A dicção do art. 846 é irrepreensível, já que explicitamente se refere aos casos de ação penal pública, porque casos há, na legislação penal pátria, em que a transação civil extingue a pretensão punitiva penal. Estes casos são sujeitos a representação e, portanto, são delitos de ação penal pública condicionada ou, às vezes, de ação penal privada. São os crimes de menor potencial ofensivo previstos na Lei Federal 9.099 de 26 de setembro de 1995, art. 74.

A transação, como envolve concessões, renúncias parciais a direitos, seguindo a linha de interpretação dos contratos benéficos, deve ser interpretada de forma restritiva, conforme o previsto no art. 843 do Código Civil vigente.

Além disso, no mesmo artigo há outra característica importante da transação, que esta tem efeito meramente declaratório, ou seja, a transação não é constitutiva, não cria direitos, apenas declara direitos preexistentes. Ainda que se transmita a propriedade de um bem, por exemplo, através de uma transação, tem-se que o direito já existia e que o contrato de transação apenas o declarou, a fim de encerrar uma questão controvertida.

Excepcionando a regra geral dos contratos de que o acessório segue o principal e, que, portanto, a nulidade de acessório não acarreta a nulidade do principal como um todo, por exemplo, em um contrato, a transação será nula se apenas uma das suas cláusulas também o for. Ou seja, nula uma das cláusulas da transação, o contrato de transação como um todo será nulo. Esta é a dicção do art. 848, *caput*, do Código Civil vigente.

Se em um mesmo contrato de transação forem resolvidas várias controvérsias de contratos diferentes e houver nulidade de uma cláusula, não haverá nulidade integral, mas apenas de todas as disposições dependentes. As independentes restarão íntegras, conforme dispõe o art. 848, parágrafo único do Código Civil vigente. Exemplifiquemos. Em um mesmo contrato de transação duas partes resolvem controvérsias sobre um contrato de compra e venda e um contrato de depósito. Uma das cláusulas relativas à compra e venda é inquinada de nulidade. Toda a transação em relação ao contrato de compra e venda será considerada nula. Já as disposições independentes, relativas ao contrato de depósito, manter-se-ão íntegras.

Modalidades

Como a transação é um contrato que versa sobre questões controvertidas ou duvidosas, deduzidas ou não em juízo, há duas modalidades de transação: a transação judicial e a transação extrajudicial.

A *transação judicial* como importa em extinguir uma demanda já posta em juízo, pode ocorrer em audiências de conciliação durante o processo ou diretamente entre as partes, geralmente assistidas por seus advogados. Neste caso, de transação judicial, a forma a ser observada, além de todos os demais requisitos, deverá ser feita por instrumento público, assinado pelas partes transigentes e levado à homologação do juiz.

Caso ocorra em audiência, ou seja requerida a designação de uma audiência para este fim – de conciliação através de transação – as manifestações de concessões recíprocas serão tomadas a termo e também serão homologadas pelo juiz.

Seja a forma por escritura pública ou por termo, deverá ser homologada pelo juiz, a previsão encontra-se no art. 842, parte final do Código Civil vigente.

A *transação extrajudicial* ocorre quando o litígio é iminente, até mesmo como controvérsia instalada, mas nenhuma das partes envolvidas acionou o Poder Judiciário ainda. Prevista também no art. 842, parte inicial, do Código Civil vigente, neste caso as concessões mútuas deverão ser realizadas por meio de instrumento público, se a lei o exigir (nos casos que envolvem a propriedade de imóveis, por exemplo) ou de instrumento particular escrito se a lei permitir (ou seja, se não exigir forma especial, conforme previsto no art. 104 do Código Civil vigente).

Efetuada a transação extrajudicial, esta não será levada a nenhum tipo de homologação judicial, posto que será um negócio jurídico puro e simples e, como tal, interpretado.

Efeitos da transação

A transação pode gerar duas espécies de efeitos: efeitos como um negócio jurídico e efeitos em relação às partes e a terceiros.

a. *Efeitos como negócio jurídico* – Apesar de ser meio extintivo de outro negócio jurídico, a transação em si, em sua natureza, é um contrato, portanto surtindo os efeitos regulares atribuídos a qualquer negócio jurídico. A transação possui forma própria (art. 842 do Código Civil vigente) e deve ser interpretada de modo restritivo (art. 843 do Código Civil vigente), como já ressaltamos antes. Pode ser objeto de exceção de contrato não cumprido, conforme o previsto no art. 847 do Código Civil vigente e a pena convencional (multa) para o caso de descumprimento pode ser licitamente pactuada. E, além disso, cria uma nova obrigação.

   Se descumprida a transação não voltam a valer as disposições contratuais originais, mas o direito de exigir o que prevêem as cláusulas da transação judicial ou extrajudicial. A única diferença entre estas é que a transação judicial forma título executivo judicial. Já a transação extrajudicial forma um título executivo, mas de caráter extrajudicial, exeqüível, se obedecida a forma legal e os critérios processuais.

   Por ser um negócio jurídico a transação pode ser fulminada pelos vícios que resultam em defeitos do negócio jurídico. Contudo, conforme previsto no art. 849 do Código Civil vigente, os únicos defeitos do negócio jurídico que podem ser alegados em uma transação são: o dolo, a coação, o erro essencial sobre a pessoa ou a coisa controversa, não sendo considerado como essencial aquele que recai sobre as *questões controvertidas*, já que se pressupõe seu conhecimento pelas partes na negociação entabulada.

b. *Efeitos em relação às partes e a terceiros* – A transação opera o efeito liberatório, dispensando as partes do cumprimento das obrigações originariamente previstas, mas, ao mesmo tempo, criando novos vínculos, sobretudo entre as partes contratantes. Assim, a transação não deverá interferir em direitos de terceiros que não intervieram no pactuado.

   Portanto, se não participar expressamente do negócio jurídico, o fiador estará desobrigado (art. 844, § 1º do Código Civil vigente); se for celebrada por apenas um credor solidário ou com apenas um devedor solidário, extinguirá a obrigação para com os demais credores ou demais devedores (art. 844, §§ 2º e 3º do Código Civil vigente). Assim, basta um credor ou um devedor solidário para extinguir a obrigação com relação aos demais credores ou devedores solidários.

Por fim, com respeito aos efeitos da transação com terceiros, esta não extingue a garantia intrínseca da evicção. Contudo, será exercida de forma diversa, de acordo com o disposto do art. 845 do Código Civil vigente. A evicção não terá o efeito de anular a transação e alcançar a obrigação originária, mas, aquele que foi um dos transatores e que vier a sofrer os efeitos da evicção terá o direito de reclamar as perdas e danos dela decorrentes.

Hipóteses de nulidade

A transação pode padecer de vícios que acarretam a nulidade absoluta ou relativa do pactuado. Haverá nulidade relativa nas hipóteses previstas no art. 849 do Código Civil vigente, ou seja, nos casos de defeitos do negócio jurídico previstos especialmente para a transação, estudados na seção "Efeitos da Transação". É necessário ressaltar, contudo, que a nulidade relativa depende de alegação da parte prejudicada no prazo determinado pelo Código Civil. Caso não haja tal discussão a tempo, o vício é sanado e estará consolidado o negócio jurídico.

Haverá nulidade absoluta nos casos previstos nos arts. 848 e 850 do Código Civil vigente. Quanto ao disposto no art. 848 do Código Civil vigente, já esclarecemos que se trata de uma exceção à regra geral de que o acessório tem o mesmo destino que o principal. Justifica-se esta diferença porque se uma cláusula tratar de direito não patrimonial (o que é vedado à transação), não haverá como ou por que manter válidas as demais disposições, já que o próprio objeto central da transação é defeituoso.

A segunda hipótese de nulidade absoluta contemplada pelo art. 850 do Código Civil vigente trata de vícios de manifestação da vontade. Assim, será nula a transação se um dos transatores desconhecia que sobre o litígio já havia sentença com trânsito em julgado. Licitamente se conclui que:

a. Esta nulidade protege a manifestação de vontade que poderia não ter ocorrido se a parte conhecesse desse fato;

b. Se ambas as partes estão cientes do trânsito em julgado da sentença, que deverá ser executada através de liquidação, de memoriais de cálculo entre outros procedimentos, é lícito às partes, para evitarem todos esses percalços, transacionarem, desde que cientes da sentença e desde que se trate de direitos patrimoniais.

A última hipótese de nulidade absoluta da transação é a existência de direito prévio de terceiro, estranho às partes, sobre o objeto da transação. Assim, os contratantes possuíam entre si questões dúbias quando, em verdade, nenhum deles tinha direito sobre o objeto da transação.

Do Compromisso Arbitral

Se a transação é por sua natureza um negócio jurídico que extingue um contrato e cria novas obrigações, dirimindo a controvérsia existente com um acordo judicial ou extrajudicial, o compromisso também servirá de forma de extinção de obrigações, mas de modo indireto. Isto porque, ao contratarem o compromisso arbitral – na existência ou não de um litígio –, as partes se comprometem a extinguir o contrato ou a pôr fim às discordâncias em sua aplicação através de sua submissão à arbitragem. Ou seja, os contratantes indiretamente obtiveram o efeito extintivo. Contrataram o compromisso arbitral com vistas a por termo à controvérsia existente ou eventual, de forma célere, sem a intervenção do Poder Judiciário. Portanto, o compromisso nada mais é do que uma forma indireta de solução de litígios. Ou, sob outro ângulo, uma etapa preliminar para a solução de litígios de forma extrajudicial.

Primeiramente, as partes envolvidas pactuam o compromisso arbitral, que significa que para resolver determinado ponto controvertido ou uma eventual e futura discordância, comprometem-se a não buscar uma solução judicial e sim uma solução determinada por um árbitro, uma comissão de árbitros, ou uma instituição de arbitragem, escolhidos livremente pelas partes, que, em geral, são pessoas leigas, mas com entendimento de questões técnicas e específicas que estão envolvidas na resolução do caso. Contudo, nada impede que o árbitro tenha uma formação jurídica, principal ou não.

Com o compromisso arbitral, as partes buscam resolver suas questões, seja pela conveniência do sigilo industrial envolvido, por exemplo, ou pela maior celeridade com a qual se pode obter uma decisão. Dessa forma, a primeira característica do compromisso arbitral é ser uma etapa intermediária, marcada por um contrato, de negociação, para que se realize a arbitragem e seja resolvida a questão potencialmente controversa.

Instrumento de uso muito corrente em países, sobretudo de inspiração de direito anglo-saxão, no direito brasileiro a arbitragem responde por uma porcentagem ínfima da resolução dos conflitos, como alternativa à via judicial.

O Código Civil de 1916 previa originariamente em seus arts. 1.037 a 1.048 a disciplina do compromisso, atualmente denominado compromisso arbitral. Mas, estas disposições originais aliadas às disposições processuais e à cultura jurídica pátrias, não tornavam a arbitragem um meio eficaz e incontroverso de resolução dos conflitos.

Buscando dar um novo sopro de vida a esta instituição e dar mais eficiência ao compromisso e à arbitragem – que pode ser muito útil –, foi editada a Lei Federal 9.037 de 23 de setembro de 1996, a qual nos referiremos doravante como a lei da arbitragem, que revogou os arts. 1.037 a 1.048 do Código Civil de 1916, ainda vigentes à época.

Entretanto, a própria lei sofreu restrições, não tendo sido recebida de forma totalmente favorável pela comunidade jurídica: inquinada de vício de inconstitucionalidade, foi extremamente limitada a sua utilização nos contratos de adesão e nos contratos de consumo, entre outras restrições.

Agora, o Código Civil vigente passa a dispor novamente do compromisso arbitral nos arts. 851 a 853. Assim, o estudo do compromisso arbitral necessariamente examinará as disposições do Código Civil vigente e seus efeitos, a Lei Federal 9.037/1996 e a questão da inconstitucionalidade e, por fim, as restrições ao compromisso arbitral em certos contratos.

O compromisso arbitral no Código Civil vigente: características principais

O compromisso arbitral é previsto de forma extremamente parcimoniosa no Código Civil vigente. Mas há uma razão para isto. O Código Civil vigente expressamente remete à lei específica, bastando que o contraente tenha capacidade de praticar os atos da vida civil para que o compromisso arbitral possa ser pactuado.

Em relação ao segundo requisito caracterizador do compromisso arbitral, temos a delimitação de seu objeto praticamente aos interesses patrimoniais, posto que é vedado o compromisso arbitral nos casos que envolvam questões de estado (civil, família ou político, se o indivíduo é casado, solteiro, viúvo, pai, filho, entre outras possibilidades), os direitos pessoais de família e quaisquer outras questões não patrimoniais.

Lamentamos que o Código Civil vigente tenha sido tão restritivo nas questões de família. Isto porque o direito de família, especialmente nas questões que envolvem a dissolução do vínculo conjugal, a partilha de bens e a definição de pensão alimentícia devida, em geral, aos filhos menores, tem se beneficiado de um instituto afeito à arbitragem, que vem surtindo bons efeitos quando aplicado: a mediação, como forma de tentativa de composição através do entendimento familiar que culmina com os acordos judiciais.

Certamente o direito de família é complexo e não patrimonial, não podendo ser objeto, de forma alguma, de arbitragem tal qual se faz com os direitos de cunho patrimonial. Mas, acreditamos no apoio para a busca de uma solução mais eqüitativa nesta matéria, passando por um aconselhamento feito através da mediação, que bem sucedida pode até mesmo fazer com que a questão seja interposta em juízo de forma consensual e não litigiosa.

Como o art. 853 do Código Civil vigente remete a disciplina da matéria à lei específica, cumpre, neste passo, analisar as principais disposições da Lei de Arbitragem, concernentes ao compromisso arbitral.

Aspectos Principais da Lei Federal 9.307/1996 (Lei de Arbitragem)

Tendo em vista que o Código Civil vigente deixou que uma lei extravagante, já vigente à época de sua promulgação cuidasse da arbitragem e do compromisso arbitral, faz-se necessária a análise desta lei no que diz respeito ao seu aspecto contratual, ao compromisso arbitral. Dados os limites a que nos propomos, o procedimento arbitral e as disposições processuais somente serão examinadas no que for preciso, remetendo o leitor às obras específicas para maiores referências sobre a matéria.

Logo no art. 1º, a Lei de Arbitragem demonstra que se coaduna perfeitamente com o sistema do Código Civil vigente, posto que estabelece como pressupostos da arbitragem e, portanto, do compromisso arbitral, a capacidade dos agentes e o objeto como sendo apenas direitos patrimoniais.

O compromisso pode ser um contrato por si só ou uma cláusula inserida em um contrato de qualquer espécie. Daí serem utilizados os termos cláusula compromissória ou compromisso arbitral, como previsto no art. 3º e no art. 4º , § 1º da Lei Federal 9.307/1996.

Contudo, a cláusula compromissória não se sujeita à já mencionada regra geral de que o pacto acessório segue o destino do principal, uma vez que, mesmo que seja nulo o contrato, a nulidade da cláusula não se dará de pleno direito. Será necessário que o árbitro ou órgão arbitral apontado decida sobre a cláusula compromissória, sua existência, validade, eficácia e, portanto, se a arbitragem propriamente dita, quanto à questão de mérito controversa, poderá ocorrer (art. 9º da Lei Federal 9.307/1996).

Este dispositivo legal demonstra que mesmo sendo uma cláusula inserida em um contrato, o compromisso arbitral possui independência e importância em sua análise e aplicação, assemelhando-se a um contrato autônomo.

Além dos requisitos quanto às partes capazes e ao objeto patrimonial, o compromisso arbitral ou a cláusula compromissória deverá apontar o árbitro, o órgão arbitral ou instituição que realizará o eventual julgamento arbitral.

Caso as partes optem por indicar um órgão ou instituição arbitral, a forma da arbitragem adotada previamente será aquela praticada por estes órgãos ou institutos, como já conhecido e sabido das partes. Não havendo esta forma previamente definida, a cláusula ou o contrato deverá prever a forma pela qual se dará o julgamento arbitral.

Concluindo o exame do compromisso ou da cláusula arbitral no âmbito da Lei Federal 9.307/1996, é necessário ressaltar que tendo sido prevista a arbitragem contratualmente, se uma das partes se negar a se submeter ao juízo ou julgamento arbitral, à parte contrária cabe a faculdade de obter a execução compulsória da cláusula ou do contrato de compromisso arbitral (art. 7º da Lei 9.307/1996).

A parte interessada em submeter o litígio à arbitragem como havia sido contratualmente previsto poderá se valer de intervenção do Poder Judiciário, não para dirimir a controvérsia de mérito ou de fundo, mas para impor à parte renitente ou resistente. Neste caso, o papel do Poder Judiciário cinge-se ao exame da legalidade da cláusula compromissória ou do compromisso arbitral e, estando presentes os pressupostos para a arbitragem, o resultado da demanda será a condenação da parte resistente a que se submete ao juízo arbitral, a uma obrigação de fazer, sem jamais decidir o que seja sobre a controvérsia principal.

Esta inovação da lei da arbitragem que, na prática, poderia impor o juízo arbitral mesmo que houvesse resistência e arrependimento de uma das partes, foi, certamente, um avanço sensível para que o instituto da arbitragem tivesse um impulso no ordenamento jurídico brasileiro. A intenção era que a arbitragem se popularizasse, e não ficasse confinada aos ambientes corporativos sigilosos ou a casos que envolvessem grande vulto financeiro.

Mas, exatamente a previsão da compulsoriedade foi inquinada de inconstitucional e a doutrina discutiu acirradamente, quando da sua edição, a constitucionalidade deste diploma. Defendia-se que esta compulsoriedade do juízo arbitral e da sentença arbitral irrecorrível violariam o art. 5º, inciso que declara que nenhuma lesão ou ameaça de lesão poderia deixar de ser submetida à análise do Poder Judiciário. Ou seja, a previsão legal violaria o princípio da inafastabilidade do controle judiciário.

Contudo, apesar das divergências doutrinárias, a referida lei da arbitragem não foi objeto de nenhuma ação direta de inconstitucionalidade e se, por controle difuso, algum vício de inconstitucionalidade foi alegado, ainda não foi submetido ao Supremo Tribunal Federal pela via de exceção por meio de recurso extraordinário.

Restrições ao compromisso arbitral

No estudo dos requisitos objetivos do compromisso arbitral, verificamos que o objeto deste está cingido aos conteúdos patrimoniais, conforme previsto tanto no Código Civil vigente como no art 1º da Lei Federal 9.307/1996, que se referem ambos a direitos patrimoniais não disponíveis.

Além desta restrição de conteúdo, certos contratos admitem de forma parcial apenas a introdução da cláusula compromissória ou do pacto adjeto de compromisso arbitral, devendo ser submetidos a várias exigências específicas que veremos agora para que a arbitragem possa ser realizada sem que posteriormente seja alegado vício de nulidade.

Nos contratos de adesão, já definidos por nós anteriormente (seção "Interpretação dos Contratos de Adesão"), nos quais há um formulário que contém a predefinição de todas as cláusulas contratuais, devendo o contratante apenas aquiescer com estas, a cláusula ou compromisso arbitral é inserta de forma especial (art. 4º Lei Federal 9.307/1996).

A princípio deverá ser o contratante aderente aquele a propor a inserção da cláusula da arbitragem, sendo, portanto, sua a iniciativa. E tal intenção deverá ser reduzida a escrito. Caso a iniciativa não seja do aderente, tal cláusula, como considerada imposta pela parte contrária, será tida como ineficaz e, portanto, não escrita. Descabível, neste caso, aplicar-se a arbitragem compulsória, por intervenção do Poder Judiciário, como prevista no art. 7º da Lei Federal 9.307/1996.

Não é vedada, porém, qualquer iniciativa à parte contratante não aderente, ou seja, aquela que impõe as cláusulas do contrato de adesão. Mas, para poder inserir a previsão de arbitragem no pactuado, somente poderá fazê-lo mediante uma das seguintes formas:

a. *Cláusula contratual* – É possível inserir cláusula de arbitragem em contrato de adesão desde que por escrito, destacada em negrito e que o contratante aderente aponha sua assinatura ou um visto especial para esta previsão.

b. Compromisso arbitral – Faz-se a previsão de submissão ao juízo arbitral em um documento escrito, separado do contrato principal, anexo a este, que certamente deverá ser assinado.

Estas restrições que não vedam totalmente a utilização da arbitragem nos contratos de adesão, mas impõem certas cautelas são de todo salutares, considerando-se o homem médio brasileiro, seu conhecimento jurídico e a forma pela qual em geral são celebrados os contratos de adesão. Se não coíbe de todo os possíveis abusos, ao menos traz limites bem definidos que podem servir à defesa do contratante aderente prejudicado.

Como já ressaltamos no estudo dos contratos de adesão e do fenômeno da contratação em massa, o desconhecimento pelo aderente das condições de contratação é, em geral, quase total, até o momento em que haja uma controvérsia.

Assim, sem dúvida, faz-se necessário que o aderente saiba *ab initio* que se comprometeu a um juízo arbitral e o que isto significa, que caso haja qualquer questão a ser resolvida não poderá o aderente se valer do juízo comum do Poder Judiciário e somente poderá invocar o juízo arbitral, ressalvadas, logicamente, as hipóteses de nulidade da própria cláusula ou compromisso que prevê a arbitragem.

A segunda grande restrição ao compromisso ou à cláusula arbitral poderia ser vista como um complemento à primeira, e se encontra no Código de Defesa do Consumidor, art. 51, inciso VII. Considera-se cláusula abusiva e, portanto, nula de pleno direito, a imposição compulsória da arbitragem nos contratos de consumo.

Poderíamos considerar como imposição compulsória da arbitragem aquela feita por um meio não eqüitativo, com a prevalência da vontade de apenas uma das partes. Ora, a manifestação de vontade com ênfase unilateral fica patente nos contratos de adesão, onde a manifestação de vontade de uma das outras partes contratantes é muito mais restrita.

Assim, não há vedação do uso da cláusula ou do compromisso arbitral nos contratos de consumo, sejam eles de adesão (apesar de serem os mais comuns) ou não. Mas, a arbitragem deverá ser expressa de tal forma que não reste dúvida de que a decisão de excluir o juízo comum e optar definitivamente pelo juízo arbitral foi deliberada de forma eqüitativa, igualitária e equilibrada.

Vários modos podem expressar este equilíbrio de vontades, como a aposição de um adendo ao contrato, até de próprio punho pelo contratante, no qual manifesta sua aceitação expressa e inequívoca de aceitação da arbitragem. É possível, também, se utilizar dos meios propostos pela própria lei de arbitragem para os contratos de adesão, como destacar a cláusula e apor-lhe assinatura especial ou, ainda, fazer constar a previsão de um documento apartado.

Deste modo, temos que as restrições à escolha contratual pelo juízo arbitral são integradas e até se complementam, valendo para todos os contratos de adesão, sejam eles de consumo ou não, no que tange à forma prevista e no tocante à vedação de imposição de arbitragem, valendo para qualquer contrato de consumo, esteja ele instrumentalizado por um contrato de adesão ou não.

3

Da Revisão Judicial dos Contratos

Desenvolvimento Teórico e Jurisprudencial da Revisão Contratual

Histórico e Evolução do Tema

Conhecemos contratos milenares, como a compra e venda, que perduram até hoje, cuja notícia de elaboração jurídica provém do direito romano. Ao longo de seu desenvolvimento histórico, do conceito de contrato sofreu inúmeras variações e influxos, tornando necessária uma análise, que faremos a seguir.

No direito romano, sem dúvida fonte de inspiração material da Codificação Napoleônica, do Código Civil de 1916 e da formação de boa parte do ordenamento jurídico pátrio, ainda não se tratava de liberdade contratual ou manifestação de vontade, do modo como entendemos estes termos atualmente.

Como bem pondera Ari Marcelo Sólon,[30] o contrato tinha uma conotação místico-religiosa. O importante era que os contratantes proferissem as palavras sacramentais e solenes para que se aperfeiçoasse o contrato. Assim, o caráter formal se sobressaía, não havendo preocupações de fundo com relação ao que atualmente denominamos a liberdade contratual expressada pela manifestação de vontade.

Afasta-se, assim, a idéia de vontade entre os antigos como expressão da liberdade que existe entre as concepções moderna e contemporânea, liberdade que nasceu pela influência, seguramente, do desenvolvimento da escola dogmática jurídica voluntarista germânica e do consensualismo.

Se não havia manifestação da vontade, o contrato não podia ser entendido, entre os antigos, como um querer decorrente de uma liberdade, já que essa noção lhes era estranha. Certamente de outra maneira se formavam os contratos antigos, baseados no que são chamados de fórmulas mágicas ou no contrato estamental, decorrente do *status*, um vínculo que se estabelecia de forma objetiva e não subjetiva, como o conhecemos.

A obrigação como origem contratual possuía em Roma uma idéia mágico-religiosa, posto que contratada através da pronúncia de fórmulas quase que imemorialmente reconhecidas e incorporadas. Há, portanto, uma enorme diferença entre o significado original nas tradições romanísticas, de obrigação, e o conceito de obrigação no sentido moderno.

A preocupação com a vontade e as conseqüências da palavra empenhada surgem com o liberalismo e com os ideais da Revolução Francesa. Como bem ressalta Benjamin Constant,[31] surge a liberdade dos modernos, a liberdade concebida como não impedimento, abstenção do Estado, pressuposto do desenvolvimento da teoria clássica contratualista.

Paralelamente a esta doutrina filosófica, no campo do direito foi se desenvolvendo, como desdobramento dessa concepção de li-

---

[30] SOLON, Ari Marcelo. *Op. cit.*

[31] CONSTANT, Benjamin. *Op. cit.*

berdade, o conceito da livre manifestação da vontade e do consensualismo.

Na base da doutrina consensualista repousa a autonomia da vontade. Sendo livre o ser humano, este não pode ser obrigado, a não ser pelo seu próprio consentimento. Como desenvolvimento dessa teoria, tem-se em conta que há uma presunção de que tenha havido uma manifestação de vontade dos contratantes, e essa vontade é livre, sendo o contrato uma perfeita expressão de justiça. Conseqüentemente, se o contrato é justo, nascendo da liberdade das partes, estas ficam adstritas ao seu cumprimento, aplicando-se o brocardo latino *pacta sunt servanda.*

A expressão máxima do consensualismo se dá quando, presumindo-se que os contratos, porque livremente pactuados são justos por sua própria natureza, tornam-se imutáveis e inalteráveis, tendo força de lei entre as partes.

Assim, a concepção clássica do contrato que nasceu e floresceu nos séculos XVIII e XIX e inspirou os códigos legislativos resultantes do movimento da codificação, pode ser resumida da seguinte forma: trata-se de uma livre manifestação de vontade, e por derivar de um equilíbrio contratual entre as partes que negociaram livremente, as previsões contratuais daí derivadas serão sempre justas e, conseqüentemente, imutáveis. Tornavam-se lei entre as partes (*pacta sunt servanda*), que não poderia ser alterada de forma alguma, posto que a palavra empenhada deveria ser cumprida.

Apesar da concepção clássica ter se sustentado por mais de dois séculos, inclusive com repercussões recentes no direito pátrio, a crítica a essa doutrina consensualista não tardou a surgir.

Muito antes do surgimento das grandes corporações, dos interesses globalizados, dos contratos em massa, dos contratos de adesão, já no século XIX vislumbrava-se que o contrato não era uma real expressão de justiça. As críticas tecidas levavam em conta fatos inegáveis historicamente: a disparidade social e a diferença econômica entre os contratantes.

Deste modo, o equilíbrio contratual e a justiça imanente do contrato porque este era uma expressão da vontade não passavam de uma ficção, posto que a desigualdade e a falta de liberdade nas relações interpessoais são fatos sabidos e notórios. A desigualdade sempre existiu em termos contratuais, por motivos de origem econômica ou social. A imposição da vontade do mais forte economicamente ao mais fraco na relação contratual já existia desde a concepção clássica do contrato.

E quanto à justiça do contrato, pondera-se, de forma indiscutível, que não basta que os contratantes queiram algo para que o objeto contratual, esse algo pensado, seja justo. Ademais, esses contratantes podem estar buscando um fim ilícito e de comum acordo.

Por fim, a crítica que talvez tenha tido maior ressonância no Código Civil vigente é que o contrato, apesar de celebrado entre indivíduos, desempenha uma função social. É através dessas relações individuais que se materializam no contrato, que há um progresso da sociedade como um todo. Assim, justificar-se-ia a intervenção do Estado nos contratos a fim de não desnaturar a individualidade, mas preservar os interesses sociais maiores que se encontram em jogo.

A teoria contratualista consensual e individualista atingiu em certos momentos elevado grau de exacerbação, impedindo qualquer ingerência estatal, mas evolui até o presente momento, no qual o Estado impõe certos conteúdos contratuais, protege determinados contratantes e o Poder Judiciário considera-se revestido, preenchidos certos requisitos, do poder de revisar contratos. Porém, essa evolução é lenta, paulatina e gradual e, como acreditamos, ainda está em andamento.

A evolução do conceito clássico do contrato, constante do nosso Código Civil de 1916, deu-se através de dois institutos que se desenvolveram na doutrina e na jurisprudência e, de forma mais tímida, através do direito positivo: a teoria da imprevisão e a cláusula *rebus sic stantibus*.

Foi através de construções teóricas que os julgados foram incorporando e criando uma teoria da imprevisão em nosso ordenamento, de forma que sua evolução nem sempre se deu de forma linear. Do mesmo modo ocorreu o resgate da cláusula *rebus sic stantibus* e sua aplicação.

Assim, antes de adentrarmos ao estudo desses dois institutos e como se dá a revisão contratual atualmente, faz-se mister concluir, em resumo, que a concepção clássica do contrato foi sendo atenuada e atualizada ao longo do tempo, desconstruindo-se uma concepção de verdadeira inviolabilidade do contrato, que ainda pode ser encontrada atualmente.

Teoria da Imprevisão

Considerando-se a teoria clássica dos contratos, mesmo que fatores imprevistos e relevantes ocorressem, independentemente da vontade das partes, durante a execução do contrato e estes fatos alterassem profundamente o equilíbrio contratual inicial e configurassem verdadeiras iniqüidades, o contrato deveria ser mantido e cumprido como avençado, conforme o já tão citado brocardo latino *pacta sunt servanda.*

Esta concepção começou a ser repensada e alterada após o advento das guerras mundiais, que de forma inexorável atingiram a vida econômica, política e social dos países europeus, sobretudo porque se envolveram diretamente nos conflitos.

Como se poderia manter um contrato que se tornara extremamente oneroso, suponhamos, pela quase inexistência ou escassez de seu objeto ou, a *contrario sensu*, um contrato cujo valor de contraprestação se tornara desprezível em relação ao bem que representava, posto que a inflação durante um período de guerra e logo após esta é praticamente inevitável, atingindo patamares quase insuportáveis?

Nas palavras de Renato José de Moraes,[32] *"(...) o cumprimento estrito dos contratos, tal como tinham sido formulados pelas partes baseando-se em um dever de manter a palavra dada, pouco importando quaisquer outras considerações, levava a situações desastrosas e, mais grave ainda, revoltantes, por contarem com o amparo da letra da lei".*

O direito contratual moderno, que começou a surgir e se desenvolver em meados do século XX, busca, através de vários institutos, suprir esta deficiência. Um deles é a teoria da imprevisão.

Após a Segunda Guerra Mundial, muitas legislações passaram a prever expressamente a teoria da imprevisão. No Brasil, entretanto, o desenvolvimento da teoria da imprevisão passou pelo desenvolvimento doutrinário e jurisprudencial. Já o desenvolvimento legislativo foi muito restrito e pontual.

Desta forma, inexistindo uma base legislativa definida para a aplicação dessa teoria e a subsistência de uma teoria clássica (Código

[32] MORAES, Renato José de. *Cláusula rebus sic stantibus.* São Paulo: Saraiva , 2001. p. 16.

Civil de 1916), muitas vezes foi negada aplicação à teoria da imprevisão. Com o novo perfil contratual do Código Civil vigente, entretanto, é certo que a teoria da imprevisão encontrará fundamento legislativo, ainda que indireto, na idéia da resolução por onerosidade excessiva, prevista nos arts. 478 a 480 do Código Civil vigente.

Feitas estas considerações de ordem geral, vejamos os requisitos para a caracterização da teoria da imprevisão no ordenamento brasileiro e os efeitos de sua aplicação.

O pressuposto da aplicação da teoria da imprevisão está nas circunstâncias nas quais as partes celebraram o contrato. Essas circunstâncias fáticas são as mais diversas possíveis, variando da cotação do dólar às perspectivas de condições climáticas que influenciam na safra agrícola, à indústria do vestuário.

Se algum fator circunstancial essencial se modificar e isto ensejar um enriquecimento sem causa de uma das partes ou uma onerosidade excessiva a ser suportada pela outra, ter-se-á a possibilidade de aplicação da teoria da imprevisão.

É necessário esclarecer que não será qualquer mudança fática que irá permitir a aplicação da teoria. O fato que alterou o equilíbrio contratual além de não ter sido previsto pelas partes deve ser um fator imprevisível. Ou seja, além de imprevisto, considerando-se um critério objetivo, não seria possível e razoável que os contratantes previssem tal fato, que se encontra totalmente fora de sua esfera de atuação. Exemplifiquemos.

No início da onda inflacionária dos anos 80 os contratos não previam correção monetária condizente com esta circunstância, posto que este não era o cenário econômico da época e nenhuma indicação havia de que isto ocorreria. Com o aumento da inflação para patamares insuportáveis, havia nos contratos uma desproporcionalidade, contraprestações defasadas causando enriquecimento sem causa. A princípio, aplica-se a teoria da imprevisão, admitindo que pela intervenção do Poder Judiciário, fosse aplicada a correção monetária a esses contratos.

Com o passar dos anos e a permanência dos altos índices de inflação, esta deixou de ser um fator imprevisível para ser um fato previsível na formação dos contratos, que, portanto, já não mais surpreendia as partes e fazia parte das circunstâncias nas quais as partes contratavam. Portanto, não mais seria possível aplicar-lhe a teoria da imprevisão.

Outro exemplo mais recente trata da cotação do dólar, no qual se permitiu a aplicação da teoria da imprevisão. Como o câmbio fixo fora adotado como uma política econômica no país e esta havia se mantido por algum tempo, a estabilidade das circunstâncias se instalou de tal forma que muitos contratos foram firmados tendo a cotação do dólar como fator de correção e/ou indexação.

Contudo, com a repentina substituição da política econômica do câmbio fixo pela liberação do câmbio e a permissão do câmbio flutuante, de forma totalmente inesperada e imprevisível, a cotação da moeda norte-americana sofreu um aumento drástico. Sem dúvida, aquele que deveria adimplir seu contrato indexado pelo dólar passou a ter uma onerosidade excessiva, posto que o valor da contraprestação aumentara desproporcionalmente. Aplicando-se a teoria da imprevisão, com a intervenção judicial e revisão contratual, permitiu-se que o dólar deixasse de ser o fator de indexação e fosse substituído por índices como o IPC/FIPE (Índice de Preços ao Consumidor) ou pelo INPC/IBGE (Índice Nacional de Preços ao Consumidor).

Desta exposição sobre o desenvolvimento do pressuposto da imprevisibilidade, podemos deduzir as seguintes características que permitem a aplicação da teoria da imprevisão:

a. *Existência entre as partes de um contrato de execução diferida ou de trato sucessivo* – Se o contrato for de execução imediata, não há um lapso temporal entre a celebração e a execução que permita alterações das circunstâncias contratuais.

b. *Alteração das condições objetivas que influenciam o contrato*, do momento da sua celebração em relação ao momento da sua execução.

c. *Onerosidade excessiva para um dos contratantes ou enriquecimento sem causa* e exagerado para o outro.

d. *Imprevisibilidade do fato que alterou as circunstâncias de execução do contrato à época da contratação* – Examina-se se era possível às partes, à época da contratação, considerando-se objetivamente as circunstâncias, prever que tal alteração fática ocorreria.

e. *Adimplência do contratante prejudicado* – Mesmo que haja uma onerosidade excessiva o contratante não pode estar em mora ou inadimplente, sobretudo antes do aparecimento da causa imprevista. Poderá se valer de tutela judiciária cautelar ou antecipada que lhe permita a suspensão ou adequação dos pagamentos, mas não poderá, somente por sua decisão, sem amparo judicial, entender que a cláusula contratual é onerosa e impraticável.

Quanto aos efeitos da aplicação da teoria da revisão, dependerão do caso concreto e da vontade das partes. Mas, sendo contratos diferidos ou de trato sucessivo, a solução sempre terá efeitos *ex nunc*, para o futuro, jamais alcançando prestações já adimplidas.

O primeiro efeito é a resolução contratual. Neste caso, os contratantes não voltarão à condição pré-contratual, tendo-se os atos já realizados como perfeitos, mas interrompendo-se a execução contratual, o que pode conduzir a acertos patrimoniais, como pagamentos, devoluções de coisas, para que a resolução restabeleça uma condição equilibrada, ainda que não contratual.

O segundo efeito possível é a adequação do contrato. Neste passo, muito se parece com a previsão da onerosidade excessiva como prevista pelo Código Civil vigente. O Poder Judiciário, chamado a revisar o contrato pela onerosidade excessiva, não declara sua resolução, mas restabelece, pela alteração de alguma cláusula, o equilíbrio contratual. A substituição da indexação dos contratos pela variação do câmbio do dólar por índices nacionais é um exemplo disto.

CLÁUSULA *REBUS SIC STANTIBUS*

De plano, cumpre esclarecer que a cláusula *rebus sic stantibus* não é um instituto exclusivamente civil. Forma apocopada de *quia rebus sic se habentius loquimur, et si promissiones intelliguntur rebus sic se habentius,* significa: *enquanto as coisas assim permanecerem*. Ora, muitos institutos e até mesmo, sentenças judiciais transitadas em julgado (como nas ações de alimentos, por exemplo) são submetidos à cláusula. Enquanto a situação assim permanecer prevalece o contrato, a sentença como proferida. Havendo mudança fática, a situação não sendo mais a mesma, é necessário modificar, conseqüentemente, o regramento jurídico.

No campo do direito civil contratual, a cláusula *rebus sic stantibus*, por não ter sido prevista expressamente no Código Civil de 1916, era de aplicação ainda muito vacilante, havendo quem expressasse opinião favorável e defendesse a aplicabilidade deste instituto. Mas, sua evolução foi lenta e gradual, atingindo uma grande projeção entre os anos 40 e 50.

Os primeiros contratos a aceitar a aplicação expressa da cláusula *rebus sic stantibus* foram os administrativos, nos quais, se houvesse modificação do estado de coisas de tal forma a produzir um desequilíbrio entre os contratantes, era necessário se fazer a revisão do contrato para que este correspondesse à realidade e fosse restabelecido o equilíbrio contratual necessário.

É possível perceber já de plano que os institutos da teoria da imprevisão, da cláusula *rebus sic stantibus* e da própria onerosidade excessiva são muito próximos, com origens comuns, chegando alguns doutrinadores a identificá-los como designações diversas de um mesmo instituto. De toda forma, até por respeito ao desenvolvimento teórico e jurisprudencial da matéria, reconhecemos a proximidade, mas preferimos tratar separadamente cada um dos institutos.

Vejamos então as características da cláusula *rebus sic stantibus*.

a. A cláusula *rebus sic stantibus* seria implícita e não escrita em todos os contratos bilaterais comutativos. Assim, ela poderia ter sua aplicação exigida todas as vezes que houvesse um desequilíbrio contratual, posto que está na base do fundamento contratual a comutatividade, a justiça e o equilíbrio das prestações.

b. O contrato visa a um equilíbrio entre as prestações; se este for rompido há que ser restabelecido. E não será qualquer desequilíbrio o causador da aplicação da cláusula *rebus sic stantibus*. É necessário um desequilíbrio acentuado que cause prejuízo a uma das partes e um lucro exagerado para o credor. Este fundamento do desequilíbrio foi aplicado em vários julgados, por exemplo, do Tribunal de Justiça de São Paulo,[33] mas não é um consenso na doutrina e na jurisprudência, posto que se reconhecesse que o desequilíbrio para uma das partes não corresponde, necessariamente, ao ganho exagerado, ou seja, a desequilíbrio para a outra parte contratada.

c. O desequilíbrio deveria ser fruto de um fato imprevisto e imprevisível, que imporia um sacrifício anormal e em desproporção à contraprestação prometida à parte contrária. Veja-se neste passo como a imprevisibilidade da teoria da imprevisão também aqui se encontra.

d. A parte prejudicada pelo desequilíbrio não pode ter agido com culpa, na formação do contrato, onde a parte se comporta de maneira imprudente, sem se precaver ou fazer as devidas previsões possíveis. A parte prejudicada também não pode ter agido com culpa durante a execução do contrato, ou seja, não pode ter agido de má-fé, posto que ninguém pode se beneficiar de sua própria torpeza. É o exemplo do contratante em mora que sofre conseqüências mais gravosas do que as previstas legal e contratualmente por fatores imprevistos. Mas o contratante já se encontrava em mora, descumprindo seu dever obrigacional, razão pela qual não pode se valer da cláusula *rebus sic stantibus.*

Quanto aos efeitos, a cláusula *rebus sic stantibus* permite, sem dúvida, nos contratos em que se considerar possível sua aplicação, a revisão das cláusulas contratuais com vistas a restabelecer o equilíbrio que se presume existente em um contrato comutativo.

Incorporação da Revisão Judicial

Da Resolução por Onerosidade Excessiva

Como vimos na seção anterior, a princípio, na concepção clássica do contrato qualquer intervenção do Estado na sua disciplina, fosse de forma legislativa, fosse através dos órgãos judiciais, era tida como perniciosa.

[33] RT 634/82 e 700/82.

Mas, a evolução histórica e da própria teoria jurídica demonstrou que era impossível, em alguns casos, que o ordenamento jurídico fizesse vistas grossas aos desequilíbrios e injustiças que se praticavam contratualmente.

Deste modo, ainda que de forma reticente, gradual e com um desenvolvimento não linear, foram tomando corpo teorias de revisão judicial dos contratos, seja pela cláusula *rebus sic stantibus* ou por meio da teoria da imprevisão.

Contudo, muitas vezes negava-se a revisão judicial dos contratos exatamente por falta de base legislativa segura que norteasse essa intromissão na esfera privada. Muito se avançou com o Código de Defesa do Consumidor que permite revisão judicial sempre que houver, por exemplo, uma cláusula abusiva. Mas, fora dos contratos de consumo nada existia a respeito, não pelo menos de forma explícita.

O Código Civil vigente, atendendo a uma necessidade premente de revisão judicial dos contratos, responsabilidade da qual o Poder Judiciário não pode se furtar, mas que, ao mesmo tempo não pode exercer com mãos de ferro sob pena de publicização do direito privado, estabeleceu a resolução por onerosidade excessiva, nos arts. 478 a 480.

Como requisitos para a caracterização da onerosidade excessiva em um contrato, que permite que este possa ser objeto de revisão judicial, temos:

a. *Um contrato bilateral comutativo, de execução continuada ou diferida* – Como já explanamos, não há que se falar de desequilíbrio em contratos de execução imediata. E, outrossim, se o contrato é aleatório, a não comutatividade das prestações é característica intrínseca da contratação, não cabendo, portanto, falar-se em onerosidade excessiva. A onerosidade excessiva é imprevista e superveniente (art. 478 do Código Civil vigente).

   Inovando, o Código Civil vigente permite a caracterização da onerosidade excessiva mesmo nos contratos unilaterais, desde que, do mesmo modo que os contratos bilaterais, a execução do contrato tenha sido diferida a momento posterior, ou seja, continuada (art. 480 do Código Civil vigente).

b. *Ocorrência de um fato imprevisível e extraordinário que altere o equilíbrio contratual* de forma a tornar a prestação de uma das partes excessivamente onerosa e extremamente vantajosa para a outra (art. 478 do Código Civil vigente).

Quanto aos efeitos, a caracterização da onerosidade excessiva dá ensejo à resolução contratual, ou seja, ao rompimento do vínculo. Este rompimento, contudo, por se tratar de contrato de execução diferida ou continuada, não retroagirá à data da contratação, mas à data da citação, caso a sentença tenha reconhecido a onerosidade excessiva (art. 478, *in fine*).

É possível, entretanto, que o contrato continue a existir, desde que haja uma modificação que restabeleça o equilíbrio contratual. Evita-se, assim, a resolução. Contudo, a resolução somente será evitada se o réu, considerando-se a construção jurídica do Código Civil vigente, aquele que está se beneficiando de forma excessiva, se propuser a fazer as revisões necessárias (art. 479 do Código Civil vigente).

Por fim, quanto aos efeitos, nos contratos unilaterais a previsão legal não é de resolução, de extinção do contrato, mas de revisão do pactuado, a fim de evitar a onerosidade excessiva (art. 480 do Código Civil vigente).

Cabe tecer alguns comentários a respeito da revisão judicial introduzida pela previsão da onerosidade excessiva nos contratos. Parece-nos que o legislador andou melhor quando tratou dos contratos unilaterais do que dos contratos bilaterais. Isto porque a primeira alternativa aos contratos unilaterais é a revisão e o reequilíbrio das prestações.

Já nos contratos bilaterais, onde a maioria dos descompassos contratuais ocorre, o legislador previu a resolução dos contratos, podendo a revisão ser feita se houver concordância do réu que, supostamente, estaria se beneficiando de forma exagerada do contrato.

Em nossa opinião, a posição adotada pelo Código Civil vigente é muito tímida em relação até às revisões judiciais que nossos tribunais têm feito. Impõe que havendo onerosidade excessiva não se tentará resgatar o vínculo contratual, devendo o mesmo ser rescindindo com os efeitos que expusemos. Entendemos que essa previsão de resolução peremptória não se coaduna com a idéia da função social do contrato, para a qual a execução, ainda que modificada por um novo estabelecimento de equilíbrio contratual, seria muito mais condizente e vantajosa.

A revisão judicial propriamente dita somente pode ser executada com a concordância do réu em modificar de forma eqüitativa as disposições contratuais. Ora, ainda que não se busque uma hipertrofia judicial em matéria contratual, deixar ao réu a escolha de equilibrar as prestações ainda parece uma permanência dos postulados clássicos do contrato, do *pacta sunt servanda.*

Por fim, exige-se o binômio onerosidade excessiva para uma parte e extrema vantagem para outra. Este binômio já esteve presente em julgados como os citados e em obras que tratam do tema sendo designado como *efeito gangorra*, aludindo-se ao desequilíbrio contratual.

Parece-nos incongruente impor este binômio quando se permite, mesmo em contratos unilaterais a revisão, onde não há possibilidade de vantagem excessiva para uma das partes, mas apenas onerosidade excessiva para aquela que cabe cumprir a obrigação.

E há que se ressaltar que a onerosidade excessiva, causada por fatos imprevistos, não necessariamente acarreta enriquecimento sem causa para outra. Assim, restarão desamparados aqueles que se virem prejudicados por uma onerosidade excessiva que não causa ganhos extraordinários à outra parte contratante. E ficarão à mercê de sua benevolência de se valerem da faculdade de equilíbrio e não de resolução, como previsto no art. 479 do Código Civil vigente.

Desta forma, concluímos que o Código Civil vigente poderia ter avançado mais na disciplina desta matéria e disposto de forma mais abrangente a revisão judicial dos contratos, já que a onerosidade excessiva nem sempre implica enriquecimento sem causa. Outrossim, para que essas disposições se coadunassem com a função social do contrato, seria necessário que a primeira alternativa fosse a revisão judicial a equilibrar as prestações contratuais. Somente quando isto se configurasse impossível ou desinteressasse às partes que preferissem a resolução contratual é que a resolução deveria ser aplicada.

4

Dos Contratos em Espécie

Compra e Venda

Conceito e Características

Passando ao estudo dos contratos em espécie, verificamos que mantendo a tradição do Código Civil de 1916, o primeiro contrato a ser disciplinado no Código Civil vigente é o contrato de compra e venda, nos arts. 481 a 537. É necessário ressaltar que se foi mantida a preminência do contrato de compra e venda, por sua tradição e utilização intensa, é necessário ressaltar que algumas características do contrato de compra e venda no Código Civil vigente não eram disciplinadas no Código Civil de 1916.

Isto porque o atual Código Civil vigente unificou o direito obrigacional civil e comercial, revogando o Código Comercial na parte em que tratava dos contratos, sendo aplicável, portanto, tanto aos contratos civis como aos contratos comerciais. Por esta razão novas cláusulas e institutos constantes do Código Comercial foram incorporados à disciplina deste contrato no Código Civil vigente.

O Código Civil vigente define logo no art. 481 que pelo

> *"contrato de compra e venda, um dos contratantes se obriga a transferir o domínio de certa coisa, e o outro, a pagar-lhe certo preço em dinheiro".*

Assim, manteve a dicção do art. 1.122 do Código Civil de 1916.

Contudo, entendemos que a técnica legislativa não deve se prestar a definições até porque se tornam incompletas ou demasiadamente genéricas. Por exemplo, a definição de nosso Código Civil vigente trata da venda de coisas corpóreas quando coisas incorpóreas podem ser objeto de compra e venda e, ademais, de pagamento em dinheiro, quando o pagamento pode ser efetuado de outro modo, que não seja outro bem, posto que aí estaríamos diante de uma troca.

Desta forma, sobre contratos de compra e venda é elaborada pelo jurista Caio Mário da Silva Pereira, a melhor definição: *"o contrato em que uma pessoa (vendedor) se obriga a transferir a outra pessoa (comprador) o domínio de uma coisa corpórea ou incorpórea, mediante o pagamento de certo preço em dinheiro ou valor fiduciário correspondente".* [34]

O contrato de compra e venda caracteriza-se como sendo um:

a. *contrato bilateral*, porque ambas as partes têm deveres e obrigações decorrentes da contratação;
b. *contrato oneroso*, posto que do contrato ambas as partes extraem vantagens;
c. *contrato comutativo ou aleatório*, cuja equivalência das prestações dependerá do pactuado entre as partes, caso as obrigações sejam equivalentes, o contrato será comutativo, caso haja risco para um dos contratantes, de não auferir vantagens, este será aleatório;

[34] PEREIRA, Caio Mário da Silva. *Op. cit.* p. 104.

d. contrato consensual ou *solene*, sendo regra geral que os contratos de compra e venda são tidos como perfeitos quando há consenso sobre a coisa e o preço; mas há casos em que a lei exige forma especial, solene, escrita e pública, como na venda de bens imóveis (Código Civil vigente, art. 108 e art. 215).

Como efeito específico do contrato de compra e venda, podemos destacar que este transmite o domínio, posto que o contrato é tido como título aquisitivo; assim, tem o condão de transmitir a propriedade.

Elementos Constitutivos e Efeitos Específicos do Contrato de Compra e Venda

Todo contrato necessita preencher os requisitos de validade do negócio jurídico: a capacidade das partes; objeto lícito, possível, determinado ou determinável, valorável economicamente e forma prescrita ou não defesa em lei.

Como já ressaltamos, o Código Civil vigente regula em sua parte geral a capacidade para todos os atos da vida civil, não podendo o absolutamente incapaz contratar se não representado por seu representante legal e o relativamente incapaz se não estiver assistido.

Contudo, para o contrato de compra e venda não há modificação do conceito genérico de capacidade e sim legitimações específicas. Estas são algumas restrições à capacidade de contratar que a lei civil impõe, em prol da proteção do interesse de pessoas que possam ser afetadas por esta contratação. Assim, temos:

a. As pessoas casadas devem sempre contar com a anuência do outro cônjuge quando realizam a compra e venda de bens imóveis, qualquer que seja o regime de bens, exceto o regime da separação absoluta de bens que dispensa o consentimento específico (Código Civil vigente, art. 1.647, inciso I).

Em ligeira modificação ao previsto pelo Código Civil de 1916, o Código Civil vigente exclui a necessidade de consentimento do consorte casado em separação total de bens, exceção esta inexistente na lei civil anterior, que não diferenciava o regime de bens: em todos eles havia necessidade de consentimento do cônjuge (art. 235 do Código Civil de 1916).

b. Na venda efetuada de ascendentes a descendentes, se apenas um ou alguns dos descendentes forem os beneficiados, far-se-á necessário o consentimento dos demais descendentes.

A razão de ser desta previsão é que todos os descendentes, formando uma classe única de herdeiros, têm direitos iguais aos bens dos ascendentes; então, erige-se o consentimento para que os descendentes não beneficiados não aleguem desconhecimento futuro, podendo requerer o desconto da legítima do que receberam, já que a venda entre pais e filhos pode lhes ser muito mais vantajosa ou até mesmo uma simulação de venda, quando em verdade está se realizando uma doação.

Com o consentimento, seja uma venda, uma doação ou um adiantamento da legítima, afasta-se qualquer possibilidade de alegação posterior de nulidade. Trata-se, portanto, de uma legitimação com função fiscalizatória. Caso a venda se efetue sem a anuência dos demais descendentes, esta será anulável. O prazo prescricional para a anulação desta venda não constava expressamente do Código Civil de 1916 e nem do Código Civil vigente, tendo o Supremo Tribunal Federal pacificado o entendimento na Súmula 494 de que o prazo seria de 20 (vinte) anos.

Como o maior prazo prescricional previsto pelo Código Civil vigente é de 10 (dez) anos, uma vez que houve uma diminuição geral dos prazos prescricionais, é muito possível que esta súmula seja revista e que o prazo passe a ser de 10 (dez) anos.

c. O art. 497 do Código Civil vigente faz uma série de restrições para a compra de bens vendidos em hasta pública, para aqueles que têm ou tiveram a obrigação de zelar por esses bens. São eles: os tutores, curadores, testamenteiros e administradores com relação aos bens dos tutelados, curatelados, do espólio e administrados; os servidores públicos, que restam vedados a adquirir os bens ou direitos da pessoa jurídica de direito público a qual estão vinculados ou estejam direta ou indiretamente sob sua administração (excetuados os casos previstos no art.

498 quando houver co-herdeiros ou os bens já pertenciam a estas pessoas); aos que fazem parte da administração da justiça (do mais alto grau, do juiz, passando pelo perito e chegando ao auxiliar) resta vedado adquirir bens ou direitos litigiosos do lugar onde servem ou sobre o qual exerçam autoridade; os leiloeiros e seus prepostos que não podem adquirir os bens de cuja venda foram encarregados.

d. Os cônjuges podem realizar, por disposição nova e expressa do Código Civil vigente no art. 499, compra e venda entre si, de bens que não estejam incluídos na comunhão. Obviamente esta disposição não vale para o regime da comunhão universal porque a co-propriedade dos bens é total. Será possível, por exemplo, realizar a compra e venda quando o regime adotado pelo casal for da separação de bens ou mesmo no regime da comunhão parcial de bens sobre os bens excluídos da comunhão. Ressalte-se que este deve ser o regime convencional. Caso o regime da separação de bens ocorra por imposição legal (art. 1.641 do Código Civil vigente), a compra e venda configuraria uma tentativa de fraude à disposição legal. Por essa razão, somente é cabível quando o regime foi resultado de um pacto antenupcial e não de uma imposição legal.

Feitas as ressalvas à legitimidade para efetuar a compra e venda, tem-se este contrato como perfeito quando há o consenso sobre a coisa e o preço.

Quanto à coisa objeto do contrato, esta pode ser corpórea ou incorpórea. Mas deve ter existência, presente ou futura. Esta existência futura deve ser ao menos potencial; caso contrário, nulo será o contrato. A possibilidade de existência futura é aceita em nosso direito, já que pode ser objeto de contrato de compra e venda a coisa futura, que pode vir a existir ou não, havendo duas conseqüências possíveis.

Se o contrato for comutativo e a coisa não vier a existir, ficará sem existência o contrato. Agora, se o contrato for aleatório, baseado na coisa esperada, neste caso, se a coisa não vier a existir, o contrato é válido e o contratante que assumiu o risco deverá arcar com o prejuízo (art. 483 do Código Civil vigente).

A coisa deve ser, ademais, disponível, ou seja, pertencer ao comércio. Existem bens que não podem ser objeto de apropriação como os mares, os corpos celestes. Outros bens não podem ser objeto de compra e venda por expressa determinação legal, como a herança de pessoa viva (art. 426 do Código Civil vigente) ou quando o bem estiver gravado com a cláusula de indisponibilidade. Portanto, a disponibilidade da coisa pode ser física ou jurídica. Ambas devem estar presentes para que o contrato seja celebrado.

E, por fim, em relação aos requisitos da coisa vendida, esta deve estar sob o poder do vendedor para a efetivação de sua transferência. Assim, não se vende coisa de propriedade de terceiros, já que ninguém pode transmitir mais direitos do que possui. Se não se possui o domínio, como este será transmitido? Contudo, a compra e venda será válida se o vendedor alienar coisa de terceiro, mas conseguir adquiri-la para transferi-la a seu comprador (art. 1.268 do Código Civil vigente). Desde que do conhecimento do comprador, o vendedor pode alienar a coisa litigiosa, obedecendo-se às previsões legais e contratuais que explanamos sobre a evicção, podendo-lhe caber o dever de indenizar o comprador evicto.

Em relação ao preço, este deve ser pecuniário, real e certo. Sob pena de nulidade do contrato de compra e venda, o preço nunca poderá ser fixado pelo arbítrio de apenas uma das partes (art. 490 do Código Civil vigente).

O preço deve ser pecuniário porque tem de ser expresso em um valor, que pode ser pago por vários meios: moeda corrente, em espécie, cheque, duplicata ou até por meios mais modernos como o cartão de crédito. A única vedação é que uma coisa seja paga com outra. Neste caso teremos uma troca, outro contrato, e não de compra e venda.

O preço deve ser real, ou seja, não pode ser tão desproporcional à coisa que na verdade haja uma doação simulada. Não necessariamente será um preço justo, pode ser um preço maior ou menor do que aquele que a coisa realmente valha, mas, como dissemos, não pode ser ínfimo a ponto de que haja apenas uma aparência e não uma verdadeira compra e venda.

Outrossim, o preço deve ser certo, determinado ou determinável. Determinado no momento em que se conclui o contrato e já se tem fixado o valor. Caso não tenha sido fixado no momento da celebração contratual, deve haver cláusula que possibilite sua determinação futura.

Assim, é lícito às partes incumbir um terceiro de arbitrar o preço da coisa (art. 485 do Código Civil vigente), podendo deixar o preço a critério da cotação do mercado ou da bolsa de determinado local e dia (art. 486 do Código Civil vigente) ou em função de índices ou parâmetros que possam fácil e objetivamente ser determinados (art. 487 do Código Civil vigente).

É possível, ainda, quanto à determinação do preço, que na ausência de critério preestabelecido ou tabelamento, presuma-se que o comprador aceitou o preço habitualmente praticado pelo vendedor. Caso vendedor e comprador discordem, não querendo o comprador pagar o preço usualmente cobrado pelo vendedor, prevalecerá o termo médio, ou seja, o preço médio de venda daquele bem, não havendo, pois, arbítrio das partes, nem se aumentando a preço exorbitante, nem se diminuindo a preço vil o valor a ser pago pela coisa (art. 488 do Código Civil vigente).

Quando o preço ficar ao arbítrio de somente uma das partes, o contrato será nulo, conforme previsto no art. 489 do Código Civil vigente. Isto porque quando há a vontade de apenas uma das partes não há consenso, elemento essencial da compra e venda.

Ainda em relação ao preço, para que seu pagamento seja garantido, cumpre ressalvar que o vendedor, tendo notícia, antes da entrega da coisa, de que o comprador caiu em insolvência, pode suspender a entrega do bem até que o comprador lhe ofereça garantia (caução) de que irá pagar o ajustado. É o chamado *right of stoppage in trasitu*, previsto no art. 495 do Código Civil vigente.

Estudadas as três principais características do contrato de compra e venda (consentimento, preço e coisa), que necessariamente devem ser estabelecidas para que seja considerado válido, examinemos os efeitos do contrato de compra e venda.

Concluída a compra e venda e sendo oneroso o contrato, o vendedor tem a obrigação de entregar a coisa e o comprador de pagar o preço estipulado. A *contrario sensu*, se a venda for a crédito, o vendedor não é obrigado a entregar a coisa antes de receber o preço. Portanto, a entrega da coisa em venda mediante crediário pode ser feita em momento posterior, quando o vendedor receber o preço, não lhe sendo imposto o dever de entrega imediata (art. 491 e art. 476 do Código Civil vigente).

O vendedor, outrossim, responde pelos vícios ocultos da coisa e pela evicção. A propósito, ver "Dos Vícios Redibitórios" e "Da Evicção", no capítulo 2 desta obra, nos quais examinamos em detalhe as conseqüências dos vícios ocultos e da evicção, a responsabilidade pela evicção – que é a regra de garantia geral – que só excepcionalmente é afastada.

Até o momento da efetiva tradição da coisa, correm, por regra geral, os riscos por conta do vendedor. Já os riscos decorrentes do preço correm por conta do comprador (art. 492, *caput*). Contudo, o risco do perecimento da coisa por força maior se tornará do comprador, se este estiver em mora para receber as coisas que lhe foram postas à disposição como estipulado no contrato ou, na falta de estipulação expressa, por determinação legal, no local da venda (art. 492, § 2º e art. 493, ambos do Código Civil vigente).

Também, excepcionando a regra de que até o momento da tradição os riscos da coisa correm por conta do vendedor, caso se trate de compra e venda na qual seja costume marcar, assinalar, contar e as coisas já estejam em poder do comprador para efetuar estas tarefas, os riscos já se transferiram para o comprador, arcando este com todos os ônus decorrentes do caso fortuito (art. 492, § 1º). Assim, por exemplo, na venda de gado, em que as reses já se encontrem em poder do comprador para que este efetue a contagem e a marcação, qualquer risco proveniente de caso fortuito será arcado pelo comprador, uma vez que as coisas já se encontram em seu poder.

O comprador tem o direito, ademais, quando a venda se realizar mediante amostras, protótipos ou modelos, de exigir que a coisa seja entregue com as mesmas características e qualidades intrínsecas, podendo recusar a coisa, sem com isso recair em mora, se esta não corresponder perfeitamente àquilo que foi demonstrado e/ou descrito (art. 484 do Código Civil vigente). Constitui-se obrigação, portanto, do vendedor, de entregar exatamente a coisa pactuada, sobretudo quando se tratarem de coisas infungíveis.

Quando a coisa tiver de ser transportada para sua entrega, os riscos no trajeto passam, desde logo que entregues a quem se incumbiu do transporte, a correr por conta do comprador. Somente restará responsabilidade para o vendedor se este descumprir as instruções do comprador (art. 494 do Código Civil vigente).

Ainda tratando dos efeitos da compra e venda, cumpre finalizar esta análise examinando-se as particularidades da *compra e venda de imóveis.*

Como em geral são as vendas de imóveis que requerem forma escrita e pública, apesar da disposição genérica no art. 490 do Código Civil vigente, de que as despesas da escritura correm por conta do comprador e as despesas da tradição pelo vendedor, entendemos que a aplicação de tal disposição é muito mais freqüente nos contratos de compra e venda de imóveis. Esta é a regra geral que sucumbe caso haja disposição em contrário, ou seja, se as partes convencionarem de modo diverso.

A venda de imóveis poderá ser *ad mensuram* ou *ad corpus*. A venda *ad corpus* tem como princípio que o imóvel objeto do contrato é uma coisa certa e discriminada e que se houve qualquer menção às dimensões, estas são meras referências, posto que o imóvel foi vendido no estado em que se encontrava. Assim, quaisquer discrepâncias em relação à área mencionada no contrato e a efetiva área do imóvel não darão direito à devolução de excesso pago ou de complemento de área, conforme previsto no § 3º do art. 500 do Código Civil vigente.

Já se a venda do imóvel foi feita *ad mensuram*, ou seja, estipulando-se o preço de acordo com a medida de extensão ou por área, o comprador poderá exigir do vendedor que complemente a área vendida e, não sendo isto possível, poderá o comprador reclamar o abatimento no preço (art. 500 do Código Civil vigente).

Mas, somente se considera relevante, para complementação ou para abatimento, a área que exceder um vigésimo da área total pactuada, para que pequenas diferenças que não resultem de má-fé não causem conseqüências jurídicas desproporcionais. Contudo, ainda que a diferença seja menor que um vigésimo do total, se o comprador provar que tendo sabido disso não realizaria o negócio, poderá valer-se das prerrogativas da complementação ou do abatimento (art. 501, § 1º, Código Civil vigente).

Ainda em se tratando da venda por medição ou *ad mensuram*, se ao invés de falta houver excesso, invertem-se as disposições. Provada a ignorância e a boa-fé do vendedor de que a área vendida era maior do que imaginava, este, à sua escolha, poderá exigir do comprador que devolva o excesso de área ou complemente o preço proporcionalmente à área desconhecida previamente (art. 501, § 2º, Código Civil vigente).

Em todos esses casos, seja de falta ou excesso da coisa imóvel na venda *ad mensuram*, o direito do comprador ou do vendedor somente poderá ser exercido no prazo de um ano, contado da data do registro do imóvel sob pena de decadência (art. 501).

Por fim, ainda em relação à venda de bens imóveis, cumpre ressaltar que o Código de Defesa do Consumidor possui previsão sobre a compra a prazo de imóveis, em seu art. 53, considerando nulas as cláusulas que estabeleçam a perda de todas as prestações em caso de inadimplemento. E como se popularizou a venda de imóveis por consórcio, nestes casos também há a devolução, considerando-se o prejuízo que a desistência ou a inadimplência causaram e, ao mesmo tempo, os frutos que as quantias pagas renderam.

Cláusulas Especiais

Pacto de Retrovenda

O pacto de retrovenda pode ser uma cláusula ou um contrato acessório ao contrato principal de compra e venda de imóveis. Por esta disposição, estabelece-se uma cláusula resolutória em favor do vendedor que poderá reaver o imóvel em um prazo máximo determinado e pagando a quantia estabelecida por lei.

Assim, o pacto de retrovenda somente é cabível nos contratos de compra e venda de bens imóveis. Atualmente encontra-se em desuso, porque era uma cláusula acessória aos contratos de compra e venda de bens imóveis, utilizada nas vendas a crédito, em prestações, para que em caso de inadimplemento o vendedor pudesse reaver o bem. Com o advento do compromisso de compra e venda, muito mais condizente com a realidade jurídica atual, acabou por verificar-se um certo ocaso do pacto.

De toda forma cabe examinar o pacto de retrovenda. Como cláusula ou contrato acessório, inclui uma condição resolutória ao contrato de compra e venda que consiste na possibilidade de o vendedor, no prazo máximo de até três anos, reaver o imóvel vendido, pagando o preço recebido e reembolsando o comprador de todas as despesas realizadas mediante autorização escrita e as benfeitorias necessárias.

Assim, como se trata de cláusula resolutória, o contrato opera, de plano, efeitos. O comprador passa a ter a propriedade do imóvel, ainda que resolúvel. E o vendedor tem um direito potestativo de, a qualquer momento, reaver o imóvel. Assim, a condição resolutiva é potestativa porque nada mais é do que mero exercício da vontade, contratualmente expressa, de reaver o imóvel.

O prazo máximo para o exercício do direito de retrato é de três anos, conforme previsto no art. 505 do Código Civil vigente, idêntico ao previsto no art. 1.141 do Código Civil de 1916. Caso as partes pactuem prazo maior, o excesso será interpretado como cláusula não escrita, valendo, portanto, por somente três anos a cláusula. Diga-se que três anos é o prazo máximo, não se impedindo que as partes estabeleçam prazo menor.

Se dentro do prazo decadencial de três anos o vendedor não exercer seu direito de resgate, a propriedade que era resolúvel consolidar-se-á em mãos do comprador. Mas, ressalte-se, a cláusula resolutiva não impede a propriedade do comprador. Este a adquire de imediato com a realização do contrato, mas poderá sofrer o exercício do direito de resgate pelo vendedor.

Para levar à prática seu direito de resgate através da cláusula resolutória, o vendedor pode exercer direito de ação de consignação em pagamento, conforme previsto no art. 506 do Código Civil vigente. Permite-se ao vendedor depositar em juízo a quantia que entende devida para o exercício de seu direito de resgate, caso haja resistência por parte do comprador.

Mas o depósito deve ser integral, ou seja, do valor recebido pela venda, das benfeitorias necessárias e das demais despesas autorizadas. Caso o valor depositado seja insuficiente, o vendedor não será restituído no domínio da coisa, sendo-lhe ainda facultado complementar o depósito para poder exercer seu direito de resgate.

Este direito instrumental previsto no art. 506 do Código Civil vigente visa a dar maior agilidade na prestação jurisdicional, no caso do exercício de direito do vendedor, posto que não estava previsto no Código Civil de 1916.

O vendedor não pode ceder onerosamente seu direito à resolução do contrato a terceiros por ato *inter vivos*. Mas, esse direito de retrato é transmissível aos herdeiros e legatários, que poderão exercer o direito de resgate contra o comprador, pelo prazo restante, podendo se utilizar, inclusive, da ação prevista no art. 506 do Código Civil vigente, sucedendo-lhe de forma plena.

A morte do comprador em nada altera a possibilidade de resgate, que deverá ser exercido contra seus herdeiros e legatários, então os legítimos proprietários do imóvel, o qual, contudo, está gravado com a cláusula de resgate. Parece-nos lícito que o comprador transfira a propriedade a terceiros, sem qualquer anuência do vendedor com direito a resgate, posto que o art. 507 do Código Civil vigente expressamente ressalva que o direito de resgate poderá ser exercido contra terceiros.

Desta forma, desde que saiba o adquirente da possibilidade de resgate, que deverá estar registrada juntamente com a compra e venda, não há óbices a essa venda, inclusive não se vislumbrando, em hipótese, a caracterização de evicção, uma vez que o comprador que transmite seus direitos é legítimo proprietário do imóvel.

Se a venda tiver sido efetuada por mais de uma pessoa e somente uma delas exercer o direito de resgate, o comprador deve intimar os demais vendedores para entrarem em acordo. Exercerá, entretanto, o direito de resgate aquele que efetuar o depósito integral da quantia, exonerando o comprador. Os direitos dos demais vendedores devem ser exercidos entre estes.

Venda a Contento e Sujeita a Prova

A venda a contento ou sujeita a prova é uma espécie de compra e venda com cláusula contratual específica prevendo que o comprador terá o direito de experimentar a coisa e somente se lhe satisfizer, de acordo tão somente com seu julgamento, será efetuada definitivamente a compra.

Se o pacto de retrovenda é uma cláusula resolutória que não impede o contrato de compra e venda de surtir efeitos até que a condição seja implementada, a venda a contento constitui-se em uma cláusula suspensiva. A contratação está perfeita mas suspensa até que o comprador manifeste sua aprovação pela coisa adquirida.

Da mesma forma como a cláusula resolutória era uma escolha potestativa do vendedor, na venda a contento, a rejeição que o comprador manifesta pela coisa não precisa ser motivada, simplesmente entende-se que não é de seu agrado a coisa.

Nesta espécie de compra e venda condicional estão inclusas tanto a venda *ad gustum*, propriamente dita, que deve ser demonstrada como do agrado do comprador, como também aquelas coisas que necessitam de maior tempo para exame, teste ou experimentação.

Então, no caso da experimentação, a condição não será meramente potestativa, salvo disposição contratual em contrário. Neste caso, de sujeição a prova para verificar se a coisa corresponde às necessidades do comprador, a devolução deverá ser justificada e motivada.

Assim se pode depreender das definições de venda a contento e venda sujeita a prova, previstas respectivamente nos arts. 509 e 510 do Código Civil vigente. Contudo, como ressaltamos, a disciplina jurídica de ambas as espécies, que guardam apenas algumas diferenças entre si, é a mesma.

Portanto, seja a venda a contento ou a venda sujeita a prova, o contrato está sob condição suspensiva. E, outrossim, enquanto o comprador não manifestar sua concordância em aceitá-las, terá os mesmos deveres de comodatário.

O prazo para a apreciação ou prova da coisa deverá ser estipulado pelas partes contratualmente. Não tendo sido fixado o prazo, o vendedor deverá intimar o comprador, judicial ou extrajudicialmente, para que se manifeste no prazo que assinalou, de forma improrrogável.

O Código Civil vigente não disciplina quais seriam as conseqüências do silêncio, posto que a aceitação ou a recusa expressas temos como de fácil resolução. O Código Civil de 1916 previa que o silêncio importava em aceitação em seu art. 1.147.

Apesar de não existir disposição expressa a respeito, entendemos que silente o comprador, deve ser reputada como perfeita a compra e levantada a condição suspensiva, posto que entre as partes já havia um negócio jurídico prévio e uma intimação para manifestação. Como se quedou inerte, deve ser tido como aceita a coisa, podendo ser cobrado o preço correspondente.

Cabe ressaltar que o Código de Defesa do Consumidor disciplina a matéria de forma ligeiramente diversa em seu art. 49. Dispõe o referido *Codex* que o consumidor tem direito de arrependimento de 7 (sete) dias contados da assinatura do contrato ou do recebimento do produto adquirido fora do estabelecimento comercial (catálogo, telefone, Internet). O direito do consumidor neste caso é potestativo e sempre exercido imotivadamente, devendo, se o consumidor decidir não manter o produto, após o período de reflexão, ser ressarcido com a correção monetária devida e a devolução do produto.

Preempção

A preempção ou prelação é um pacto acessório ou uma cláusula do contrato de compra e venda pela qual se estabelece um direito de preferência ao primitivo vendedor. Quando e se o comprador do bem móvel ou imóvel decidir por vendê-lo, deverá em primeiro lugar oferecê-lo ao vendedor originário.

Se na legislação pátria há direito de preferência legal, como do inquilino de adquirir o imóvel que para si está locado, há também o direito de preferência convencional, este chamado de preempção.

Assim, caso o comprador decida vender o bem deverá oferecê-lo, na existência dessa cláusula, em primeiro lugar àquele que o vendeu, nas mesmas condições que ofereceria a qualquer outro adquirente (art. 513 do Código Civil vigente). Caso exerça esse direito de preferência, deverá pagar o preço e nas condições que o comprador originário está oferecendo o bem (art. 515 do Código Civil vigente).

A cláusula de preempção em nada interfere na transmissão da propriedade do bem. A venda é perfeita e completa, não havendo qualquer condição resolúvel ou suspensiva.

Ao vendedor originário é assegurado apenas um direito de caráter pessoal e intransmissível a seus herdeiros (art. 520 do Código Civil vigente). E também não há como o vendedor originário exercê-lo de maneira potestativa; somente se o comprador originário daquela relação decidir pela alienação do bem é que o direito do comprador se instrumentaliza.

Como por regra geral, as obrigações devem ter prazo e não podem limitar a liberdade contratual indefinidamente. Assim, o prazo máximo para o exercício de preferência que poderá constar do instrumento contratual deverá ser de cento e oitenta dias para coisas móveis e dois anos para imóveis (art. 513, parágrafo único).

Caso o prazo não tenha sido estabelecido contratualmente, aplicar-se-á o art. 516 do Código Civil vigente. O comprador originário notificará por meio idôneo ao vendedor que tenciona alienar o bem. A partir da data da notificação, o vendedor terá 3 (três) dias para exercer seu direito de prelação para coisas móveis e 60 (sessenta) dias para exercer seu direito de preferência, no caso de bens imóveis. Silente o vendedor, transcorrido o prazo *in albis*, opera-se a liberação do comprador originário, este restará totalmente desonerado da cláusula de preferência e poderá vender o bem livremente a quem desejar.

O próprio vendedor originário pode exercer seu direito de recomprar o bem, nas mesmas condições, se tomar conhecimento de que o comprador pretende vendê-lo e não cumpriu a cláusula de preferência (art. 514 do Código Civil vigente). Em tomando conhecimento dessa circunstância, deverá intimar o comprador.

Se o comprador, intimado ou não pelo vendedor originário, não der cumprimento à cláusula de preempção ou ao direito convencionado de preferência, deverá indenizar o vendedor por perdas e danos (art. 518 do Código Civil vigente).

O adquirente do imóvel, em princípio, desconhecendo a cláusula de preempção, não responde por qualquer tipo de indenização. Se, contudo, foi notificado pelo vendedor ciente da venda, juntamente com o comprador, responderá solidariamente com este pelas perdas e danos, posto que agiu de má-fé, conhecendo a preferência que existia (art. 518 do Código Civil vigente, *in fine*).

Direito de Preferência na Expropriação: Retrocessão

Numa técnica legislativa pouco usual, o legislador do Código Civil vigente introduziu um único artigo sobre direito de preferência, no caso de expropriação. Como veremos, há uma preferência no caso de expropriação, mas de caráter distinto, posto que envolve uma relação de direito privado com o Poder Público.

A retrocessão, instituto de direito administrativo, conforme a definição de Maria Sylvia Zanella di Pietro *"é o direito que tem o expropriado de exigir de volta o seu imóvel caso mesmo não tenha o destino para que se desapropriou"*.[35]

A retrocessão, tal qual a preferência do inquilino é uma hipótese de preferência cogente, decorrente de previsão legal e não de um acordo de vontades como a preempção.

Para que ocorra a preferência nesse caso, é necessário que o Poder Público haja expropriado o proprietário de seu bem imóvel para fins de utilidade pública ou interesse social. Portanto, em outros casos de desapropriação, *verbi gratia*, para fins de reforma agrária, não caberá se cogitar de retrovenda.

Efetuada a desapropriação, o Poder Público deve utilizar o imóvel para a finalidade a qual se comprometeu, nele realizando obras ou serviços públicos. Caso o Poder Público não dê nenhuma dessas destinações ao imóvel, o expropriado tem o direito de preferência de adquirir o bem por seu preço atual. Conforme previsto no art. 519 do Código Civil vigente. O prazo será de cinco anos, no qual caducará o decreto expropriatório por utilidade pública em face do que prescreve o Decreto-Lei 3.365/1941, art. 10.

Por esta razão, se após cinco anos, contados da publicação do decreto expropriatório, o Poder Público não tiver dado nenhuma finalidade ao bem, o proprietário expropriado poderá intentar a retrocessão. Ainda assim, se o expropriado não puder exercer seu direito de preferência, poderá demandar do Poder Público, nos termos do art. 519 do Código Civil vigente, indenização por perdas e danos.

Trata-se de uma inovação do Código Civil vigente, pacificando a discussão doutrinária a respeito da natureza jurídica da retrocessão, que de forma expressa, agora, é de caráter obrigacional.

Outrossim, o direito à retrocessão decorria da doutrina administrativa e da jurisprudência acerca da matéria. Ainda que ques-

[35] DI PIETRO, Maria Sylvia Zanella. *Direito administrativo.* 13. ed. São Paulo: Atlas, 2001. p. 172.

tionável, com a positivação deste instituto em um Código Civil, por envolver o direito administrativo apesar de possuir caráter obrigacional, houve, sensivelmente, um avanço, tornando líquido e certo o direito à retrocessão.

Reserva de Domínio

A reserva de domínio é uma compra e venda com uma cláusula acessória pela qual o alienante mantém o domínio ou a propriedade da coisa e sua posse indireta, sendo que o adquirente passa a ter somente a posse direta desta. Este terá a posse plena e a propriedade assim que pagar todo o valor devido pelo bem (art. 521 do Código Civil vigente).

Esta cláusula adjeta está prevista nos arts. 521 a 528 do Código Civil vigente. Devemos observar, de plano, que somente pode ser objeto de reserva de domínio a coisa móvel. Para a coisa imóvel temos o compromisso de compra e venda, a atualíssima alienação fiduciária de bens imóveis ou até mesmo a hipoteca como garantia, uma vez que a cláusula de reserva de domínio nada mais é do que uma garantia ao vendedor contra a inadimplência do comprador.

Ainda quanto ao objeto ser apenas coisa móvel, esta deverá ser passível de plena identificação. Isto não quer dizer que a coisa não seja, muitas vezes, fungível, como um eletrodoméstico. Mas todos eles têm um número de fábrica, por exemplo, que permite a sua identificação e concretização da reserva de domínio (art. 523).

Durante o período em que a cláusula de reserva de domínio viger, a coisa estará na posse e uso do adquirente. E, apesar de mero possuidor direto, o adquirente é que irá responder pelos riscos da coisa. Ou seja, excetua-se a regra *res periti dominus*, posto que o possuidor direto ainda não é proprietário da coisa. De toda forma, esse ônus é expressamente previsto pelo art. 524 do Código Civil vigente: a propriedade somente é adquirida pela quitação do preço, mas os riscos passam a ser do adquirente.

Assim, se a coisa perecer, seja por caso fortuito, qualquer outra causa alheia à vontade do adquirente, dolo ou culpa do adquirente, o motivo não irá importar, subsistindo, mesmo com a perda do bem, o dever do adquirente de pagar o preço da maneira avençada.

A cláusula de reserva de domínio precisa revestir-se da forma escrita, devendo ser registrada em cartório para que valha contra terceiros. Consideramos que a forma escrita é necessária mas que o registro em cartório é uma exacerbação de formalidade que contribui para seu desuso, como comentamos ao final deste item.

Assim, pagas as prestações, o adquirente passa a ser o proprietário da coisa. Contudo, se o adquirente deixar de adimplir com as prestações pactuadas, o proprietário deverá, em primeiro lugar, constituí-lo em mora, protestando o título correspondente ou interpelando judicialmente o devedor (art. 525 do Código Civil vigente).

Devidamente cientificado, se o adquirente não purgar a mora, o vendedor tem duas opções: a cobrança dos valores devidos (vencidos e vincendos, já que a mora antecipa o vencimento das prestações futuras) ou a apreensão da coisa para que com sua recuperação possa receber o que lhe é devido (arts. 526 e 527 do Código Civil vigente).

Se optar pela cobrança dos valores devidos o fará na forma da lei processual demonstrando a compra e venda efetuada, as prestações já adimplidas, as prestações em aberto e tudo mais que couber, como juros e correção monetária.

Já se optar por retomar a posse do bem, o vendedor ajuizará a ação de apreensão e depósito conversível em reintegração de posse, poderá reter o bem e a coisa para efetuar os cálculos, considerando-se a depreciação e o estado da coisa, as despesas processuais e, na forma processual correta, apurar se o comprador tem um crédito ou um débito.

Se, apurados os valores, verificar-se um crédito em favor do adquirente, este excedente deverá ser-lhe devolvido. Caso o estado da coisa esteja muito deteriorado, ou mesmo poucas prestações tenham sido adimplidas, enfim, se o valor do bem recobrado não cobrir as despesas, o vendedor poderá acionar o comprador para que lhe pague o devido.

Esta modalidade de cláusula acessória foi de larga utilização na compra de bens móveis, sobretudo até recentemente, apesar de não estar disciplinada no Código Civil de 1916. Contudo, atualmente, como as compras a crédito em geral são financiadas por instituições bancárias, o uso da alienação fiduciária e do arrendamento mercantil é muito mais comum.

Venda sobre Documentos

A compra e venda é um contrato consensual, que se tem como perfeito e acabado quando há consenso entre as partes sobre a coisa e o preço. Mas, como execução deste contrato é necessário que haja a tradição, ou seja, a entrega da coisa.

Conforme já expusemos, a tradição pode ser real ou ficta. A tradição real é a efetiva entrega da coisa em mãos do comprador. Já a tradição ficta se dá pela entrega simbólica, como, por exemplo, das chaves de um imóvel.

A venda sobre documentos nada mais é do que a disciplina de uma tradição ficta para facilitar a vida negocial. Sem que haja necessidade da entrega da coisa propriamente dita, entregam-se documentos representativos da propriedade da coisa e efetua-se a tradição.

Esta espécie de venda com tradição ficta não estava prevista no Código Civil de 1916, mas já era muito comum no direito comercial, quando se efetuavam transações com títulos de crédito atípicos representativos da propriedade da coisa, como o conhecimento de depósito, o *warrant* ou o conhecimento de frete.

Assim, a venda sobre documentos se perfaz com o consenso, e a tradição real é substituída pela entrega de títulos representativos, documentos contratuais ou pelos documentos que os usos determinarem (art. 529 do Código Civil vigente).

Como a tradição não é real, somente poderá o comprador rejeitar a coisa se anteriormente verificou defeito; caso contrário, apenas pode insurgir-se contra defeitos da documentação, que pode não estar apta a transmitir-lhe o domínio.

Quanto ao pagamento, efetuada a entrega dos documentos, este deve ser realizado imediatamente, caso não haja estipulação diversa. Outra forma legalmente prevista de pagamento é a intermediação bancária. O comprador poderá receber do estabelecimento bancário a quantia devida mediante a mera apresentação dos documentos, ressalvando-se que a entidade financeira não possui nenhuma responsabilidade sobre a coisa vendida (se esta corresponde em quantidade, qualidade ao pactuado), conforme dispõem os arts. 530 e 532 do Código Civil vigente.

Se for pactuado o pagamento através de instituição bancária e esta se recusar a efetuar o pagamento contra a apresentação dos documentos, surge o direito do comprador de exercer sua pretensão em face diretamente do comprador (art. 532, parágrafo único). Devemos ressaltar, dessarte, que a instituição bancária somente atua como intermediadora de ativos financeiros, não possuindo qualquer responsabilidade em relação ao contrato de compra e venda.

Por fim, quanto aos riscos do perecimento da coisa, entende-se da dicção do art. 531, que estes são suportados pelo vendedor até a entrega da coisa, sobretudo se soubesse que esta estava avariada ou perdida no transporte. Mas, se entre os documentos entregues estiver o seguro que cobre os riscos do transporte, o vendedor se exonera, passando os riscos a correr por conta do comprador.

Compra e Venda Internacional e os Incoterms

Fenômeno que não pode ser negligenciado é a compra e venda internacional. De há muito, por certo, o comércio entre países vem sendo realizado, mas atualmente o intercâmbio internacional de bens encontra-se em um estágio muito avançado, sobretudo com as conquistas tecnológicas atuais que propiciam a realização de uma compra de forma quase imediata.

Assim, a necessidade de buscarmos regras uniformes, ou regras que determinem qual o direito aplicável à compra e venda internacional, surge de forma premente. E várias tentativas foram realizadas, com regras de solução de Conflito de Leis (Convenção de Haia, 1955) sobre qual a lei aplicável à transferência da propriedade na compra e venda internacional (Convenção de Haia, 1958), sobre uma lei uniforme referente à formação de contratos de compra e venda internacional (Convenção de Haia, 1964), dentre vários outros instrumentos de direito internacional como os *incoterms (international commercial terms,* ou termos comerciais internacionais) que reúnem as formas mais comuns de compra e venda internacional compiladas em 1953 e revisadas constantemente.

Outrossim, não se pode olvidar que o comércio internacional conta com a OMC (Organização Mundial do Comércio) que tem como função estabelecer regras de comércio entre os países através de negociações e acordos que culminam em disciplinas legais a serem ratificadas pelos países membros, no intuito de facilitar o intercâmbio comercial. Criada oficialmente a 1º de janeiro de 1995, a OMC surgiu de várias rodadas de negociações do GATT entre 1986 e 1994.

Além da finalidade de buscar uma disciplina comum entre os países a Organização Mundial do Comércio também resolve disputas entre países através de uma série de órgãos, dependendo da espécie de controvérsia instaurada: comitês, comissões, instância de apelação e painéis de composição de controvérsias.

Mas para que todo o aparato internacional seja utilizado, é necessário definir quando uma compra e venda é internacional. O fato de ser o transporte marítimo ou de ser a venda feita à distância sem a concorrência presencial dos contratantes não é característica suficiente para que tenhamos uma definição precisa do que vem a ser uma compra e venda internacional.

Neste passo, aceitamos a definição do mestre Waldírio Bulgarelli,[36] que adota como critério inicial que ambos os contratantes tenham estabelecimento comercial ou residencial em países diversos. Além disso é necessário que concorra cumulativamente uma das três circunstâncias:

a. que a coisa objeto do contrato esteja situada ou tenha de ser transportada do território de um Estado para o território de outro;
b. que a oferta e aceitação tenham ocorrido em países diferentes ou
c. que a coisa deva ser entregue em um terceiro território, diferente daquele da oferta e da aceitação.

Para finalizar o nosso estudo, examinaremos os *incoterms* que descrevem as regras geralmente são utilizadas pelos países na contratação de uma compra e venda internacional. Como referido antes, a primei-

[36] BULGARELLI, Waldírio. *Contratos mercantis*. 8. ed. São Paulo: Atlas, 1995.

ra versão destes foi feita em 1953 e sua última revisão, à qual nos referiremos agora, entrou em vigor em 2000.

Os treze *incoterms* atualmente reconhecidos no comércio internacional são:

EXW – Ex Works. A mercadoria é entregue no estabelecimento do vendedor, em local designado. O comprador recebe a mercadoria no local de produção (fábrica, plantação, mina, armazém), na data combinada; todas as despesas e riscos cabem ao comprador, desde a retirada no local designado até o destino final; são mínimas as obrigações e responsabilidades do vendedor.

FCA – Free Carrier – Livre Transportador. A obrigação do vendedor termina ao entregar a mercadoria, desembaraçada para a exportação, à custódia do transportador nomeado pelo comprador, no local designado; o desembaraço aduaneiro é encargo do vendedor.

FAS – Free Alongside Ship – Livre no Costado do Navio. A obrigação do vendedor é colocar a mercadoria ao lado do costado do navio no cais do porto de embarque designado ou em embarcações de transbordo. Com o advento dos Incoterms 2000 o desembaraço da mercadoria passa a ser de responsabilidade do vendedor, ao contrário da versão anterior quando era de responsabilidade do comprador.

FOB – Free on Board – Livre a Bordo do Navio. O vendedor, sob sua conta e risco, deve colocar a mercadoria a bordo do navio indicado pelo comprador, no porto de embarque designado. Compete ao vendedor atender às formalidades de exportação; esta fórmula é a mais usada nas exportações brasileiras por via marítima ou aquaviário doméstico. A utilização da cláusula FCA será empregada, no caso de utilizar o transporte rodoviário, ferroviário ou aéreo.

CFR – Cost and Freight – Custo e Frete. As despesas decorrentes da colocação da mercadoria a bordo do navio, o frete até o porto de destino designado e as formalidades de exportação correm por conta do vendedor; os riscos e danos da mercadoria, a partir do momento em que é colocada a bordo do navio, no porto de embarque, são de responsabilidade do comprador, que deverá contratar e pagar o seguro e os gastos com o desembarque. Este termo pode ser utilizado somente para transporte marítimo ou transporte fluvial doméstico. Será utilizado o termo CPT quando o meio de transporte for rodoviário, ferroviário ou aéreo.

CIF – Cost, Insurance and Freight – Custo, Seguro e Frete. Cláusula universalmente utilizada em que todas as despesas, inclusive seguro marítimo e frete, até a chegada da mercadoria no porto de destino designado correm por conta do vendedor; todos os riscos, desde o momento que transpõe a amurada do navio, no porto de embarque, são de responsabilidade do comprador; este recebe a mercadoria no porto de destino e arca com todas despesas, tais como, desembarque, impostos, taxas, direitos aduaneiros. Esta modalidade somente pode ser utilizada para transporte marítimo. Deverá ser utilizado o termo CIP para os casos de transporte rodoviário, ferroviário ou aéreo.

CPT – Carriage Paid To – Transporte Pago Até. O vendedor paga o frete até o local do destino indicado; o comprador assume o ônus dos riscos por perdas e danos, a partir do momento em que a transportadora assume a custódia das mercadorias. Este termo pode ser utilizado independentemente da forma de transporte, inclusive multimodal.

CIP – Carriage and Insurance Paid to – Transporte e Seguro Pagos Até. O frete é pago pelo vendedor até o destino convencionado; as responsabilidades são as mesmas indicadas na CPT, acrescidas do pagamento de seguro até o destino; os riscos e danos passam para a responsabilidade do comprador no momento em que o transportador assume a custódia das mercadorias. Este termo pode ser utilizado independentemente da forma de transporte, inclusive multimodal.

DAF – Delivered At Frontier – Entregue na Fronteira. A entrega da mercadoria é feita em um ponto antes da fronteira alfandegária com o país limítrofe desembaraçada para exportação, porém não desembaraçada para importação; a partir desse ponto a responsabilidade por despesas, perdas e danos é do comprador.

DES – Delivered Ex-Ship – Entregue no Navio. O vendedor coloca a mercadoria, não desembaraçada, a bordo do navio, no porto de destino designado, à disposição do comprador; até chegar ao destino, a responsabilidade por perdas e danos é do vendedor. Esse termo somente pode ser utilizado quando se tratar de transporte marítimo.

DEQ – Delivered Ex-Quay – Entregue no Cais. O vendedor entrega a mercadoria não desembaraçada ao comprador, no porto de destino designado; a responsabilidade pelas despesas de entrega das mercadorias ao porto de destino e desembarque no cais é do vendedor. Esse *incoterm* prevê que é de responsabilidade do comprador o desembaraço das mercadorias para importação e o pagamento de todas as formalidades, impostos, taxas e outras despesas relativas à importação, ao contrário dos *incoterms* 1990.

DDU – Delivered Duty Unpaid – Entregue Direitos Não Pagos. Consiste na entrega de mercadorias dentro do país do comprador, descarregadas; os riscos e despesas até a entrega da mercadoria correm por conta do vendedor exceto as despesas decorrentes do pagamento de direitos, impostos e outros encargos decorrentes da importação.

DDP – Delivered Duty Paid – Entregue Direitos Pagos. O vendedor cumpre os termos de negociação ao tornar a mercadoria disponível no país do importador no local combinado desembaraçada para importação, porém sem o compromisso de efetuar desembarque; o vendedor assume os riscos e custos referentes a impostos e outros encargos até a entrega da mercadoria. Esse termo representa o máximo de obrigação do vendedor em contraposição ao EXW.

TROCA OU PERMUTA

A troca ou permuta é um contrato muito similar ao contrato de compra e venda. A diferença essencial entre ambos é o fato de que na compra e venda a mercadoria é entregue mediante pagamento monetário ou fiduciário. Na troca, é feita a entrega de bem contra bem, mercadoria contra mercadoria.

Poderá haver, entretanto, a utilização de moeda ou valor fiduciário para complementar valores desiguais das coisas trocadas. Contudo, se o valor pago para a reposição da diferença for maior do que a metade do valor trocado, predomina a compra e venda, descaracterizando-se a troca.

Feita esta ressalva, tanto a troca como a permuta se assemelham à compra e venda que o Código Civil vigente determina expressamente em seu art. 533 que seja aplicada, com as ressalvas devidas, a disciplina da compra e venda à troca.

Como características principais a troca ou permuta é um contrato bilateral, oneroso, consensual. Não nos parece possível, no caso da permuta transformar-se em um contrato de risco ou aleatório.

As ressalvas que diferenciam a compra e venda da troca estão nos incisos I e II do art. 533 do Código Civil vigente.

a. Caso as partes não estipulem em contrário, as despesas do contrato de troca serão rateadas à proporção de metades iguais para cada uma das partes. Assim cada contratante deverá arcar com metade do valor *despendido com o instrumento* da troca.

b. A troca entre ascendentes e descendentes, diferentemente da compra e venda, não precisa ser autorizada pelo consentimento dos demais descendentes se for de coisas de valores iguais, simplesmente porque inexiste possibilidade de prejuízo para os descendentes. Do mesmo modo, se a coisa a ser entregue ao ascendente for de maior valor, também haverá de se dispensar o consentimento dos demais descendentes, por falta de interesse.

Portanto, é necessário o consentimento dos demais descendentes e do cônjuge do alienante somente quando o valor da coisa objeto da troca de propriedade do ascendente é maior que o valor da coisa oferecida pelo descendente. Aí, neste caso, tanto por se tratar de legítima como de meação ou de bens imóveis (que requerem a autorização do cônjuge quando se dispõe sobre eles) o consentimento é necessário, como na compra e venda, conforme previsto no art. 496 do Código Civil vigente.

Contrato Estimatório

Histórico e Características

O contrato estimatório, ou de consignação, não era previsto pelo Código Civil de 1916. Mas por sua prática comercial muito intensa, ligada à compra e venda, alguns artigos foram introduzidos na seção que dispunha no Código Comercial sobre comissão, regulamentando, ao menos parcialmente, a matéria (arts. 170 a 173).

Assim, até o advento do Código Civil vigente, o contrato estimatório ou de consignação era uma mera modalidade de comissão que foi alçada, devidamente a nosso ver, à condição de contrato nominado com disciplina própria.

Podemos, então, definir o contrato estimatório como aquele pelo qual o consignante entrega bens móveis ao consignatário para que este os venda, pagando-lhe um preço predeterminado ou restituindo os bens consignados em um prazo ajustado.

Assim, a finalidade principal do consignante é que o consignatário venda os bens e pague-lhe um valor. A diferença seria uma remuneração para o consignante. Por esta razão, como o consignante recebe o *overprice* ou o sobrepreço, o Código Comercial entendia tal contrato como forma de comissão de venda.

Contudo, caso o consignatário não consiga vender todos os bens, devolvê-los-á ao consignante. Mas, o interesse maior de ambas as partes é que o consignatário consiga vendê-los, posto que ambos obterão lucro da empreitada.

Efeitos do Contrato Estimatório

O consignatário recebe os bens móveis para vendê-los a terceiros, pagar o preço estimado pelo consignante e obter lucro pela diferença. Caso o consignatário não consiga vender os bens consignados e nem devolvê-los ao consignante na forma que lhe foram entregues, mesmo que não tenha concorrido com dolo ou culpa, nem lhe seja imputável o fato que tornou a devolução impossível, não se exonerará da obrigação de pagar o preço (art. 535 do Código Civil vigente). Assim, todos os riscos atinentes aos bens consignados, inclusive aqueles decorrentes de caso fortuito ou força maior, são suportados pelo consignatário.

O consignatário, outrossim, é responsável pelas despesas decorrentes da expedição, transporte e entrega da coisa. Contudo, no momento de pagar o preço estimado ao consignante, poderá abater as despesas efetuadas.

Por sua vez, o consignante não poderá dispor dos bens consignados (art. 537 do Código Civil vigente) enquanto não lhe for pago o preço, restituída a coisa, ou comunicado que o consignatário efetuará a restituição. Desta forma, apesar de manter o consignante a propriedade dos bens consignados, ressalvam-se os direitos de preferência do consignatário, de realizar a venda dos bens que se encontram sob sua custódia.

Como a propriedade dos bens dados em consignação não é do consignatário e sim do consignante, estes não respondem pelas dívidas do consignatário. Ou seja, para fins de execução ou penhora, são bens de terceiro e, portanto, não são meios idôneos de saldar as dívidas do consignatário.

Somente quando o preço dos bens consignados tiver sido pago em sua integralidade, momento em que há a liberação do consignatário do avençado com o consignante, é que os bens podem ser objeto de penhora (art. 536 do Código Civil vigente).

Doação

Conceito e Características

Apesar de haver dissenso na doutrina alienígena, alinhando-se com as compreensões mais modernas dos fenômenos que envolvem liberalidades, o direito pátrio adotou o entendimento de que a liberalidade em forma de doação é um contrato.

Nosso Código Civil vigente conceitua no art. 538 a doação como um contrato no qual uma pessoa, por liberalidade, transfere de seu patrimônio bens ou vantagens para o patrimônio de outrem.

Além da natureza contratual, pode inferir-se do conceito legal que a doação importa em uma diminuição patrimonial do doador com o correspondente aumento patrimonial do donatário. Deste modo, não há bilateralidade de obrigações, somente uma das partes contratantes, o doador, é que possui deveres.

Mesmo que haja encargos ou remunerações que, como veremos, podem ser estabelecidos, se estes não alcançarem a equivalência para se caracterizarem como contraprestação, subsistirá o caráter de doação contratual.

Podemos classificar o contrato de doação como sendo um contrato gratuito, unilateral, consensual e solene. Trata-se de um contrato gratuito, desde que não haja qualquer encargo ou ônus para o donatário. Caso se estabeleça um encargo para a doação, esta não se transmuta em outro contrato, mas deixa de ser gratuita, passando a ser onerosa.

É um contrato unilateral porque somente há obrigações para o doador, recebendo o donatário apenas o acréscimo patrimonial. Será bilateral se um encargo for estabelecido. Será, outrossim, um contrato consensual porque se aperfeiçoa somente com o consenso, com a vontade expressa pelo donatário a respeito da liberalidade, e com a aceitação da doação. Entretanto, terá caráter real quando se tratar da doação de pequenos valores que se aperfeiçoa com a sua entrega para o donatário.

Como características principais da doação consideraríamos: o ato de liberalidade ou seu elemento subjetivo, o *animus donandi*; o elemento objetivo da transferência patrimonial, a necessidade de aceitação pelo donatário e, por fim, tratar-se de um ato *inter vivos*. Vejamos com mais detalhes.

A doação sempre deverá ser um ato *inter vivos*. Qualquer disposição do patrimônio para depois da morte do doador deverá por este ser feita em forma de legado em seu testamento. Assim, nosso ordenamento pátrio não aceita doações cuja condição suspensiva seja a morte do doador.

O *animus donandi* é o requisito subjetivo, posto que deriva da vontade do doador de praticar uma liberalidade, de efetuar uma entrega, com a finalidade de transferir o domínio da coisa sem exigir ou esperar nada em troca, ao menos como contraprestação. Se, entretanto, o doador tiver em mente receber algo como contraprestação, seu *animus* não é de uma liberalidade, podendo haver qualquer outra espécie de contrato, mas não uma doação.

Não se confunda, entretanto, liberalidade, com *animus donandi* e, portanto, doação. A doação se caracteriza por uma liberalidade intencional de diminuir seu próprio patrimônio em benefício de outrem. Pode haver liberalidades que acrescentem ao patrimônio de outrem mas não se caracterizem como doações, posto que esta não era a intenção do proprietário da coisa.

Como exemplos, podemos citar a usucapião e a renúncia de direitos. O ato de não usar da coisa, gozar, fruir e não obstar à posse de outrem é uma mera liberalidade, posto que a qualquer momento, até que ocorra a prescrição aquisitiva, o proprietário pode interromper a prescrição e retomar o bem. Mas, se não se opuser e alguém usucapir, isto não significa que possuía a intenção subjetiva de favorecer os adquirentes por usucapião.

A renúncia de direitos também representa uma liberalidade que não caracteriza doação. Se alguém deixa de exercer um direito patrimonial e acaba por perdê-lo houve uma renúncia tácita, até mesmo à pretensão contrária de outrem. Houve novamente uma liberalidade, mas não a intenção de doar.

Assim, a mera liberdade não caracteriza o contrato de doação. É necessário que ela venha acompanhada do *animus donandi*, de um agir positivo no sentido de beneficiar o terceiro. A mera abastenção não caracteriza doação.

Existente a intenção subjetiva de doar, para que o contrato se aperfeiçoe é necessário que haja o concurso do elemento objetivo, qual seja, da efetiva transferência patrimonial, diminuindo-se o patrimônio do doador com o respectivo acréscimo no patrimônio do donatário.

Por fim, resta examinar a questão da aceitação da doação, ou seja, da necessidade ou não da existência de manifestação de vontade do donatário. Quando se tratar de doação pura e simples, sem nenhum encargo, o donatário deverá rejeitá-la de forma expressa. Assim, se lhe foi assinalado prazo para manifestação se aceita ou não a doação, e queda-se inerte, tem-se que a doação foi aceita. É a operação de efeitos do silêncio qualificado, como definido pelo art. 539 do Código Civil vigente.

Contrario sensu, caso a doação seja submetida a encargo o silêncio não será entendido como aceitação, posto que para aceitar uma obrigação (ainda que esta não seja uma contraprestação) é necessária manifestação expressa.

No caso de a doação contemplar nascituro, ela deverá ser aceita por seu representante legal (art. 542 do Código Civil vigente). Já se contemplar o absolutamente incapaz, se for uma doação pura, será dispensada a aceitação (art. 543 do Código Civil vigente).

Entendemos serem incongruentes estas disposições. Certamente o nascituro precisa de tutela, tanto quanto o incapaz, mas não vemos razão para a necessidade de aceitação expressa dos pais (em geral os representantes do nascituro) e não haver necessidade de aceitação nos casos dos absolutamente incapazes. Cremos que andaria melhor a legislação civil se o incapaz e o nascituro fossem contemplados com a doação dispensando-se a aceitação, desde que pura. Somente se houvesse encargo, aí sim, necessária se faria a manifestação dos representantes legais, quer fosse do nascituro, quer fosse do absolutamente incapaz.

Na ausência de disposição específica em relação ao relativamente incapaz, aplicar-se-á a regra geral segundo a qual este, para manifestar sua vontade deve estar assistido a fim de realizar este ato da vida civil. Contudo, parece-nos que seria viável a aplicação do art. 539 do Código Civil vigente, que em se tratando de uma doação pura, sem manifestação do donatário, reputa-se a mesma aceita, posto que o relativamente incapaz possui capacidade para alguns atos da vida civil e a doação pura somente visa a beneficiá-lo.

Por fim, quanto à aceitação, esta não se faz necessária quando tiver por objetivo contemplar casamento futuro do donatário com terceiro, ou se a doação for feita a ambos os nubentes, ou à prole eventual. Também não se faz necessária a aceitação de doações entre os nubentes que podem ser feitas reciprocamente. É impossível impugnar a doação nestes casos por falta de aceitação, mas, se o casamento não se realizar, perde a eficácia. A doação, então, está feita sob uma condição suspensiva, o casamento (art. 546 do Código Civil vigente).

Objeto e Forma

Em relação ao objeto da doação a primeira distinção a ser feita é de bens materiais ou imateriais. Os primeiros, móveis ou imóveis, podem ser objeto de doação. Já os bens imateriais serão objeto de cessão de crédito.

No mais, ainda em referência ao objeto da doação, como nos demais negócios jurídicos, este deve ser lícito, possível e determinável. A totalidade do patrimônio de alguém, sem que este se reserve uma parte para sua subsistência, é nula. Portanto, o patrimônio total não pode ser objeto de doação (art. 548 do Código Civil vigente).

Outrossim, o doador, caso tenha herdeiros necessários, não poderá dispor de mais do que poderia dispor em testamento, ou seja, a legítima deve ser resguardada. Neste caso, não há nulidade total da doação, mas apenas com relação ao excedente do qual não poderia dispor, mesmo depois de sua morte (art. 549 do Código Civil vigente). A doação de patrimônio do que poderia dispor *post mortem* é chamada de doação inoficiosa.

Quanto à forma pela qual se celebra o contrato de doação, para as doações de bens móveis de pequena monta, dispensa-se a solenidade, podendo se aperfeiçoar verbalmente (art. 541, parágrafo único). Contudo, as demais doações deverão ser feitas por escritura pública ou por instrumento particular.

O instrumento público será obrigatório para as doações que envolvam imóveis. Nos demais casos, não sendo de baixo valor, bastará a forma escrita particular.

O conceito de pequena monta ou de baixo valor é relativo, devendo ser examinado diante do caso concreto e do acervo de bens que o doador possui. Obviamente, há que se levar em consideração o padrão médio social e do próprio donatário para que, na dúvida, este esteja garantido pela forma escrita particular, já que para bens imóveis a exigência de escritura pública é peremptória, sob pena de nulidade (art. 541 do Código Civil vigente).

Modalidades de Doação

a. *Doação pura e simples* – A doação pura e simples é a mais perfeita expressão de liberalidade qualificada pelo *animus donandi*. O doador oferece a outrem, donatário, parte de seu patrimônio, de forma incondicional, sem qualquer contraprestação ou contemplação de vantagem ainda que indireta. É o contrato que realmente se aperfeiçoa de forma unilateral e gratuita. Pode ter, por exemplo, como finalidade contemplar o merecimento do donatário, porque este se destaca em seus estudos ou em suas atividades atléticas, como previsto no art. 540, primeira parte, do Código Civil vigente. Mas não há que se perquirir de sua causa, o doador fez porque assim o quis.

Ainda que a doação seja gravada com a cláusula de usufruto, esta será tida como pura e simples, posto que nenhum gravame se impôs ao donatário, que de pronto adquire a nua propriedade do bem doado.

b. *Doação modal ou com encargo* – Neste caso, a doação deixa de ser gratuita e passa a ser onerosa, posto que o doador impõe ao donatário um encargo. Este pode ser em favor do próprio doador, em favor do donatário, em benefício de terceiro ou em benefício do interesse geral.

Exemplifiquemos estes encargos. O encargo pode ser em benefício do donatário se o doador estabelecer que está doando determinado valor para que o donatário adquira um veículo e possa, assim, exercer sua profissão. O donatário não poderá dar destinação diversa à doação em espécie. Deverá cumprir o ônus de utilizar a quantia doada para adquirir o veículo que necessita.

Em benefício do próprio doador, pode este doar ao donatário um imóvel vizinho ao seu com encargo de cuidar de seu jardim, ou de seu animal de estimação, durante os períodos em que se encontra ausente.

Caso seja em benefício de terceiro, o doador entrega ao donatário um determinado bem imóvel sob a condição de que cuide e tenha sob sua guarda uma pessoa enferma da qual não pode cuidar.

E, por fim, o encargo com vista ao benefício geral é aquele que usualmente será visto em doações ao poder público. Assim, o doador cede uma quantia de seu patrimônio ou um imóvel com a obrigação de que lá seja construído um posto de saúde. Pode ser feita em favor de terceiro particular, que esteja engajado em atividade social, como, por exemplo, se doasse a um instituto que pesquisa a cura de determinada doença um imóvel para construir sua sede, ou numerário para adquirir equipamentos necessários.

Ressalte-se, quanto à natureza jurídica do encargo, que este não se confunde com condição, seja ela suspensiva ou resolutiva. Por essa razão, a doação modal terá plenos efeitos, desde que preenchidos os requisitos já examinados do art. 541 do Código Civil vigente.

c. *Doação condicional* – A doação condicional depende de acontecimento futuro ou incerto. Se a condição for resolutória, a doação surtirá efeitos de plano e com a ocorrência da condição prevista, resolve-se a doação, retornando-se ao *status quo ante*. Já se a condição for suspensiva, nenhum efeito terá a doação até que ela se implemente.

Vislumbramos algumas hipóteses de doação condicional previstas no próprio Código Civil vigente, sob condição suspensiva ou resolutiva.

A doação feita ao nascituro (art. 542 do Código Civil vigente) tem por finalidade contemplar a criança que ainda não nasceu. Apesar de seus representantes legais poderem aceitá-la, caso a criança não venha a nascer, ou não nasça com vida, a doação perde seus efeitos. Portanto, o nascimento com vida é uma condição suspensiva da referida doação.

Pode-se, ademais, beneficiar a prole eventual, ou seja, que sequer foi concebida. Por ocasião das núpcias pode ser feita doação já contemplando os eventuais filhos que os nubentes venham a ter. *In casu*, temos, outrossim, uma condição suspensiva: a concepção e o nascimento da prole. Na hipótese de o casal nunca vir a ter filhos, a doação perde seus efeitos. Ao contrário, nascendo o primeiro filho do casal, aperfeiçoa-se a condição e a doação passa a ter plenos efeitos (art. 546 do Código Civil vigente).

Se a doação contemplar um casamento futuro, beneficiando um ou ambos os nubentes, designa-se *propter nuptias* e está sob uma condição suspensiva a realização do casamento. Realizadas as bodas, a condição está implementada e a doação passa a ter efeitos. Se o casamento não ocorrer caduca a doação e nenhum efeito terá (art. 546 do Código Civil vigente).

A última modalidade expressamente prevista pelo Código Civil vigente é a doação que contempla entidade futura, em seu art. 554. Como não há qualquer especificação, quanto à espécie de entidade a que se refere o artigo mencionado, entende-se, de forma ampla, que seja qualquer pessoa jurídica de direito público ou privado. Em geral, esta espécie de doação contempla entidades sem fins lucrativos, com fins assistenciais ou beneficentes. Mas nada impede que sejam contempladas outras entidades, uma vez que não há proibição alguma neste sentido. Esta doação, como as demais que se submetem a condições suspensivas, caducará ou tornar-se-á sem efeito se, em dois anos, a entidade não tiver sido constituída regularmente. As entidades públicas dependem de legislação específica ou autorização legal para elaborar seus estatutos. Já as pessoas jurídicas de direito privado constituem-se com a inscrição de seus atos no registro apropriado, conforme dispõe o art. 45 do Código Civil vigente.

Outras condições podem ser impostas, sem que correspondam às previstas no Código Civil vigente, mas deverão obedecer ao regramento da licitude das condições, não podendo ser meramente potestativas ou de forma a limitar a liberdade individual do donatário. Nestes casos, a condição será tida como não escrita e a doação, pura e simples.

d. *Doação a termo* – É lícito impor encargos, condições e também termo às doações. Assim, a doação terá termo inicial e termo final. Apesar de ser figura mais rara do que as doações modais ou condicionais, poderá o doador estabelecer que o donatário poderá fruir da coisa por certo período de tempo, indicando o início e o fim desse lapso temporal.

e. *Doação remuneratória* – No caso da doação remuneratória, o doador tem como finalidade remunerar um serviço prestado ou uma vantagem que tenha percebido do donatário, sem que este lhe tenha exigido uma contraprestação. Ou, se tiver havido contraprestação e o doador considerar por bem excedê-la, fará uma doação demonstrando sua liberalidade no *plus* adicionado. Assim, no caso de prestação de um serviço médico, cuja contraprestação equivalha a determinada quantia e aquele que recebeu os serviços remunere o prestador com o dobro da quantia devida, estará efetuando um pagamento e, ao mesmo tempo, realizando uma doação que tem caráter remuneratório, já que a causa foi um serviço prestado.

Mesmo que não haja necessidade de contraprestação, que uma pessoa tenha prestado auxílio ao doador em um momento de dificuldades, ao doar este pratica uma doação pura e simples, mas remuneratória, posto que busca compensar, de algum modo, a ação do donatário.

As doações remuneratórias estão previstas no art. 540 do Código Civil vigente e são classificadas legalmente como puras e simples, na quantia em que excedem o serviço prestado, quando existente.

f. *Doação com cláusula de retorno ou reversão* – Prevista no art. 547 do Código Civil vigente, temos uma cláusula resolutiva expressa, legalmente tutelada. Assim, não desejando que os herdeiros ou legatários do donatário se beneficiem do bem sendo que ele, doador, ainda vive, este estipula cláusula contratual prevendo que receberá o bem de volta se o donatário falecer antes dele.

Caracteriza-se, portanto, uma cláusula resolutória *intuitu personae*, ou seja, que visa a beneficiar somente o próprio donatário e ninguém mais, ainda que indiretamente. Mas, esta cláusula somente tem efeito se o donatário vem a falecer antes do doador.

Se o donatário falece antes do doador, contudo, perde efeito a cláusula, posto que ao doador, na falta do donatário, é vedado reverter em favor de terceiro a doação (Código Civil vigente, art. 547, parágrafo único).

g. *Doação conjuntiva* – A doação conjuntiva é feita a duas ou mais pessoas, concomitantemente. Caso o doador não disponha expressamente que as proporções serão desiguais, ter-se-á que as partes são idealmente iguais.

A doação feita ao casal pressupõe o direito de acrescer, independentemente do regime de bens. Assim, falecendo um dos cônjuges, o bem doado não fará parte do espólio, será transmitido direta e imediatamente ao cônjuge supérstite (art. 551, parágrafo único do Código Civil vigente).

h. *Doação em forma de subvenção periódica* – Neste caso, o doador se compromete a beneficiar o donatário periodicamente com determinada quantia, como se uma pensão a este prestasse. Não há nenhuma obrigação legal de prestar alimentos entre doador e donatário, mas o primeiro o faz em favor do segundo como mera liberalidade (art. 545, Código Civil vigente).

Extingue-se o direito do donatário com a morte do doador, não sendo transmissível a obrigação a seus herdeiros. Somente será transmissível se o doador assim dispuser, expressamente. Neste caso, a obrigação se transmite a seus herdeiros e terá como termo final a morte do donatário, não mais havendo possibilidade de transmissão.

Efeitos e Obrigações das Partes

Das obrigações do doador, podemos destacar que este não é obrigado a pagar juros de mora, não se submete à garantia dos vícios redibitórios e nem da evicção. Somente responderá pela evicção se o doador tiver contemplado a determinada pessoa com que irá contrair núpcias. Contudo, pode o doador, como a doação é um ato de liberalidade, estipular cláusula em contrário e se exonerar da responsabilidade pela evicção da coisa, mesmo se realizada a doação em favor de determinada pessoa com quem pretende contrair núpcias.

As obrigações do donatário, sobretudo nos casos em que há encargos, são muito maiores, como veremos. É necessário que o doador assinale contratualmente um prazo para que o donatário cumpra o encargo. Caso deixe de fazê-lo, o doador ou outro legitimado deverá notificar o donatário concedendo-lhe prazo hábil para que, sob pena de revogação da doação, realize o encargo (art. 562 do Código Civil vigente).

Quando o encargo é estabelecido em favor do próprio donatário (para que custeie seus estudos, ou adquira um imóvel, entre outras possibilidades), não há previsão da sanção da revogação por descumprimento prevista no art. 553 do Código Civil vigente. Isto porque não se pode coagir o donatário a fazer algo contra sua própria liberdade, violando-se assim o princípio da legalidade (art. 5º, inciso II da Constituição Federal).

Contudo, nos casos em que o encargo tenha sido estabelecido em favor do doador, este poderá revogar a doação no prazo assinalado contratualmente ou após notificação prévia, conforme o já citado art. 562 do Código Civil vigente. É um direito personalíssimo do doador, que não se transmite aos seus herdeiros.

Somente se a ação já estiver tramitando (portanto o doador manifestou sua vontade de revogação) é que os herdeiros terão direito de habilitar-se na forma da lei processual para dar andamento ao processo (art. 560, Código Civil vigente).

Se o encargo foi estabelecido em favor de terceiro, poderá o doador ou o terceiro beneficiado exigir o cumprimento do encargo, nos moldes de prazos já descritos no art. 562 do Código Civil vigente.

Por fim, se o encargo for estabelecido em prol de um interesse geral, poderá o doador exigir seu cumprimento sob pena de revogação. Caso o doador venha a falecer e não o tenha feito, o Ministério Público poderá fazê-lo, conforme dispõe o art. 553 do Código Civil vigente.

Revogada a doação por mora do donatário em cumprir o encargo que lhe foi imposto, sua obrigação será a de restituir a coisa, mas sua mora não acarreta responsabilização por perdas e danos.

Outrossim, como o encargo é cláusula resolutória, tendo o domínio pleno da coisa passado para o donatário antes de se esgotar o prazo para cumprimento do encargo, se a coisa perecer entendemos que, na falta de previsão legal e na existência de uma liberalidade que embasa o contrato, aplicar-se-ia a regra *res perit dominus*, sofrendo apenas o donatário a perda patrimonial daquilo que recebera em doação.

Restrições à Doação

Algumas restrições são impostas ao direito subjetivo de dispor de seu próprio patrimônio. Vejamos as vedações legais:

a. A doação de ascendente a descendente e de um cônjuge a outro importa em adiantamento da herança (art. 544, Código Civil vigente). Anteriormente, a previsão somente contemplava a doação entre pais e filhos (art. 1.171, Código Civil de 1916), posto que o cônjuge não era herdeiro necessário.

Com a inserção do cônjuge na ordem de vocação hereditária na classe de herdeiros necessários, impõe-se que também dele seja descontada a doação em vida, que importará em adiantamento do que receberia com o falecimento do cônjuge. No caso dos descendentes, trata-se de adiantamento da legítima à qual têm eventualmente direito pelo falecimento de seus ascendentes.

Portanto, não é vedada a doação entre estas pessoas, mas elas sofrem restrições, posto que deverão prestar futuramente contas do que receberam.

b. A doação de todo o patrimônio pessoal, sem reserva de bem ou renda para sua própria subsistência, é vedada pelo ordenamento legal prático. Em prol dos interesses deste doador e da própria sociedade, não se pode admitir que alguém se reduza à condição de totalmente despossuído. Neste caso, a doação será nula (art. 548 do Código Civil vigente).

c. A doação inoficiosa, ou da parte dos bens dos quais o doador não poderia dispor, mesmo após sua morte, posto que possui herdeiros necessários, mencionada neste capítulo, também é nula. Contudo, a nulidade atinge tão somente a parte que excede aquela que o doador poderia dispor em seu testamento. O patrimônio correspondente à parcela disponível considerar-se-á doado. É, destarte, uma nulidade apenas parcial.

d. A doação entre cônjuges, pré e pós-núpcias é permitida, desde que compatível com o regime de bens adotado (se for da comunhão universal a doação não possuirá efeito prático algum). Contudo, em alguns casos, o casamento será contraído obrigatoriamente no regime da separação de bens, previstos no art. 1.641 do Código Civil vigente: o matrimônio das pessoas maiores de sessenta anos, o matrimônio cujo consentimento precisar de suprimento judicial ou com violação das cláusulas suspensivas.

Nestes casos, a doação é considerada uma fraude à lei, posto que o regime da separação legal de bens é obrigatório, sendo nulas, portanto, as doações feitas sob tais condições. Contudo, se o regime da separação de bens foi adotado por convenção, ou seja, por livre vontade dos nubentes, não há qualquer óbice a doações recíprocas.

e. A doação para o(a) concubino(a), considerado aquela pessoa que mantém relacionamento com pessoa casada, caracterizando o adultério, é nula. Neste caso, o cônjuge prejudicado ou seus herdeiros necessários podem propor uma ação anulatória da doação no prazo máximo de dois anos, contados da dissolução da sociedade conjugal.

Entendemos que os herdeiros necessários podem intentar a ação mesmo que o cônjuge prejudicado não o faça, posto que independentemente do regime de bens, os herdeiros têm direito a herdar o bem doado de forma irregular. Portanto, consideramos que a legitimidade é disjuntiva e não sucessiva.

f. O doador já insolvente ou que se torne insolvente com a doação não pode dispor de seus bens desta forma, em detrimento de seus credores. Portanto, como tal hipótese configura fraude aos credores, pode ser anulada por ação pauliana, conforme disposto no art. 158, *caput*, do Código Civil vigente.

Hipóteses de Revogação da Doação

A doação pode ser revogada em três hipóteses: por desrespeitar qualquer um dos requisitos intrínsecos do negócio jurídico; por descumprimento do encargo ou por ingratidão do donatário (art. 553 do Código Civil vigente).

O direito à revogação, seja qual for o motivo ensejador, nunca pode ser renunciado antecipadamente. Assim, cláusula que contenha este preceito será tida como não escrita, posto que viola disposição cogente do art. 556 do Código Civil vigente. Porém, nada obsta que o doador não exerça o direito de ação, em claro perdão pela ofensa, escoando-se o prazo legal que possuía.

Os terceiros não são prejudicados pela revogação. Contudo, há o direito de restituição da coisa doada ou de equivalente (caso por exemplo de coisa fungível, como dinheiro, ou de coisa que haja perecido). O donatário que der causa à revogação deverá responder perante o doador e perante o terceiro, inclusive por evicção, caso se trate de bem imóvel (art. 563 do Código Civil vigente).

Os frutos percebidos até a citação podem ser retidos pelo donatário, que até este momento é considerado possuidor de boa-fé. Depois da ciência da propositura da ação revocatória, muda-se o caráter de sua posse para má-fé, devendo o donatário indenizar o doador de todos os frutos que a coisa der no período em que se processa tal ação.

Os requisitos dos negócios jurídicos já foram objeto de análise na seção "Da Formação dos Contratos", nesta obra. A revogação da doação por descumprimento do encargo foi analisada na seção "Efeitos e Obrigações das Partes" no capítulo 4. Resta-nos, portanto, examinar a ingratidão do donatário e suas conseqüências jurídicas.

A ingratidão se consubstancia por atos praticados pelo donatário contra o doador ou pessoas que lhes são muito próximas e demonstram um desprezo e uma desconsideração do donatário pelo doador, que o favoreceu. E essa ofensa ao doador gera-lhe o direito à restituição.

As hipóteses de revogação são taxativas ou *numerus clausus*, previstas no art. 557 do Código Civil vigente. O direito de ação deve ser exercido pelo doador contra o donatário. Os herdeiros do doador somente podem representá-lo, habilitando-se no processo quando este falece ou quando a causa da ingratidão foi um homicídio consumado.

Os herdeiros do donatário ingrato somente serão atingidos pela ação revocatória proposta antes do falecimento do donatário. Caso o doador ou seus herdeiros não tenham intentado a ação contra o donatário antes de este falecer, não poderão acionar os herdeiros ou legatários do donatário ingrato (art. 560 do Código Civil vigente).

O prazo para propor a ação revocatória é decadencial, de um ano, contado da ciência pelo autor do fato caracterizador da ingratidão e de que o autor do fato foi o donatário.

Passemos à análise das hipóteses legais de ingratidão (arts. 557 e 558 do Código Civil vigente):

a. Se o donatário atentou contra a vida do doador, de seu cônjuge, de seu ascendente, de seu descendente ou de seu irmão.
b. Se o donatário cometeu crime de homicídio contra o doador, seu cônjuge, seu ascendente, seu descendente ou seu irmão. Neste caso o doador poderá, antes de falecer, perdoar o donatário, hipótese pela qual fica vedado a seus herdeiros exercer o direito de ação que lhe caberia pelo falecimento do doador (art. 561 do Código Civil vigente).
c. Se o donatário cometeu ofensa física contra o doador, seu cônjuge, seu ascendente, seu descendente ou seu irmão.
d. Se o donatário praticou crime de calúnia ou injúria contra o doador, seu cônjuge, seu ascendente, seu descendente ou seu irmão. Estranhamente a difamação, que consiste em ofender o conceito moral de que o ofendido goza na sociedade, não foi incluída como

hipótese de ingratidão, não podendo, ainda que por analogia, em nosso entender, ser incluída neste rol.

e. Se o donatário podia prestar alimentos, mas os negou ao doador, ao seu cônjuge, ao seu ascendente, ao seu descendente ou ao seu irmão.

Vejamos, por fim, os casos em que não se caracteriza o direito à ação revocatória, mesmo que seu pressuposto, a ingratidão, tenha ocorrido (art. 564 do Código Civil vigente):

a. Doação remuneratória, posto que apesar da ingratidão houve uma contraprestação, ainda que indireta, por um serviço.

b. Doação modal cujo encargo já tenha sido cumprido. Neste caso não se justifica a revogação, posto que o encargo já foi executado. Se for uma espécie de contraprestação ela já foi adimplida e, portanto, após o adimplemento de ambas as partes está extinto o vínculo contratual que as une. Na esfera civil não caberá nenhuma sanção, o que não importa em isenção na esfera criminal, caso a conduta do ingrato seja tipificada.

c. A doação feita em cumprimento de obrigação natural não pode ser revogada, posto que a obrigação natural é inexigível. Se inexigível a obrigação geradora, muito menos seria a doação ou a ingratidão nesta.

d. A doação feita para um determinado casamento que se realiza não pode ser revogada. A única causa que daria direito à restituição da coisa doada (e não de revogação) seria a não realização das bodas, conforme previsto no art. 546 do Código Civil vigente, como mencionamos.

Locação de Coisas

Definição e Objeto

A locação de coisas pode ser singelamente definida como a cessão do uso e gozo de uma coisa infungível, móvel ou imóvel, a outrem, que deve ser retribuída mediante pagamentos periódicos. Esta é a definição legal contida no art. 565 do Código Civil vigente, em suas linhas principais.

Então, o contrato de locação é um contrato bilateral, posto que envolve prestações recíprocas, o uso e o gozo em contrapartida de uma remuneração; oneroso porque ambas as partes auferem benefícios; comutativo porque não há risco e, a princípio, não solene, excetuadas algumas previsões que exigem registro (art. 576 do Código Civil vigente).

A contraprestação para a locação de coisa é denominada aluguel, ou aluguer, e é de sua essencialidade a remuneração; caso contrário, estaríamos diante de um possível contrato de comodato e não de locação.

Quanto ao bem objeto do contrato de locação, este pode ser móvel ou imóvel. O bem móvel deve ser infungível ou, se fungível, utilizado para fins que não o consumam, como ornamentação (*ad pompam vel ostentationem*). Se o bem for fungível e for utilizado pelo contratante, estamos diante do contrato de mútuo.

O bem imóvel também é objeto de locação. Porém, cumpre esclarecer qual o diploma aplicável ao caso, posto que antes da entrada em vigor do atual Código Civil a locação de bens imóveis urbanos era regrada de há muito por leis esparsas e, naquele momento, pela Lei Federal 8.245/1991. E outras formas de locação continuavam regidas pelas disposições do Código Civil de 1916.

Como o Código Civil vigente somente revogou o Código Civil de 1916 e a primeira parte do Código Comercial de forma expressa, deve se esclarecer que, posto que a matéria não foi disciplinada de forma total pelo Código Civil vigente, não houve revogação expressa nem tácita da atual lei do inquilinato, a mencionada Lei Federal 8.245/1991.

Assim, regem-se pelo Código Civil vigente: a locação de coisas móveis; de imóveis de propriedade da União, dos Estados, dos Municípios e de suas respectivas autarquias ou fundações; dos *apart-hotéis*, hotéis residência ou os equiparados por estarem autorizados a assim funcionar, prestando serviços a seus usuários; as vagas de garagem autônomas ou de espaço para estacionamento de veículos; o espaço destinado à veiculação de publicidade e o arrendamento mercantil (ressalvada regulação em lei esparsa diversa).

Já a Lei Federal 8.245/91 regula a locação predial urbana, de imóveis residenciais, de locação para temporada e de locação não residencial, incluindo-se neste conceito armazéns, estabelecimentos comerciais e *shopping centers* (centros comerciais).

Certamente, há alguns inconvenientes por não existir uma disciplina única da matéria codificada. Contudo, diante da consolidação da lei do inquilinato e pelo fato de constituir um microssistema, posto que inclui disposições de direito civil, comercial (proteção ao ponto comercial pela ação renovatória) e processual, bem andou o legislador ao deixar que a lei especial, com aplicação e entendimento pacificados, continuasse a reger essas relações.

Primeiramente, é necessário fazer uma distinção. O Código Civil de 1916 tratava da locação de coisas, de serviços e de empreitada, além de, originariamente, cuidar da locação de imóveis urbanos, que posteriormente foi regulada por leis esparsas.

Melhorando a técnica legislativa empregada, o Código Civil vigente trata do contrato de locação de coisas, do contrato de prestação de serviços (e não aluguel de serviços) e do contrato de empreitada (e não aluguel de empreitada), cada um em uma seção separada.

Definida a locação por Orlando Gomes[37] como *"o contrato pelo qual uma das partes se obriga mediante contraprestação em dinheiro, a conceder à outra, temporariamente, o uso e gozo de coisa não fungível"*, vejamos, então, as disposições do Código Civil vigente acerca da locação.

Obrigações do Locador e do Locatário

Podemos elencar uma série de obrigações para cada uma das partes. Analisemos, primeiramente, *as obrigações do locador*:

a. Entregar a coisa locada em sua inteireza (ou seja, com seus acessórios e partes), em estado no qual ela sirva para o uso a que foi destinada

[37] GOMES, Orlando. *Op. cit.* p. 274.

(para moradia, para comércio, armazenamento, no caso de imóveis; para uso adequado no caso de equipamentos), conforme previsto pelo art. 566, inciso I do Código Civil vigente e art. 22, inciso I da Lei Federal 8.245/1991.

b. Manter a coisa locada no estado em que se encontrava quando da entrega, por todo o período contratado, salvo disposição contratual em contrário (art. 566, I do Código Civil vigente e art. 22, incisos III e X da Lei Federal 8.245/1991).

Atente-se que é praxe, sobretudo nos contratos de locação de imóveis, estipular diversamente, imputando ao locatário os ônus de conservação da coisa no estado em que se encontra. Em geral, são feitas inspeções no imóvel quando do início e término do contrato, para a verificação do cumprimento desta cláusula.

Mesmo na locação de coisas, quando se aluga um equipamento de som, uma fita de vídeo, um aparelho ou um vídeo disco-laser, é necessário que se entregue, pelo contratado, a coisa no estado em que se encontrava. Caso contrário, em geral há cláusula nesses contratos que estipula um ressarcimento no valor da coisa, se ela se deteriorar, ou uma multa para pequenos danos que possam ser objeto de conserto.

c. Garantir o uso pacífico da coisa durante o tempo de contrato e resguardar o locatário de embaraços e turbações de terceiros (art. 566, inciso II e art. 568, ambos do Código Civil e art. 22, inciso II da Lei Federal 8.245/1991).

Isto significa que o locador, ao locar a coisa, deve respeitar os direitos do locatário, não interferindo em seu uso. Sobretudo, caso se trate de um imóvel, terá direito a inspecioná-lo, mas não poderá, a seu bel-prazer, adentrar ao local de trabalho ou residência do locatário. Deverá sempre fazer uma comunicação antecipada informando que irá exercer esse direito, de modo a não causar inconveniente ou surpresas ao locatário.

Do mesmo modo que o locador deve se abster de importunar o locatário no uso da coisa, deve providenciar para que terceiros não embaracem seu uso nem turbem a posse do locatário, tendo legitimidade, mesmo a coisa estando locada, para propor a ação possessória cabível.

d. Responder pelos vícios redibitórios, conforme previsto no art. 568, *in fine* do Código Civil e no art. 22, inciso IV da Lei Federal 8.245/1991.

Como já examinamos, os vícios redibitórios ou defeitos ocultos podem fazer com que a coisa tenha seu valor diminuído ou se torne inadequada para seu uso. Em caso de valor diminuído em que o uso não possa ser pleno, a remuneração pelo aluguel deve ser adequada ao uso da coisa. Na hipótese de se tornar a coisa totalmente inadequada ao seu uso, impõe-se a extinção do vínculo contratual por resolução, arcando o locador com os ônus decorrentes, já que a coisa perece para seu dono.

e. Indenizar benfeitorias úteis ou necessárias efetuadas pelo locatário de boa-fé, conforme o previsto no art. 1.219 do Código Civil vigente e nos arts. 35 e 36 da Lei Federal 8.245/1991.

O locatário deve estar de boa-fé ao realizar as benfeitorias necessárias e úteis para ter direito à respectiva indenização. Portanto, não pode haver limitação contratual, vedação ou necessidade de pedido de autorização, mesmo no caso de o locatário estar em mora e na iminência de sofrer despejo por falta de pagamento do imóvel, caso em que não se pode presumir que ali permaneça de boa-fé.

f. Ressarcir o locatário das perdas e danos decorrentes da retomada da coisa antes de findo o prazo contratual (art. 571 do Código Civil vigente).

Há mais três obrigações do locador, específicas da locação de imóveis urbanos, disciplinadas, portanto, pela Lei Federal 8.245/1991, que são as seguintes:

a. Pagar impostos, prêmio de seguro complementar contra incêndio, taxas, despesas de intermediação ou administração imobiliária e despesas extraordinárias de condomínio (art. 22, incisos VII, VIII e X da Lei Federal 8.245/1991).

Conforme previsto na lei do inquilinato, os impostos, taxas e prêmios de seguro são pagos pelo locador. Contudo, podem pactuar o contrário em contrato, o que com freqüência ocorre, ficando a cargo do locatário o pagamento dessas despesas acessórias.

As despesas ordinárias de condomínio são obrigação legal do locatário, conforme o previsto no art. 23, inciso XII da Lei do

Inquilinato. Já as despesas extraordinárias de condomínio são de responsabilidade exclusiva do locador, não podendo haver cláusula que disponha em contrário.

b. Fornecer ao locatário recibo discriminado, do aluguel e das demais despesas que este contratualmente tenha se obrigado a adimplir, conforme previsto no art. 22, inciso VI da Lei do Inquilinato.

c. Dar preferência ao locatário ou ao sublocatário para adquirir o prédio locado, conforme previsto pelo art. 33 da Lei Federal 8.245/1991.

O locador deverá notificar o locatário para que exerça seu direito de preferência. Caso o locador viole esta disposição legal, o locatário poderá depositar em juízo o preço do imóvel e as despesas de transferência para haver o imóvel locado. Ou, na hipótese de não ter interesse na compra, pleitear eventuais perdas e danos que a surpresa na venda do imóvel possa haver lhe causado.

Analisemos, agora, *as obrigações do locatário*:

a. Usar da coisa locada exclusivamente para o que foi convencionado ou presumido (Código Civil vigente, art. 569, inciso I, primeira parte e art. 23, inciso II, primeira parte da Lei do Inquilinato).

Quando estamos diante de um imóvel, sua destinação pode ser comercial ou residencial. Definida a finalidade, o locatário não pode modificá-la, posto que há uma obrigação contratual e legal de uso adequado.

A finalidade presumida se dá em relação a coisas móveis em geral. Se locado um equipamento de som, presume-se que será usado para uma exibição ou um baile e não para outras finalidades. Um equipamento de som deve ser usado de acordo com sua natureza, já que não serve, por exemplo, para a transmissão de imagens. O uso incorreto pode danificar a coisa e impor ao locatário a obrigação de indenizar.

b. Tratar do bem locado como se fosse seu (Código Civil vigente, art. 569, inciso I, *in fine* e Lei do Inquilinato, art. 23, *in fine*).

Novamente, aqui tratamos do dever de diligência. Se a coisa fosse própria, haveria o cuidado de não danificá-la, de não expô-la a riscos desnecessários. Esta é a obrigação do locatário, de ter a diligência no trato da coisa como se sua fosse.

c. Pagar o aluguel pontualmente nos prazos ajustados e, na falta de disposição a respeito, de acordo com os usos locais (art. 569, II do Código Civil vigente) ou no sexto dia do mês seguinte ao vencido nas locações regidas pela Lei do Inquilinato (art. 23, inciso I).

Repare-se que há uma diferença. Na falta de estipulação, as locações regidas pelo Código Civil vigente têm sua prestação vencida pelo costume local. Já a Lei do Inquilinato indica, na falta de estipulação, o sexto dia do mês seguinte ao vencido como a data de vencimento.

d. Levar ao conhecimento do locador as turbações de terceiros que se pretendam fundadas em direito, conforme previsto no art. 569, inciso III do Código Civil vigente e no art. 23, inciso IV da Lei do Inquilinato.

Seja uma falsa ou verdadeira pretensão que se revista da forma jurídica, o locatário não pode tardar em dar ciência ao locador da existência dessas turbações, ameaças ao direito de posse para que o locador possa, o mais rápido possível, tomar as providências cabíveis até para garantir ao locatário seu direito de gozar da coisa pacificamente.

e. Restituir a coisa, ao final do prazo do contrato de locação, no mesmo estado em que a recebeu, sendo toleradas somente as deteriorações do uso regular (art. 569, inciso IV, Código Civil vigente e Lei do Inquilinato, art. 23, inciso III).

Se o locatário cumprir com sua obrigação de conservar a coisa como se sua fosse, ao restituí-la, findo o contrato, o desgaste será o normal. Caso haja abuso no emprego da coisa, o locador, além de ter a faculdade de rescindir o contrato antecipadamente tem o direito de exigir as perdas e danos decorrentes do mau uso (art. 570 do Código Civil vigente).

f. Pagar a multa contratual ao locador, caso devolva a coisa antes do término do prazo avençado, equivalente ao valor arbitrado contratualmente (art. 571 do Código Civil vigente).

g. Indenizar os danos que a coisa sofreu por abuso, emprego equivocado, diverso do ajustado, ou qualquer outra hipótese que não seja caso fortuito ou força maior (art. 570 do Código Civil vigente).

Somente responderá o locatário por danos provenientes de caso fortuito ou força maior se estiver em mora, ou seja, uma vez notificado pelo locador, não tenha devolvido a coisa. Além dos danos, arcará com os alugueres do período em que a coisa continuou consigo (art. 575 do Código Civil vigente).

Os alugueres devidos pelo período em mora serão arbitrados unilateralmente pelo locador. Contudo, se o valor for manifestamente excessivo, o juiz poderá reduzi-lo, levando em consideração, de qualquer forma, que o valor deve ser mais alto posto que tem finalidade de servir de penalidade (art. 575, parágrafo único).

Já a Lei do Inquilinato impõe os seguintes deveres específicos:

a. Pagar os encargos de limpeza, força, luz, água, saneamento e despesas ordinárias de condomínio.

É razoável a previsão legal, uma vez que todas essas despesas são geradas pelo uso e fruição do locatário, não havendo razão para que sejam imputadas ao locador.

b. Requisitar o prévio consentimento expresso do locador para sublocar, ceder ou emprestar o imóvel locado.

Em um contrato de locação deve haver uma certa confiança entre locador e locatário, uma vez que este está na posse de imóvel daquele. Muitas vezes o contrato de aluguel é celebrado *intuitu personae*, posto que o locador conhece a idoneidade do locatário. Então, para que terceiro interfira nesta relação é de suma importância o conhecimento e a concordância do locador.

c. Consentir, não obstando, aos reparos urgentes que o prédio necessitar e que são de obrigação do locador realizar. Caso haja impedimento de uso da coisa por mais de dez dias para esses reparos, terá direito o locatário a abatimento no aluguel (art. 26, parágrafo único da Lei do Inquilinato).

d. Realizar os reparos locatícios (art. 23, inciso V da Lei do Inquilinato), que são aqueles causados por si, seus dependentes, sua família, seus prepostos ou visitantes no imóvel ou em suas instalações.

Direitos do Locador e do Locatário

São *direitos do locador*:

a. Receber o aluguel no prazo contratualmente fixado e antecipadamente, quando a locação for por temporada ou quando o contrato de locação não tiver nenhuma garantia. Neste último caso poderá exigir o mês vincendo (art. 20 e art. 42 da Lei do Inquilinato).

b. Reaver a coisa locada após o vencimento do prazo da locação (art. 575 do Código Civil vigente e art. 4º da Lei do Inquilinato) ou antes do vencimento do prazo, desde que indenize o locatário (art. 570 do Código Civil vigente).

c. Requerer a revisão judicial do aluguel quando considerar que o valor está aquém do devido (exclusivamente pela Lei do Inquilinato, art. 19).

d. Mover ação de despejo em caso de inadimplemento e conseqüente rescisão contratual (exclusivamente pela Lei do Inquilinato, art. 59 e seguintes).

e. Autorizar ou recusar autorização ao locatário para sublocar a coisa, ceder a locação ou emprestar a coisa locada (exclusivamente pela Lei do Inquilinato, art. 13).

f. Exigir garantia do contrato de locação através de caução em dinheiro, garantia fidejussória ou seguro fiança locatícia (exclusivamente pela Lei do Inquilinato, arts. 37 e 38).

Por sua vez, são *direitos do locatário*:

a. Exigir que o locador lhe entregue a coisa, que mantenha o *status quo* da coisa locada, garanta seu uso pacífico e seja responsabilizado pelos vícios ocultos (Código Civil vigente, arts. 566 e 568).

b. Reter a coisa locada enquanto não for ressarcido pela rescisão antecipada (art. 575, parágrafo único do Código Civil vigente) ou pelas benfeitorias necessárias e úteis realizadas de boa-fé (art. 1.219 do Código Civil vigente) ou com expresso consentimento do locador (art. 578 do Código Civil vigente).

c. Exercer o direito de preferência na compra do imóvel locado sob o regramento da Lei do Inquilinato ou de exigir que o adquirente respeite o contrato e seu prazo desde que haja cláusula expressa nos casos regidos pelo Código Civil vigente (art. 576).

Pelo Código Civil vigente, o adquirente não está obrigado a respeitar o contrato de locação entre o vendedor e o locatário, salvo se houver cláusula escrita e registrada (forma pública) para que valha contra terceiros. Mesmo assim, caso se trate de imóvel e o adquirente não esteja adstrito a respeitar a locação anterior por ausência de cláusula, o locatário terá um prazo de noventa dias para devolução, contados da sua notificação (art. 576 do Código Civil vigente).

d. Purgar a mora e evitar a rescisão contratual, somente nos casos regidos pela Lei do Inquilinato, conforme art. 62, inciso II, parágrafo único.

EFEITOS

Ao finalizar a análise do contrato de locação cumpre-nos examinar um efeito previsto no Código Civil vigente e outro na Lei 8.245/1991 (a Lei do Inquilinato). O primeiro refere-se aos efeitos da morte de um dos contratantes e o segundo, à proteção do ponto comercial pela ação renovatória.

O Código Civil vigente prevê que, falecendo o locador ou o locatário a locação por tempo determinado se transfere aos seus herdeiros, até expirar o prazo (art. 577), já que a locação cessa de pleno direito com o término do prazo avençado, independentemente de qualquer notificação ou intimação.

Caso a locação não tenha prazo determinado, após o falecimento do locador ou do locatário sucedem-lhe os herdeiros que podem denunciar a locação através de notificação, conforme o previsto no art. 575 do Código Civil vigente.

Já em relação à ação renovatória, cumpre esclarecer que este instituto está previsto na Lei do Inquilinato para as locações não residenciais. É um direito a renovação compulsória do contrato, porque o ramo de atividade exercido pelo locatário naquela localização acaba por importar em um acréscimo no valor do imóvel.

Tutela-se o valor agregado ao imóvel em razão de ser explorado durante certo prazo de tempo um mesmo ponto comercial; erige-se a garantia de que o ponto é inerente ao fundo de comércio, à propriedade imaterial do empresário.

Assim, para proteger o locatário que investe seus recursos na formação do nome e do ponto comercial, há a possibilidade de renovação compulsória, prevista no art. 51 da Lei do Inquilinato. Os requisitos são:

a. A locação deve ser não residencial, sendo o imóvel ocupado por empresário (que tenha atividade comercial ou industrial) ou sociedade civil com fins lucrativos.
b. A locação deve ter sido contratada por prazo determinado, no mínimo de cinco anos. Não necessariamente o contrato deve ser de uma única locação com este prazo; podem ser vários contratos, mas todos sucessivos e que somem no total cinco anos, desde que as renovações anteriores tenham sido consensuais. O sucessor ou cessionário do locatário tem direito de acrescer o prazo dos locatários anteriores segundo entendimento esposado pelo Supremo Tribunal Federal na Súmula 482.
c. O locatário, seu cessionário ou sucessor, deve estar explorando o mesmo ramo de atividade econômica pelo prazo de três anos completos até a data da propositura da ação renovatória.
d. A ação renovatória tem prazo decadencial, devendo ser proposta em um ano e seis meses antes do término do contrato que se pretende renovar. Caso contrário, o locador decai do direito (Lei do Inquilinato, art. 51, § 5º).

A renovação compulsória somente será ineficaz nos casos em que, logicamente, prevalece o direito de propriedade do locador, direito mais importante que o direito do locatário à renovação.

As hipóteses em que o locador retoma o imóvel são as seguintes:

a. Insuficiência da proposta de renovação apresentada pelo locatário. Ao requerer a renovação da locação, o locatário deve fazer uma proposta do quanto pagaria ao locador. Se o valor de mercado for superior, não teria direito à renovação. Para se compor devidamente o interesse das partes, em geral é realizada uma perícia para que o valor do aluguel seja apurado o mais próximo possível da realidade e o locatário possa, se necessário, aumentar ou não o valor oferecido.
b. Proposta melhor de terceiro. Se terceiro oferecer melhor valor e o locatário não oferecer valor igual ou superior, não terá direito à re-

novação compulsória. Contudo, o locador deverá indenizá-lo pela perda do ponto comercial.

c. Se o Poder Público obrigar o proprietário a realizar reformas no imóvel ou se o próprio proprietário quiser reformar o prédio, o locador terá direito à retomada, sem indenizar o locatário. Somente se o início das obras não ocorrer após três meses da desocupação, o locatário poderá pleitear indenização.

d. O proprietário pode requisitar ou alegar que irá utilizar o imóvel, para finalidades econômicas ou não. Neste caso, o locador não poderá fazê-lo somente se for explorar a mesma atividade econômica que era explorada pelo locatário, posto que haveria um enriquecimento sem causa por parte do locador, que se aproveitaria do ponto comercial desenvolvido pelo locatário.

e. O locador pode requisitar o imóvel para transferir a este seu estabelecimento comercial, desde que existente há mais de um ano e que seja explorado por ele, ascendente, descendente ou cônjuge, atuando em ramo diverso daquele explorado pelo locatário. O locatário somente fará jus a indenização caso o uso alegado não ocorra, não se concretizando a transferência ou venha a ser explorada a mesma atividade econômica que o locatário exercia.

Empréstimo

Introdução

O contrato de empréstimo é aquele pelo qual o tomador recebe a coisa com a obrigação de devolvê-la ao emprestador. O Código Civil vigente, como fazia o Código Civil de 1916, distingue dois tipos de empréstimo: o empréstimo com finalidade de consumo e o empréstimo com finalidade de uso.

Assim, temos a distinção entre o mútuo e o comodato. Diferem pelo objeto, mas possuem estruturas jurídicas muito próximas e finalidade negocial idêntica. Estudemos, pois, primeiramente o comodato, e depois o mútuo, na ordem em que os contratos estão dispostos no atual Código Civil.

Comodato

Definição e Características

O comodato é o empréstimo de uma coisa infungível, para ser usada pelo tomador e depois restituída ao proprietário, que a emprestou. É o empréstimo de uso, como descrevemos acima.

Este contrato está disciplinado no Código Civil vigente nos arts. 579 a 585, sendo que o art. 579 define o contrato de comodato como o empréstimo gratuito de coisas não fungíveis e que se perfaz com a tradição do objeto.

Desta forma, com esta definição o legislador traz as características básicas do contrato de comodato. É um contrato unilateral porque somente o tomador, comodatário, tem obrigações, apesar de serem necessárias as manifestações de vontade do comodante e do comodatário.

É um contrato gratuito por expressa disposição legal, como vimos do art. 579 do Código Civil vigente. Constitui-se em uma cessão sem contraprestação prevista. O comodatário pode até assumir um encargo de pequena monta, mas isto não descaracteriza o comodato. Somente se houver uma contraprestação, correspondente à cessão é que podemos pensar que nesta hipótese há uma locação, por exemplo, e não um comodato.

O comodato é um contrato não solene porque não há forma prescrita em lei, podendo este empréstimo ser feito até verbalmente. Contudo, é um contrato real, porque não basta o acordo de vontades, é necessária a tradição ou efetiva entrega da coisa.

É um contrato *intuitu personae*, é um empréstimo feito com características pessoais, não podendo o comodatário cedê-la, a qualquer título, a terceiros. É, outrossim, temporário, posto que o empréstimo terá prazo determinado ou será indeterminado, mas terá seu termo final quando o comodatário tiver esgotado seu uso.

O objeto do contrato é coisa infungível. Existem coisas que por sua própria natureza não são fungíveis, consumíveis pelo uso. Este é o objeto, por excelência, do comodato. Contudo, há coisas que se usadas seriam consumidas, mas as partes, por convenção, as tornam infungíveis. Assim, uma garrafa de bebida rara, em tese, por mais incomum que seja, é consumível, mas pode ser cedida em comodato se as partes concordarem que seu uso não será para consumo, mas somente para enfeitar uma mesa para uma fotografia de revista. É o *commodatum pompae vel ostentationis causa,* ou comodato para mera ornamentação ou exibição.

Ainda quanto ao objeto, não podem ser objeto de comodato, sem autorização especial, judicial, os bens dos incapazes que estão sob a guarda de tutores ou curadores (art. 580 do Código Civil vigente).

Somente o comodatário tem obrigações, diante da unilateralidade do contrato, que são as seguintes:

a. Conservar a coisa como se própria fosse, usando-a de forma adequada à sua finalidade. O comodatário que está na posse direta da coisa tem o dever de cuidar desta, a fim de que não haja perecimento indevido (art. 582 do Código Civil vigente).

   Ousaríamos dizer que o comodatário tem o dever de zelar pela coisa com mais cuidado do que zelaria por seus próprios pertences. Isto porque o art. 583 do Código Civil vigente impõe o dever legal do comodatário de, estando em igual risco coisas próprias e a coisa em comodato, tentar salvar a coisa pertencente ao comodatário em primeiro lugar.

   Caso tente salvar primeiro suas próprias coisas e abandone a pertencente ao comodante, responderá pelos danos que esta sofrer, mesmo que sejam causados por caso fortuito ou força maior (art. 583 do Código Civil vigente).

b. Abster-se de ceder a coisa a terceiros, posto que o uso pessoal e adequado somente pode ser feito pelo comodatário (art. 582 do Código Civil vigente). O uso inadequado da coisa, por si ou por terceiros, dá causa à resolução do contrato pelo comodante e eventuais perdas e danos.

c. Restituir a coisa no prazo convencionado ou depois da utilização pelo tempo considerado necessário (art. 581 do Código Civil vigente). O comodante não pode interromper o uso e o gozo da coisa pelo prazo avençado ou necessário para o comodatário. Somente se o comodante demonstrar em juízo necessidade imprevista e urgente, poderá demandar a restituição imediata da coisa (art. 582).

Caso interpelado e o comodatário não devolva a coisa, estará em mora e responderá pelos danos causados à coisa e seu perecimento, inclusive por caso fortuito ou força maior.

d. Arcar com as despesas feitas no uso e gozo da coisa. Como o comodato somente beneficia o comodatário, quaisquer despesas efetuadas para a manutenção da coisa ou utilização devem por este ser arcadas, não se cogitando em nenhuma hipótese de responsabilização do comodante (art. 584 do Código Civil vigente).

Extinção do Contrato

O comodato extingue-se pelo advento do termo ou pela utilização da coisa de acordo com a finalidade para que foi emprestada; por iniciativa do comodante em resolução do contrato por mau uso ou uso inadequado pelo comodatário da coisa; por sentença judicial que reconheça a urgência e a necessidade do comodante em usar a coisa e por morte do comodatário, já que este é um contrato *intuitu personae*.

Mútuo

Definição e Características

O mútuo é o empréstimo de consumo, de coisas fungíveis. O mutuante empresta a coisa ao mutuário, transferindo-lhe a propriedade, com a condição de que o mutuário devolva o que recebeu no mesmo gênero, quantidade e qualidade (art. 586 do Código Civil vigente).

É um contrato unilateral, posto que somente há obrigações para o mutuário, e não solene, pois não há forma específica para sua celebração, podendo ser celebrado inclusive verbalmente. É contrato real porque se perfaz com a tradição e, por fim, temporário por ter prazo determinado ou determinável.

A partir da tradição, diferentemente do comodato, o mutuário tem o domínio e a livre disposição da coisa, correndo por sua conta todos os riscos da coisa desde a tradição (art. 587 do Código Civil vigente).

O mútuo pode ser gratuito ou oneroso. No Código Civil vigente, como no anterior, o mútuo é tratado como uma obrigação gratuita. Contudo, é previsto o mútuo de dinheiro, e sua finalidade econômica (art. 591 do Código Civil vigente).

Com relação ao mútuo com fins econômicos – em geral o empréstimo de dinheiro –, presumem-se devidos os juros legais estipulados pelo art. 406, que são os juros praticados pela Fazenda Pública na cobrança dos tributos que lhe são devidos. Ainda é permitida a capitalização anual desses juros (art. 591 do Código Civil vigente).

A única obrigação do mutuário é devolver aquilo que recebeu no mesmo gênero, qualidade e quantidade. Assim, como um gênero nunca perece, não há que se falar em perecimento da coisa ou das conseqüências do caso fortuito ou força maior. Sempre será possível, então, a devolução.

Poderá o mutuário ter a obrigação acessória de prestar garantia ao mutuante, caso durante a execução do contrato se torne sabida e notória a mudança de sua situação econômica, com conseqüente diminuição patrimonial (art. 590 do Código Civil vigente).

Os prazos para devolução estão previstos no art. 592 do Código Civil vigente. Na falta de disposição pelos contratantes, presume-se até a próxima colheita o prazo de empréstimo de produtos agrícolas para consumo ou semeadura; de no mínimo trinta dias se o objeto for dinheiro, sendo o tempo declarado pelo mutuante, no caso de qualquer outra coisa fungível.

Por fim, quanto ao mútuo tomado por menores, sem autorização de seu guardião, não poderá ser cobrado ou reavido do mutuário menor ou dos fiadores (art. 588 do Código Civil vigente) exceto se: o representante legal ratificar posteriormente o ato praticado (art. 589, inciso I); o menor contraiu o mútuo para adquirir seus alimentos habituais na ausência de seu representante legal (art. 589, inciso II); o menor tiver economia própria, derivada de seu trabalho, tendo a execução como limite as forças de seu patrimônio (art. 589, inciso III); se o menor se beneficiou do empréstimo (art. 589, inciso IV) ou se o menor utilizou-se de sua condição, maliciosamente, para não cumprir com a obrigação de devolução (art. 589, inciso V).

Extinção do Contrato de Mútuo

O mútuo extingue-se com o advento do termo convencionado ou do termo legal previsto no art. 592 do Código Civil vigente, já examinado; por distrato, havendo comum acordo entre as partes; por resilição unilateral do devedor, desde que entregue a prestação devida; a qualquer momento por inadimplemento do mutuário, por iniciativa do mutuante.

Prestação de Serviços

Introdução

Como já nos referimos no capítulo referente à locação, o Código Civil de 1916 previa esta modalidade de contrato sob a rubrica de locação de serviços. Atendendo à melhor técnica, o Código Civil vigente tipifica o contrato de prestação de serviços, dando-lhe regramento próprio, diverso de uma locação.

Atualmente, a prestação de serviços que estará sob a regulamentação do Código Civil vigente é determinada por exclusão, conforme prevê o art. 593 do Código Civil vigente. Desta forma, excluem-se da aplicação do Código Civil as relações de trabalho que estejam sob o regime empregatício da Consolidação das Leis do Trabalho, dos Estatutos dos Servidores Públicos e as relações de consumo, regidas pelo Código de Defesa do Consumidor.

Assim, o campo de aplicação do Código Civil vigente é dado por exclusão de todas as leis esparsas. Em não havendo disciplina específica, aplicar-se-á o Código Civil vigente.

Definição e Características

A prestação de serviços é o contrato pelo qual uma das partes se obriga a executar uma atividade ou uma série delas, mediante remuneração. Dispõe o art. 594 do Código Civil vigente que toda espécie de trabalho lícito, material ou imaterial pode ser objeto do contrato de prestação de serviços.

O trabalho lícito, portanto, não vedado pela lei e que pode ser exercido é a fonte de energia humana aproveitada por outrem. Esse trabalho pode ter origem manual, técnica ou intelectual, mas não se estabelecerá nenhum tipo de diferenciação de acordo com a origem da energia humana (art. 7º, inciso XXXII da Constituição Federal).

Tanto não deve haver diferenciação que o art. 594 do Código Civil vigente menciona o trabalho material e o trabalho imaterial. O trabalho material pode ser, por exemplo, a confecção de peças de vestuário, o carregamento de um material, a limpeza de um jardim. Já o trabalho intelectual, imaterial e intangível, poderia ser o desenvolvimento de um programa para computador, ou mesmo o trabalho de um advogado na elaboração de um parecer jurídico. Não importa a origem. Cada qual, seja ele material ou imaterial, deverá ser remunerado de forma proporcional e não poderá haver discriminação em razão de sua origem.

O contrato de prestação de serviços é bilateral porque envolve prestações de ambas as partes; oneroso, porque ambas as partes auferem vantagens e consensual, ou seja, reputa-se perfeito e acabado apenas com a manifestação de vontade consensual das partes.

Caso queiram dispor por escrito, nada impede que as partes o façam, para obter maiores garantias. Neste caso, se uma das partes não souber ler e escrever, é facultado que alguém assine a rogo (a pedido) do contratante ou do contratado e é necessário que duas testemunhas subscrevam o instrumento (art. 595 do Código Civil vigente).

Esta forma escrita não é da essência contratual; portanto, serve apenas de prova de existência do contrato. É a forma *ad probationem tantum*. A disposição sobre a permissão de que alguém assine o contrato em nome daquele que não sabe ler e escrever destina-se sobretudo aos que executam os trabalhos manuais ou braçais, que em sua grande maioria, infelizmente, não tiveram acesso aos meios de educação básica. E, de forma correta, para que a lei garanta os direitos de contratante e contratado, permite a instrumentalização do contrato por escrito, com assinatura a rogo, de preferência por alguém de confiança daquele privado da capacidade de ler e escrever.

O contrato é celebrado *intuitu personae*, não podendo nem o prestador nem o tomador do serviço ser substituídos sem o consentimento da outra parte (art. 605 do Código Civil vigente).

Exceção se faz a este caráter pessoal quando se tratar de prestação de serviços em prédio agrícola. Neste caso, o prestador poderá escolher entre continuar com o primitivo contratante o serviço pactuado ou prestá-lo ao adquirente (art. 609 do Código Civil vigente).

Quanto à retribuição, em geral, esta é feita em espécie, em moeda corrente. Porém, se for feita em gêneros alimentícios, condução, moradia, ou seja, por outros meios, não haverá descaracterização do contrato de prestação de serviços, já que o art. 596 do Código Civil vigente permite que a remuneração seja feita de acordo com o costume do lugar, salientando-se desde que este costume não seja *contra legem*, nada obsta a sua utilização.

Ainda em relação à remuneração e à previsão do Código Civil vigente, art. 596, esta resultará do acordo de vontades entre as partes. Na ausência deste consenso é que será possível o arbitramento do valor por terceiros, levando-se em conta o tempo de serviço, a qualidade deste e os já citados costumes.

A retribuição não será devida quando o prestador de serviço precisar de habilitação legal para desempenhar aquele serviço e não a possuir (art. 606, parágrafo único do Código Civil vigente). Assim, aquele que presta serviços jurídicos, mas não está devidamente inscrito nos quadros da Ordem dos Advogados do Brasil, não pode exercer a profissão e, por esta razão, não fará jus à retribuição aprazada.

Se o prestador de serviço não possuir a capacitação técnica necessária, mas não houver disposição cogente para que somente o profissional habilitado realize o serviço, não poderá cobrar o preço aprazado em sua totalidade, arbitrando o juiz, no caso concreto, o valor devido como compensação razoável pelo benefício auferido pelo contratante e pela boa-fé do contratado (art. 606, *caput*, do Código Civil vigente).

No tocante ao momento da retribuição, a regra geral é que será paga somente finda a prestação do serviço. Contudo, se as partes convencionarem um adiantamento ou se esta for a praxe convencional, não se impõe de forma cogente o pagamento apenas quando o serviço encontrar-se totalmente executado. Outrossim, o pagamento em prestações é perfeitamente lícito (art. 597 do Código Civil vigente).

O prazo máximo para a duração de um contrato de prestação de serviços regido pelo Código Civil vigente é de quatro anos, sob pena de redução judicial, ainda que se destine à realização de determinada obra e a obra não esteja finda. Contudo, o prazo de quatro anos pode ser renovado por período igual ou inferior. Portanto, esta vedação, constante do art. 598 do Código Civil vigente, apenas impede uma vinculação indeterminada, pelo princípio de que a obrigação deve ser temporária, não podendo tolher indefinidamente a liberdade dos contratantes.

Extinção do Contrato

O contrato de prestação de serviços pode extinguir-se pelos meios normais seja pelo escoamento do prazo pelo qual foi contratada a tarefa, seja porque foi contratada uma obra ou tarefa precisa e esta foi terminada. O prestador de serviços, com isso, poderá exigir do tomador declaração que ateste o fim dos trabalhos para o qual foi contratado (art. 604 do Código Civil vigente).

Verifica-se, outrossim, que o contrato é *intuitu personae*, posto que a morte de qualquer uma das partes põe termo ao contrato, não se transmitindo aos herdeiros quaisquer obrigações ou direitos que não sejam residuais daquilo realizado em vida (art. 607, Código Civil vigente, parte inicial).

A impossibilidade de continuação do contrato, por força maior, é motivo também de sua extinção, sem que nenhuma das partes tenha que concorrer com perdas e danos. Apenas, novamente, deverão ser apurados direitos e deveres residuais relativos ao período em que o contrato era de execução possível (art. 607, Código Civil vigente, parte inicial).

Por fim, pode-se extinguir o contrato com ou sem justa causa, por resolução de uma das partes, conforme previsto nos arts. 599 a 603 do Código Civil vigente. Conforme o disposto no art. 599 do

Código Civil vigente, é possível a resilição unilateral por denúncia de qualquer uma das partes, sem justa causa, desde que respeitados os seguintes prazos: aviso prévio de oito dias, quando o salário for pago por período mínimo de um mês; aviso prévio de quatro dias, se o salário for pago semanal ou quinzenalmente; aviso prévio de véspera quando o contrato prever serviço de duração menor que sete dias.

Contudo, o tomador do serviço deverá pagar ao prestador a totalidade do serviço desempenhado até a data da despedida sem justa causa. E, se foi contratado por prazo determinado, deverá o tomador pagar a metade do que faria jus o prestador até o fim do contrato (art. 603 do Código Civil vigente). E o prestador terá direito de exigir do tomador declaração de que aquele ato negocial se encerrou (art. 604 do Código Civil vigente), ainda que por resolução.

As hipóteses de justa causa não são previstas na legislação civil. Somente pode inferir-se suas conseqüências, de que perceberá as quantias devidas pelo trabalho já realizado e responderá pelas perdas e danos causados ao tomador (art. 602, parágrafo único).

Seguramente, caberá à doutrina e a jurisprudência construir as hipóteses de justa causa. As previsões do Código Civil vigente poderão ser complementadas, quiçá com as hipóteses de justa causa da Consolidação das Leis do Trabalho. O vínculo contratual é de espécie diversa, mas a legislação trabalhista pode servir de base para depois serem estabelecidas as hipóteses de justa causa estritamente aplicáveis aos contratos regidos pelo Código Civil.

Empreitada

Definição e Características

Finalizando as alterações promovidas no contrato de locação, encontra-se o último desmembramento do que o Código Civil de 1916 considerava uma espécie de locação: o contrato de empreitada, disciplinado pelo Código Civil vigente nos arts. 610 a 626.

A empreitada é um contrato pelo qual o dono ou comitente obriga-se a pagar uma remuneração determinada ou proporcional ao trabalho executado, consistente em uma obra específica, a ser realizada pelo empreiteiro ou por terceiros, fornecendo ou não o material necessário, sem que entre os contratantes haja relação de dependência ou subordinação.

Portanto, como primeira característica, no contrato de empreitada, para a construção de uma obra, pela ausência expressa de subordinação e dependência, não há que se configurar vínculo empregatício. Se, contudo, esta contratação tornar-se rotineira, corre-se o risco de surgimento de vínculo empregatício. Desta forma, a empreitada é eventual. Se for constante, será uma relação de trabalho regida pela Consolidação das Leis do Trabalho e não pelo Código Civil vigente.

Caracteriza-se por ser um contrato bilateral, posto que o proprietário tem a obrigação de remunerar e o empreiteiro, de realizar a obra. É oneroso porque ambas as partes auferem vantagens do contratado. Outrossim é comutativo, havendo proporcionalidade entre os deveres e os direitos decorrentes do contrato. É um contrato de forma livre, não solene, que se aperfeiçoa como o acordo de vontades sobre o objeto do contrato.

Vejamos, agora, algumas das características da empreitada contidas na sua própria definição e nos comandos legais.

O empreiteiro pode ou não fornecer os materiais para a execução da obra. Pela regra geral, o contratante é que irá fornecer os materiais necessários, salvo quando se convencionar diversamente com o empreiteiro ou quando decorrer de expressa previsão legal (art. 610, *caput* e § 1º).

Assim, por exemplo, se a obra é de pequena monta, de uma propriedade exclusiva do contratante, é até compatível com as circunstâncias que o próprio contratante forneça o material comprado, de qualidade e de gosto próprios. Já quando se trata de condomínios verticais, onde muitas unidades são construídas, inviável se tornaria o fornecimento individual, razão pela qual o empreiteiro deve arcar, nestes casos, com o fornecimento dos materiais (art. 618 do Código Civil vigente).

A definição de quem fornece os materiais é importantíssima para a configuração da responsabilidade civil. Se o empreiteiro fornece os materiais, todos os riscos, das coisas e da execução da obra, correm por sua conta até o momento da entrega (art. 611 do Código Civil vigente). Caso o proprietário forneça os materiais, o empreiteiro somente responderá pela culpa quanto à execução, ou seja, pela mão-de-obra (art. 612 do Código Civil vigente).

O proprietário somente será responsabilizado por danos nos materiais e na obra se estiver em mora receptícia, ou seja, se estiver se negando, violando o contratado, a receber a obra como fora contratado (art. 611, *in fine* do Código Civil vigente).

Ao mesmo tempo, o empreiteiro suportará os prejuízos que ocorrerem, inclusive perecimento da coisa, mesmo que não tenha fornecido os materiais, ou seja, que sua empreitada tenha sido somente de trabalho (lavor) em duas hipóteses:

a. se não concorreu com culpa;
b. se a perda decorre de defeito dos materiais e o empreiteiro demonstrar que reclamou a tempo sobre sua quantidade ou qualidade (art. 613 do Código Civil vigente).

É importante observar que quando se contrata alguém para a elaboração de um projeto, essa contratação não implica a obrigação de realizar o projetado e fiscalizar a execução. Assim, o mero projeto não obriga a qualquer execução. Para isto, é necessário o contrato de empreitada, que é a execução propriamente dita da obra (art. 610, § 2º).

A execução da obra, por sua vez, deve ficar a cargo do empreiteiro que deverá fielmente seguir as instruções, planos e projetos apresentados, não podendo introduzir quaisquer modificações. Somente poderá o empreiteiro modificar o plano inicial se posteriormente se comprovar que, por razões técnicas, a previsão do projeto é inconveniente ou excessivamente onerosa na forma originariamente divisada (art. 621, *caput*, Código Civil vigente).

As modificações de pequena monta que não alterem a estética global da obra não se submetem a esta regra geral de imutabilidade ou de execução fiel do plano apresentado (art. 612, parágrafo único do Código Civil vigente).

ESPÉCIES DE EMPREITADA

De acordo com o disposto no art. 610 do Código Civil, há dois tipos de empreitada: a empreitada de mão-de-obra ou de lavor e a empreitada mista.

Na empreitada de mão-de-obra, o empreiteiro somente se responsabiliza por sua execução mediante projeto apresentado pelo proprietário, e não responde pelos materiais fornecidos e utilizados na construção. Assim, como já citamos no item anterior, se o proprietário não estava em mora, a coisa perece para o proprietário e o empreiteiro não recebe remuneração.

Mas, caso os defeitos decorram do material fornecido ou o contratante esteja em mora, a responsabilidade passa a ser total do proprietário, sendo necessário o pagamento proporcional das verbas devidas ao empreiteiro.

Contudo, o empreiteiro, quando utiliza os materiais fornecidos pelo proprietário, deve zelar pela sua utilização. As perdas normais são suportadas pelo proprietário, mas ficará o empreiteiro obrigado a indenizar os materiais que recebeu e por sua negligência ou imperícia inutilizou ou danificou (art. 617 do Código Civil vigente).

A *empreitada mista* é a contratação do empreiteiro como executor da obra e como fornecedor do material necessário à sua execução. Assim, como já mencionamos, além da responsabilidade pela execução da obra, o empreiteiro tem a responsabilidade pelos materiais empregados, até o momento da entrega. E, como é regra geral nos casos de mora, se o proprietário estiver em mora receptícia, todos os riscos passam a correr por sua conta.

Uma espécie de empreitada mista, de lavor e materiais, está definida no art. 618 do Código Civil vigente: é a empreitada de edifícios ou outras construções consideráveis. Em geral, pelo termo "edifícios" entende-se o condomínio vertical ou mesmo condomínios horizontais. Já o termo "construções consideráveis" é muito mais vago e equívoco e demandará uma definição futura jurisprudencial diante dos casos que ocorrerem.

No caso desta empreitada mista prevista no art. 618 do Código Civil vigente, o empreiteiro deve prestar um direito de garantia, irredutível contratualmente, de cinco anos, pelos materiais empregados e pela solidez da obra. O prazo para que o dono da obra proponha ação contra o empreiteiro é decadencial, de 180 (cento e oitenta) dias contados do aparecimento do vício ou do defeito oculto.

Esta classificação da empreitada levou em conta a forma de execução do trabalho. Porém, outra classificação pode ser proposta levando em consideração o modo de fixação do preço. Assim, temos: a empreitada por preço fixo, absoluto ou relativo (art. 619 do Código Civil vigente), a empreitada por medida (art. 614 do Código Civil vigente), a empreitada de valor reajustável, a empreitada de valor máximo e a empreitada por preço de custo (estas três últimas espécies por previsão contratual).

Na *empreitada por preço fixo absoluto*, prevista no art. 619 do artigo do Código Civil vigente, estipula-se um preço único para a obra inteira, sem se considerar seus possíveis fracionamentos. O preço é fixado previamente, de antemão e não pode sofrer nenhuma alteração. Não pode o empreiteiro exigir acréscimo do preço ao dono da obra.

A *empreitada por preço fixo relativo* está prevista no art. 619, parágrafo único do Código Civil vigente, na qual a princípio o preço é fixado para a obra inteira e inalterável. Contudo, por vicissitudes de ordem socioeconômica ou da própria obra, o proprietário pode perceber a alteração do equilíbrio contratual e autorizar, em instruções escritas, modificações necessárias no projeto. E, mesmo que não as tenha autorizado por escrito, se com sua execução concordou tacitamente, deverá pagar os aumentos e acréscimos necessários.

A *empreitada por medida ou ad mensuram*, estabelecida no art. 614 do Código Civil vigente, prevê um valor fixo, não reajustável, por medida ou fração de obra executada. O pagamento é efetuado quando terminada aquela fração ou medida ou por lapso temporal; por exemplo, semanalmente, pela medida que foi realizada até então.

A *empreitada de valor reajustável* depende de cláusula contratual e pressupõe variação do valor da mão-de-obra ou dos materiais, convencionando-se revisões de valor periódicas em datas preestabelecidas, de acordo com índices oficiais.

A *empreitada de valor máximo*, que também pode ser estabelecida por cláusula contratual, prevê um teto para o valor da obra que o empreiteiro deverá respeitar na compra do material e na remuneração do pessoal contratado para executar a obra. De plano, o proprietário deverá fornecer uma lista com a quantidade e a qualidade dos materiais a serem utilizados, para que o empreiteiro examine a viabilidade do contrato.

A *empreitada por preço de custo* é realizada por conta e risco total do empreiteiro que cobrará do proprietário ressarcimento dos gastos com o material e a mão-de-obra, acrescido de seu percentual de lucro. É outra espécie de empreitada que pode ser definida por cláusula contratual.

Contudo, em qualquer caso, o dono da obra poderá requerer a revisão do preço da obra, na hipótese de os valores do material e da obra houverem diminuído em, no mínimo, um décimo do preço global (art. 620 do Código Civil vigente).

Verificação e Extinção do Contrato

A verificação da obra se dá de acordo com o tipo de empreitada que se contratou. Se a empreitada for por medida ou fracionária, vez paga a fração, presume-se que esta foi verificada e aceita pelo contratante (art. 614, § 1º do Código Civil vigente).

Presume-se verificado, outrossim, aquilo que não for reclamado como vício ou defeito no prazo de trinta dias após a fiscalização, pelo dono ou seu preposto incumbido da fiscalização (art. 614, § 2º do Código Civil vigente).

Caso a empreitada seja contratada para recebimento e pagamento da obra como um todo, a verificação se dará quando o empreiteiro disser que a obra se encontra terminada, obrigando o proprietário a recebê-la. O proprietário irá verificá-la nesse momento e de plano poderá rejeitá-la se a obra não obedeceu aos planos dados ou às regras técnicas de natureza do serviço (art. 615 do Código Civil vigente).

Contudo, mesmo que as regras técnicas tenham sido desrespeitadas, o proprietário poderá recebê-la, se o quiser, desde que o empreiteiro realize abatimento de preço compatível com as diretrizes não seguidas (art. 616 do Código Civil vigente).

As formas de extinção do contrato são:

a. A execução normal da obra e sua entrega fracionária ou integral, sem vícios e de acordo com o plano apresentado ao empreiteiro (arts.

614 e 615 do Código Civil vigente), com o pagamento da devida retribuição em várias prestações ou em uma única prestação.

b. Resilição unilateral (denúncia) por parte do proprietário da obra, que mesmo iniciada a construção pode suspendê-la, mas ficará obrigado a pagar as despesas e os lucros do trabalho já realizado e uma indenização razoável, considerando o lucro que o empreiteiro obteria se tivesse concluído a obra (art. 623 do Código Civil vigente).

c. O proprietário poderá pleitear a resolução do contrato, com direito a indenização por perdas e danos, a ser paga pelo empreiteiro, caso este suspenda, sem justa causa, a execução da obra (art. 624 do Código Civil vigente).

O empreiteiro pode, licitamente, sem ter que responder por perdas e danos, suspender a obra, caso: haja culpa do dono que impeça a execução da obra; ocorra motivo de força maior; apresentem-se dificuldades técnicas imprevistas (hídricas, geológicas ou semelhantes) que onerem demasiadamente a obra ou que impliquem reajuste de preço não aceito pelo dono da obra; e, por fim, se as modificações exigidas pelo dono da obra forem desproporcionais ao projeto aprovado, mesmo que o dono se proponha a arcar com as despesas (art. 625 do Código Civil vigente).

d. Se os contratantes pactuarem que o contrato foi celebrado *intuitu personae* e qualquer uma das partes venha a falecer. Caso contrário, com a morte do dono ou do empreiteiro, o contrato continua em vigor, transmitindo-se aos herdeiros de cada um deles (art. 626 do Código Civil vigente).

Depósito

Definição e Características

O contrato de depósito se caracteriza pela entrega de um bem móvel pelo depositante ao depositário, para que este guarde e conserve o bem, de forma temporária e gratuita, até que lhe seja exigida a restituição da coisa.

O depósito, portanto, é um contrato unilateral, gratuito, real (porque se aperfeiçoa com a entrega da coisa) e, em geral, *intuitu personae*, posto que a coisa é entregue à pessoa na qual o depositante confia para que a guarde e a conserve.

Contudo, o contrato de depósito poderá ser bilateral e oneroso, caso se convencione o contrário ou quando esta for a atividade do depositário. Exemplifique-se, assim, com os estacionamentos dos supermercados e *shopping centers* que podem ser gratuitos ou remunerados. Já os estacionamentos onde há a profissionalização, ou seja, a atividade do depositário é a guarda de automóveis, a remuneração decorre da natureza do contrato (art. 628 do Código Civil vigente).

O termo inicial do contrato se dá com a entrega da coisa móvel, corpórea e infungível, pelo depositante ao depositário. Este fica obrigado desde o momento da tradição da coisa a zelar e tê-la em sua custódia, cuidando desta como se sua fosse, mantendo-a à disposição do depositante (art. 629 do Código Civil vigente).

Como todas as obrigações, não devendo ser indefinidos os laços de restrição da liberdade individual, o depósito é temporário, tendo como termo final a restituição da coisa quando esta for pedida pelo depositante ou no prazo ajustado para devolução. E além de devolver a coisa depositada, deverá devolver os acréscimos e frutos percebidos durante o período em que a coisa esteve em sua guarda (art. 629 do Código Civil vigente, parte final).

O depósito é um contrato de forma livre, não solene. A forma escrita somente é reclamada para a prova do depósito voluntário (ou seja, *ad probationem tantum*), conforme previsto no art. 646 do Código Civil vigente.

Espécies de Depósito

O Código Civil vigente dispõe sobre várias espécies de depósito. Estudemos cada uma delas:

a. *Depósito voluntário ou convencional* previsto nos arts. 627 a 646 do Código Civil vigente.

O depósito voluntário resulta de um acordo de vontades, escolhendo o depositante o depositário que considera de sua confiança para zelar pela coisa, guardá-la como sua e restituí-la quando requisitado. Decorre somente da vontade das partes e não há nenhuma imposição legal.

O depositário deve devolver a coisa no estado em que a recebeu, acrescida dos frutos que esta houver dado. Se a coisa tiver sido entregue lacrada ou fechada de alguma forma inviolável, assim deverá ser restituída (art. 631 do Código Civil vigente).

A restituição da coisa se dá no local em que foi depositada, salvo disposição contratual diversa. E as despesas de restituição correm sempre por conta do depositante, uma vez que lhe é favorável o contrato (art. 631 do Código Civil vigente).

O depósito pode ser por prazo determinado ou indeterminado. Neste caso, fica o depositário obrigado a restituir a coisa quando lhe for demandado. Contudo, mesmo que haja prazo para restituição, poderá o depositário reter a coisa se for necessário para se ressarcir das despesas feitas com a coisa e os prejuízos que podem ter decorrido do depósito (art. 643 e 644 do Código Civil vigente).

Também poderá o depositário reter a coisa se o objeto tiver sido embargado judicialmente, se for objeto de execução da qual o depositário foi cientificado ou se houver suspeita fundada de que a coisa foi ilicitamente obtida (art. 633 do Código Civil vigente).

Se suspeitar que a coisa foi obtida de forma ilícita dolosa ou não puder arcar com a guarda da coisa e o depositante não quiser recebê-la, o depositário poderá requerer que se recolha o objeto ao depósito público ou seja feito seu depósito judicial (arts. 634 e 635 do Código Civil vigente).

Poderá recusar-se, outrossim, a entregar a coisa, caso haja direito de compensação com outro depósito, além das hipóteses de coisa obtida de forma ilícita ou que não possa guardar (art. 638 do Código Civil vigente).

O depositário não responde por danos causados à coisa, por força maior; porém, terá o ônus de comprová-los (art. 642 do Código Civil vigente). Somente responderá por perdas e danos se se servir da coisa depositada, sem permissão do depositante, ou se tiver confiado o depósito a terceiro (art. 640 do Código Civil vigente). Não é vedado ao depositário confiar a coisa a terceiro, mas para isto precisa de autorização expressa do depositante.

Em caso de incapacidade ou falecimento do depositário, seus herdeiros diligenciarão para que a coisa seja imediatamente devolvida. Caso o depositante não a aceite, providenciarão para que a coisa seja recolhida ao depósito público (art. 641 do Código Civil vigente). Caso o depositário faleça e o seu herdeiro a aliene de boa-fé, o herdeiro deverá restituir ao comprador o valor recebido e assistir o depositante na ação reivindicatória (art. 637 do Código Civil vigente).

b. *Depósito necessário*, previsto nos arts. 647 a 652 do Código Civil vigente.

O depósito necessário não resulta de uma convenção das partes, mas sim da expressa disposição legal. Há três espécies previstas no art. 647 e no art. 649 do Código Civil vigente: o depósito por obrigação legal, em geral no desempenho da função pública (como, por exemplo, da autoridade policial, que deve guardar a *res furtiva* apreendida para devolvê-la ao proprietário); o depósito miserável, efetuado por ocasião de alguma calamidade, como incêndio, saque e inundação; e o depósito do hospedeiro em relação às bagagens dos viajantes ou hóspedes.

No caso da hospedagem, o depósito se presume sempre oneroso, posto que a remuneração do depósito está inclusa nas despesas de hospedagem. Os hospedeiros respondem como depositários das bagagens dos viajantes, sendo responsabilizados pelo furto ou roubo que tenham sido efetuados por seus empregados ou por pessoas admitidas dentro de seus estabelecimentos (art. 649, parágrafo único, e art. 651 do Código Civil vigente).

Assim, feitas as ressalvas em quarto de hotel ou hospedaria declarando que se eximem de qualquer furto ou roubo dos bens que estejam sob a custódia do estabelecimento são cláusulas sem efeito, não escritas. Somente em caso de exposição de grandes valores ou descuido do viajante se poderia cogitar de culpa concorrente, mas nem sequer exclusiva, já que o dever de vigilância é do depositário.

c. *Depósito civil ou comercial*, art. 628 do Código Civil vigente.

Diferencia-se o depósito civil do comercial pela gratuidade ou onerosidade do depósito. O depósito civil sempre será gratuito, não sendo parte da atividade do depositário. Já se a atividade negocial do contratante for o depósito, o contrato será oneroso e comercial.

d. *Depósito judicial*, previsto no art. 635 do Código Civil vigente.

O depósito judicial é determinado pelo juiz, através de mandado quando a coisa for litigiosa, seja ela móvel ou até mesmo imóvel, o que geralmente não é objeto de depósito. A finalidade é que a coisa seja preservada até que se decida a causa, evitando-se o prejuízo das partes interessadas.

Extinção do Depósito

O contrato de depósito se extingue:

a. pelo vencimento do prazo e a entrega da coisa ao depositante;
b. pela manifestação unilateral do depositante que requisita que o depositário devolva a coisa *incontinenti*;
c. pelo perecimento da coisa por caso fortuito ou coisa maior;
d. morte ou incapacidade superveniente do depositante se o contrato for *intuitu personae*.

Prisão do Depositário Infiel

O princípio que vigora desde a *Lex Poetelia Papiria* romana é que os bens do devedor respondem por sua dívida, posto que anteriormente o devedor respondia com seu próprio corpo.

Não há, portanto, prisão civil por dívidas. Excepcionalmente, prevê a Constituição Federal duas hipóteses em que o devedor responderá com a privação de sua liberdade, por dívida civil: quando for devedor de alimentos ou quando for depositário infiel (art. 5º, inciso LXVII).

O depositário infiel é aquele que se recusa a devolver ou apresentar a coisa cuja guarda lhe foi confiada. Outrossim, o depositante não indeniza o depositário pela coisa que pereceu e pelas perdas e danos sofridos.

Assim, impõe-se o ajuizamento de uma ação de depósito para que o depositário devolva a coisa sob pena de prisão. Esta não é sanção pelo descumprimento do contratado. Ela é meio de coerção para que o depositário se sinta compelido a devolver a coisa e a ressarcir os prejuízos que causou. Com a devolução da coisa o depositário, por sua própria vontade, se livra da ameaça de restrição de liberdade ou privação de liberdade que já tenha ocorrido.

Harmonizando as disposições existentes, o prazo máximo de prisão seja no art. 652 do Código Civil vigente ou no art. 901 do Código de Processo Civil, é de um ano.

Caso o depositário seja judicial, a sua prisão poderá ser decretada no próprio processo em que se constituiu o ônus, conforme o disposto na Súmula 619 do Supremo Tribunal Federal.

Questão controvertida é a equiparação de outras figuras contratuais ao depósito, como no caso do arrendamento mercantil, não disciplinado pelo Código Civil vigente. Como há uma equiparação à figura do depositário, há que se entender que tal equiparação não corresponde ao próprio instituto, devendo ser interpretada a possibilidade de prisão restritamente, em nosso entendimento.

Invoca-se a impossibilidade de equiparação de outras espécies de devedores ou depositário infiel com base na Convenção Americana de Direitos Humanos, também conhecida como Pacto de San José da Costa Rica, que foi adotada pela Assembléia da Organização dos Estados Americanos aos 22 de novembro de 1969 e incorporada ao ordenamento brasileiro pelo Decreto Legislativo nº 27/1992 e pelo Decreto presidencial nº 678/1992.

A referida convenção em seu art. 7º, inciso VII, dispõe que: *"Ninguém deve ser detido por dívidas. Este princípio não limita os mandados de autoridade judiciária competente expedidos em virtude de inadimplemento de obrigação alimentar"*.

Concluímos que, ao menos o depositário infiel, por equiparação não pode ser submetido à prisão. Mais controversa é a questão de ter o próprio depositário infiel sua liberdade cerceada, posto que isto envolveria perquirir sobre a hierarquia e a prevalência da Constituição Federal, das normas nacionais e internacionais, objeto que não cabe aqui ser examinado no escopo deste trabalho.

De todo modo, cabe ressaltar que nosso Pretório Excelso, o Supremo Tribunal Federal, tem decidido, reiteradamente, que é constitucional a prisão daqueles que são depositários infiéis por equiparação, como aqueles que são devedores de contrato de arrendamento mercantil (ou *leasing*).[38]

Mandato

Definição e Características

O mandato é um contrato pelo qual uma pessoa (mandatário) recebe de outra (mandante), poderes para, em nome deste, praticar atos da vida civil, comercial, judicial ou ainda administrar-lhe seus interesses patrimoniais. O instrumento pelo qual se outorgam estes poderes é a procuração.

A fundamental distinção entre o mandato e outros contratos, como o de comissão, que veremos a seguir, é que o mandatário pratica os atos como se mandante fosse, ou seja, em seu nome, tendo como limitação apenas os poderes outorgados (art. 679 do Código Civil vigente).

Se o mandatário exceder os poderes outorgados pelo mandante, somente implicarão responsabilização do último os atos ratificados expressamente pelo mandante *a posteriori*. Caso contrário, a responsabilidade recairá sobre o mandatário que agiu com excesso de poderes (arts. 662, 663 e 665 do Código Civil vigente).

Portanto, a regra fundamental e geral é que o mandatário se interpõe entre o mandante e o terceiro, que ficam vinculados entre si. Assim, o mandatário atua como um mero representante.

---

[38] Neste sentido, ver as seguintes decisões do Supremo Tribunal Federal:
Habeas Corpus nº 79.870/SP, d.j. 16/05/2000;
Recurso Especial nº 263.201/2001, d.j. 29/06/2001;
Recurso Especial nº 283.440/2001, d.j. 10/08/2001;
Recurso Especial nº 344.956, d.j. 30/08/2002
e dos seguintes repertórios jurisprudenciais: RTJ 88/108; 88/477; 99/1064; 141/266 e 146/597.

O mandatário ou representante pode receber este ônus em decorrência da lei (como os pais em relação aos filhos), em decorrência de acordo de vontades (contrato de mandato instrumentalizado através da procuração) e por determinação judicial (o comissário na concordata, o síndico na falência, entre outros exemplos).

O mandato é um contrato unilateral e gratuito, como regra geral. A presunção legal é da gratuidade (art. 658 do Código Civil vigente). Mas, sendo estipulada uma remuneração, ou se o mandato for confiado por exercício de uma profissão lucrativa (como o mandato confiado ao advogado), este se tornará oneroso e bilateral.

Ademais, é um contrato *intuitu personae* ou personalíssimo, ou seja, o mandante contrata o mandatário porque tem especial confiança na pessoa do mandatário e na execução fiel de que este dará ao mandato, dentro dos poderes outorgados.

É um contrato consensual que se aperfeiçoa, portanto, com a manifestação de vontades e a concordância acerca das disposições contratuais. A forma pela qual se reveste é não solene (art. 656 do Código Civil vigente), necessitando de forma escrita e forma pública apenas para atos que exijam esta solenidade, ou seja, dependerá do ato a ser praticado.

Não se admite um mandato verbal para um contrato que exija a forma escrita, como exceção à regra da liberdade das formas (art. 657 do Código Civil vigente). Assim, para uma hipoteca, por exemplo, ou para poderes que exorbitem a mera administração ordinária, conforme disposto no art. 661, §1º do Código Civil vigente, será necessária uma procuração com poderes especiais e expressos, que assumirá a forma escrita.

Como se trata de um contrato consensual, o mandatário deverá aceitar os encargos que lhe são impostos. Esta aceitação pode ser expressa ou tácita, verbal ou escrita (art. 656 do Código Civil vigente). A aceitação tácita do mandato se dará com o início da execução, ato inequívoco que demonstra a vontade do mandatário em aquiescer com o contratado (art. 659 do Código Civil vigente).

Em relação à manifestação de vontade, é necessário fazer algumas observações pertinentes à capacidade do mandante e do mandatário.

O mandante capaz pode outorgar a procuração, o instrumento do mandato por forma particular ou pública, ficando a seu critério a que melhor lhe aprouver. Já no caso dos absolutamente incapazes, seus representantes legais, como pessoas capazes, outorgam a procuração por forma particular, não se lhe exigindo a forma pública. Entretanto, se quiserem fazê-lo através da forma pública, não há óbices.

O relativamente incapaz pode outorgar mandato, mas deverá ser assistido por seu representante legal, como para todos os outros atos da vida civil, e a outorga deverá ser mediante instrumento público (art. 654 do Código Civil vigente).

Excepciona-se, contudo, o mandato judicial. Por força do disposto no art. 692 do Código Civil vigente este será regido pelas normas processuais, destarte, pelo Código de Processo Civil e somente supletivamente o Código Civil será aplicado. Como o Código de Processo Civil não diferencia os menores entre absoluta ou relativamente incapazes, a procuração *ad judicia* pode ser outorgada por instrumento particular.

Estas são as regras relativas à capacidade do mandante. Quanto à capacidade de quem recebe a procuração, o mandatário, o art. 666 do Código Civil vigente faz ressalva expressa determinando que o mandante que contratar menor relativamente incapaz sofrerá as conseqüências gerais da contratação feita com os relativamente incapazes (como a necessidade de ratificação do ato pelo representante legal).

Assim, o menor púbere pode ser mandatário, dentro dos limites legais e não responderá por má-execução do mandato e conseqüentes perdas e danos. Já o menor absolutamente incapaz, não podendo praticar quaisquer atos da vida civil, não poderá receber mandato, e qualquer disposição neste sentido será fulminada de nulidade.

Modalidades de Mandato

Várias espécies de mandato podem ser divisadas levando-se em consideração o objeto do contrato, a pessoa do procurador, a extensão, o conteúdo, entre outros aspectos. Vejamos as principais classificações.

Quanto à forma de sua celebração, o mandato, como já mencionado, poderá ser *verbal ou escrito*, exigindo-se esta forma compulsoriamente quando o ato a ser praticado pelo mandatário, em nome do mandante, também tiver de ser feito por escrito (art. 657 do Código Civil vigente).

Em relação às formas de manifestação de vontade, o mandato pode ser aceito *expressamente ou de forma tácita*, presumindo-se, neste caso, pelo início da execução da atividade, que o mandatário o tenha aceito (art. 659 do Código Civil vigente).

Quanto às relações entre mandante e mandatário, o mandato poderá ser *gratuito ou oneroso*, dependendo, portanto, da previsão de remuneração do mandatário para o desempenho do encargo.

Considerando o fim almejado pelo mandante, o mandato poderá ser *ad negocia* (*extrajudicial*) ou *ad judicia* ou *judicial*.

O mandato extrajudicial pode ser subdividido em várias subespécies:

a. o mandato *civil*, para o cumprimento de obrigações civis;
b. o mandato *comercial* para o exercício de atividades negociais e empresariais sempre com o fito de lucro;
c. o mandato *geral*, que confere poderes de administração geral dos bens (art. 660 e art. 661, *caput*, do Código Civil vigente);
d. o mandato *especial*, para a prática de determinados atos discriminados ou para a prática de atos que exijam autorização específica, como transacionar e firmar compromisso (art. 661, §§ 1º e 2º).

O mandato judicial exige a observância da lei processual (Código de Processo Civil, arts. 36 a 40) e do Estatuto da Ordem dos Advogados do Brasil, impondo algumas particularidades quanto à sua concessão, juntada em processo, resilição unilateral e revogação. Contudo, o Código Civil vigente torna-se legislação supletiva, em tudo o que couber, por exemplo, quando estabelece que o mandato outorgado em razão de uma profissão sempre se presume oneroso.

Obrigações Decorrentes do Contrato de Mandato

Vejamos as obrigações decorrentes do contrato de mandato, primeiramente em relação ao mandatário (arts. 667 a 674 do Código Civil vigente).

a. Exercer as funções que lhe foram cometidas de forma diligente e abster-se de substabelecer, ou seja, transmitir a execução dessas atividades a outrem, caso não lhe tenha sido autorizado pelo contrato.

b. Indenizar quaisquer prejuízos decorrentes do exercício do mandato por culpa sua ou daquele para quem tenha substabelecido.

Se o mandato expressamente vedar o substabelecimento, os atos praticados não vincularão o mandante, atingirão apenas o mandatário e seu substituto. Perante o mandante, o mandatário responderá por todos os prejuízos causados, seja qual for sua origem, inclusive aqueles praticados por culpa do substituto e em razão de caso fortuito.

O mandatário que substabelecer sem poderes para tanto, somente se exonerará de responsabilidade em hipótese de caso fortuito que comprovadamente teria ocorrido independentemente do substabelecimento (art. 667, § 1º do Código Civil vigente).

Somente irão atingir o mandante os atos praticados em substabelecimento, mesmo com a existência de vedação, caso o mandante os ratifique posteriormente, de forma expressa (art. 667, § 3º do Código Civil vigente).

Na hipótese do contrato ser omisso, sem previsão vedando ou autorizando o substabelecimento, o mandatário será responsável e deverá indenizar o mandante por todos os atos que seu substituto praticou com culpa, já que sua responsabilidade era pessoal perante o mandante (art. 667, § 4º do Código Civil vigente).

Por fim, se expressamente permitido o substabelecimento, o substituto é que responderá pelos danos causados ao substituído (o mandatário) e ao mandante. O mandatário somente responderá se tiver agido com *culpa in eligendo* (ou seja, na escolha do substituto) ou se não tiver corretamente instruído o substituto, uma vez que esta era sua obrigação (art. 667, § 2º do Código Civil vigente).

b. Prestar contas ao mandante dos atos praticados e das vantagens que tenha auferido na execução do mandato, e, além de prestar contas, transferir, de imediato, todas essas vantagens que tenha auferido.

Se o mandatário utilizou indevidamente em proveito verbas que eram vantagens a serem entregues ao mandante, deverá pagar juros desde o momento em que se iniciou este uso abusivo (art. 670 do Código Civil vigente).

Outrossim, se o mandatário tiver expressa determinação para comprar coisa certa, designada e individuada no contrato, para o mandante, e acabe por adquiri-la em nome próprio, deverá entregá-la ao mandante, sob pena de ser acionado judicialmente (art. 671 do Código Civil vigente).

Mesmo que o mandato seja bilateral e oneroso, e que o mandatário faça jus a uma contraprestação ou a indenização por despesas que tenha feito a favor de seu constituinte, não poderá efetuar a compensação direta entre os valores. Deverá entregá-los integralmente ao mandante (arts. 668 e 669 do Código Civil vigente).

Caso o mandante não lhe retribua o devido pelo contrato ou não lhe faça o ressarcimento das despesas efetuadas, o mandatário deverá promover a ação própria para exigir a contrapartida cabível, tendo o mandante que reembolsá-lo das despesas devidas, correndo juros a partir do desembolso feito pelo mandatário (art. 677 do Código Civil vigente).

O único caso em que há um instrumento não processual para a tentativa de ressarcimento em favor do mandatário é o direito de retenção da coisa adquirida para o mandante (art. 681 do Código Civil vigente).

Furtando-se o mandante de efetuar o pagamento da contraprestação devida ou de reembolsar as despesas feitas pelo mandatário, este poderá exercer o direito de retenção da coisa até que a posse tenha lhe rendido frutos suficientes para cobrir os encargos que despendeu ou desde que o mandante efetue o pagamento imediato, devendo, então, entregar-lhe a coisa.

c. Apresentar o instrumento de procuração a todas as pessoas com quem for negociar em nome do mandante.

Esta obrigação se impõe ao mandatário posto que se este exorbitar dos poderes que o mandante lhe outorgou, estará o terceiro contratando com o mandatário e não com o mandante, já que a responsabilidade pelos atos cometidos com abuso de poder é do mandatário. Assim, pode o terceiro negar-se a celebrar determinado negócio se ele estiver aquém dos poderes do mandatário, precavendo-se contra futuros e possíveis prejuízos.

Contudo, mesmo sabendo que o negócio jurídico a ser celebrado excederia os poderes outorgados ao mandatário e o terceiro com ele contrate, este último não terá ação contra o mandante nem contra o mandatário. Excepcionalmente, o mandatário responderá perante o terceiro se comprometeu-se em nome próprio, responsabilizando-se pessoalmente, ou se lhe prometeu que o mandante ratificaria o ato (art. 673 do Código Civil vigente).

d. Falecendo o mandante, o que seria causa de extinção do mandato por seu caráter personalíssimo, o mandatário tem a obrigação de concluir o negócio já começado, para que a demora não implique perigo para o patrimônio do mandante que será transmitido a seus herdeiros (art. 674 do Código Civil vigente).

Nesta hipótese, mesmo ciente da causa da extinção, deve concluir o negócio, posto que será benéfico ao espólio do mandante não lhe causando prejuízos, pelo contrário, tentando evitá-los.

A ação do mandatário no caso em tela decorre de seu poder de gestão da coisa e se assemelha muito à figura do gestor de negócios. Ressalte-se, contudo, que o mandatário somente deverá concluir os negócios urgentes. No mais, estará agindo em excesso de poder e será responsabilizado pessoalmente.

É lícita a ação do mandatário, vinculando o espólio do mandante, que compromete o patrimônio deste, enquanto não lhe for comunicada a causa de extinção, qual seja, a morte do mandante (art. 689 do Código Civil vigente), desde que os terceiros contratantes também estejam de boa-fé e ignorem o falecimento do mandante.

Passemos a examinar as obrigações do mandante:

a. Satisfazer todas as obrigações contraídas pelo mandatário no estrito cumprimento do mandato (art. 675 do Código Civil vigente).

Como o mandatário que age conforme os poderes que lhe foram outorgados não obriga a si, mas ao mandante, este deverá arcar com todas as obrigações contraídas, em seu principal e acessórios.

Se forem vários os mandantes, estes respondem solidariamente, perante o terceiro, pelos compromissos assumidos, ressalvando-se o direito de regresso daquele que adimplir com as prestações contra os demais mandantes.

Caso o mandatário não siga as instruções devidamente, mas não exceda os limites do mandato pela obrigação contraída, responderá o mandante por aquilo que seu procurador contratou. O mandante terá apenas um direito de indenização contra o mandatário se sofrer perdas e danos pelo descumprimento das instruções passadas.

b. Adiantar as despesas que o mandatário terá de efetuar, conforme as pedir. A razão é simples, o interesse é do mandante que outorga a procuração. Por este motivo, o mandatário não é obrigado a desembolsar de seu patrimônio as despesas que deva efetuar para execução do mandato, devendo o mandante adiantar o que for necessário e, posteriormente, o mandatário, cumprindo sua obrigação, prestar-lhe-á as contas devidas (art. 675, *in fine* do Código Civil vigente).

c. Remunerar o mandatário, caso o mandato seja oneroso e, em caso de mandato oneroso ou gratuito, ressarcir as despesas de execução do mandato, posto que foram feitas em seu interesse.

Mesmo que o negócio não tenha tido o resultado esperado, se o mandatário agiu dentro dos limites da procuração outorgada e das instruções passadas, deverá remunerar o pactuado e ressarcir as despesas. E as despesas efetuadas por conta do mandatário a favor do mandante deverão ser reembolsadas com juros contados desde a data do desembolso (art. 677 do Código Civil vigente).

Além da remuneração do mandato e do reembolso das despesas efetuadas, deverá o mandante ressarcir o mandatário por eventuais perdas e danos que tenha sofrido na execução do mandato (art. 678 do Código Civil vigente).

Se o mandato tiver sido outorgado por mais de uma pessoa, todos os mandantes são responsáveis, solidariamente, pelo pagamento da remuneração devida ao mandatário e pelo reembolso das despesas efetuadas, ressalvado o direito regressivo de uns contra os outros (art. 680 do Código Civil vigente).

O mandante somente se exonerará do adimplemento destas prestações caso comprove que o negócio não surtiu o efeito desejado por culpa do mandatário (art. 676 do Código Civil vigente).

Extinção do Contrato

O mandato pode se extinguir com a conclusão do negócio para o qual foi outorgado ou com o término do prazo, se assim foi estipulado. Estas seriam causas de extinção regular, pelo cumprimento do avençado, e estão previstas no art. 682, inciso IV do Código Civil vigente. As demais hipóteses de extinção, de caráter anormal, estão previstas no art. 682 do Código Civil vigente e são as seguintes:

a. *A revogação do mandato pelo mandante.* O mandante pode, a qualquer momento, ressalvados os direitos a que faz jus de remuneração e reembolso do mandatário, revogar o mandato outorgado. O mandato se baseia na confiança e se, por qualquer motivo, o mandante não tiver mais esta fidúcia, sequer precisará decliná-lo, simplesmente comunicará ao mandatário a revogação do mandato.

   A revogação pode ser expressa ou tácita, quando o mandante pratica atos incompatíveis com a outorga de poderes ao mandatário, como a constituição de novo procurador, a realização de negócios por sua própria conta, ou mesmo na hipótese prevista no art. 687 do Código Civil vigente, com a comunicação ao mandatário de que constituiu outrem como seu mandatário.

   Contudo, sem importar a forma de revogação, impõe-se ao mandante a obrigação de comunicar o mandatário, para que possa propor eventuais ações que possua contra este na salvaguarda de seus direitos (art. 686 do Código Civil vigente).

   Além disso, enquanto não for comunicado da revogação, o mandatário poderá continuar exercendo seus poderes e contratando com terceiros de boa-fé que também desconheçam a revogação, vinculando o mandante (art. 689 do Código Civil vigente).

   A comunicação efetuada somente ao procurador não surte efeito contra terceiros. Para que a revogação valha em relação aos terceiros é necessário que estes sejam comunicados pessoalmente (quando isto for possível), notificando-os que tal pessoa não mais exerce os poderes de seu procurador. Ou quando não for possível, devido às características do mandato, o mandante deverá fazer a comunicação publicamente, através da publicação de editais, para que possa se exonerar da alegação de desconhecimento efetuada por qualquer terceiro.

É possível estabelecer no contrato de mandato a cláusula de irrevogabilidade. Há três hipóteses possíveis:

a.1. Se houver cláusula pura e simples de irrevogabilidade, o mandante que a revogar responderá por perdas e danos, mas estará rompido o vínculo, uma vez que não se pode conceber um vínculo indissolúvel e eterno a tolher a liberdade contratual de alguém. Contudo, deverá arcar com os prejuízos que seu ato causar.

a.2. Se a cláusula tiver sido estipulada em favor do mandatário ou se for condição de um negócio bilateral, não poderá ser revogado o mandato com cláusula de irrevogabilidade.

Nestas hipóteses, previstas no art. 684 do Código Civil vigente como inovação, já que não constavam do Código Civil de 1916, o mandatário poderá exercer plenamente seus poderes até que deles renuncie ou o contrato se extinga pela execução do avençado ou por término do prazo contratual.

Outrossim, se para que o contrato fosse pactuado o mandatário impôs a condição de que não fosse revogado o mandato durante sua execução e o mandante aquiesceu com esta cláusula, não poderá revogá-lo. Contudo, não se nega que possa haver uma extinção do contrato neste caso por distrato, por inadimplemento ou por revisão judicial. Mas o mandante não pode revogá-lo pura e simplesmente, devendo haver uma causa jurídica fundamentada e comprovada para o rompimento do vínculo contratual.

a.3. Se for estipulado o mandato em causa própria. Neste caso, o mandante confere poderes ao mandatário para que conclua em seu nome, representando-o, um negócio consigo. Este é o caso, por exemplo, quando o mandante vende ao mandatário um imóvel e lhe outorga a procuração para que este lavre a escritura devida.

A revogação, neste caso, é vedade, pois importaria na desistência, antijurídica, de um outro contrato e, excepcionalmente, até que se concretize, não perderá eficácia, mesmo com a morte do mandante.

b. *A renúncia do mandato pelo mandatário.* Da mesma forma que o mandante pode revogar o mandato outorgado sem declinar a causa, salvo as exceções explicitadas, o mandatário pode renunciar, a qualquer tempo, ao encargo que assumiu.

O mandatário não precisa prestar contas, outrossim, dos motivos que o levaram à renúncia, seja ela onerosa ou gratuita. A única obrigação que se lhe impõe é de comunicar ao mandante, em tempo hábil, sua renúncia, para que este providencie sua substituição (art. 688 do Código Civil vigente).

Caso o mandante demonstre que o momento da renúncia foi inoportuno ou que não havia tempo hábil para constituir outro procurador, poderá exigir do mandatário indenização pelos prejuízos que haja sofrido.

Contudo, se o mandatário que renunciou demonstrar que lhe era vedado o substabelecimento (para que os negócios não ficassem sem administração) ou que se continuasse a exercer o mandato estaria sofrendo prejuízos ele próprio, exonerar-se-á deste dever de indenizar.

Caberá ao Poder Judiciário, no caso concreto, interpretar quando o mandatário poderia renunciar por risco de prejuízo próprio, posto que a dicção legal utiliza-se de termo equívoco (*prejuízo considerável*). Doutrina e jurisprudência, diante dos casos que ocorrerem, deverão estabelecer parâmetros do que venha a ser este prejuízo considerável.

c. *O falecimento do mandante ou do mandatário.* Caso faleça o mandante e este fato tenha sido levado a conhecimento do mandatário, como já nos referimos neste capítulo, caberá ao mandatário concluir os negócios urgentes, a fim de que não surjam prejuízos para o espólio do mandante.

Na hipótese de falecimento do mandatário, seus herdeiros, desde que conhecedores do contrato, deverão comunicar ao mandante imediatamente o ocorrido e tomar todas as providências necessárias para que as coisas do mandante não pereçam, conservando-as e concluindo os negócios pendentes que, por questões de urgência, pelo risco da situação, não possam esperar, de acordo com as circunstâncias.

Os herdeiros devem se restringir, portanto, às medidas acautelatórias, e o regime jurídico a eles aplicável, o que consideramos injusto, não é o de gestor de negócios, e sim, do mandato, razão pela qual devem agir com extrema diligência a fim de não causar prejuízos ao mandante (arts. 690 e 691 do Código Civil vigente).

d. *Extinção pela interdição de uma das partes.* A interdição consiste na perda da capacidade para a prática dos atos da vida civil. O Código Civil vigente resume-se a estatuir que a interdição é causa extintiva do mandato. Pois bem, mas como devem ser resolvidas as questões pendentes, seja pelos curadores do mandante ou do mandatário?

O Código Civil vigente não estatui as conseqüências além do término contratual. Porém, por analogia, entendemos que interditada uma das partes, seu curador provisório ou definitivo deverá agir como os herdeiros do mandante ou do mandatário.

Neste caso, sendo o mandante interditado, caberá ao mandatário concluir os negócios urgentes, a fim de que não surjam prejuízos para o patrimônio do mandante, agora administrado por seu curador, até que seja comunicado do fato e perante terceiros estabeleça-se que o mandante se tornou incapaz e que seu representante, agora legal, é o curador.

Caso o mandatário seja interditado, acreditamos que seu curador deverá tomar todas as medidas acautelatórias necessárias em relação às coisas e negócios do mandante, comunicando-lhe de imediato a incapacidade para que possa nomear novo procurador ou assumir pessoalmente a administração de seu patrimônio.

e. *Pela mudança de estado do mandante ou do mandatário.* Extingue-se o mandato pela mudança de estado que inabilite o mandante a conferir poderes e ao mandatário. Parece-nos um pouco ociosa esta previsão, em face do previsto no dispositivo legal anterior (art. 682, inciso II), referente à interdição.

A interdição nada mais é que o reconhecimento judicial de uma mudança de estado civil, de capacidade para incapacidade. Portanto, o reconhecimento oficial e suas conseqüências previstas já bastariam.

De toda forma, esta previsão pode ser aplicada a casos contrários, ou seja, de quando o menor absolutamente incapaz adquire capacidade relativa e deixa de ser representado, mas assistido por seu representante legal, e quando o menor relativamente incapaz se torna capaz para os atos da vida civil, deixando de necessitar de representação ou assistência.

Comissão

Definição e Características

O contrato de comissão caracteriza-se pela aquisição ou venda de bens realizada por uma pessoa (comissário), em nome próprio, obrigando-se perante terceiros, mas por determinação e orientação de outrem (comitente), que irá remunerá-lo por esta intermediação.

Consiste, portanto, em um misto de intermediação com prestação de serviços.

O contrato de comissão, apesar de ter sido inserido no Código Civil vigente e não constar no Código Civil de 1916, não é um instituto novo. Trata-se de um instituto de uso antiqüíssimo e que estava, outrossim, disciplinado pelo Código Comercial, em seus arts. 165 a 190. Com a unificação do direito das obrigações e dos contratos, o Código Civil passou a disciplinar a matéria.

O Código Civil vigente trata do contrato de comissão de forma mais restrita que o Código Comercial o fazia, posto que neste diploma qualquer ato negocial poderia ser praticado pelo comissário. Já diante do Código Civil vigente, art. 695, o objeto de um contrato de comissão é somente a compra e venda.

Quanto às principais características, a comissão é um contrato bilateral e oneroso, posto que sempre deverá ser remunerado (art. 701 e art. 702 do Código Civil vigente). Isto já o difere do contrato de mandato, que apesar das semelhanças poderá ser gratuito ou oneroso.

A comissão é um contrato personalíssimo *(intuitu personae)*, ou seja, o comitente escolhe seu comissário sempre tendo em consideração a sua pessoa, sua idoneidade, sua capacidade comercial, neste caso.

É um contrato que se reputa perfeito apenas pela manifestação do consenso entre as partes. O comissário, que intermedia os contratos de compra e venda responsabiliza-se pessoalmente, age sob direção do comitente, mas por conta própria, não sabendo o terceiro das ordens do comitente, salvo quando, excepcionalmente, isto restar consignado.

Como o comissário age por conta própria e o contrato de comissão prevê a responsabilidade em regra geral do comissário pelas aquisições ou vendas efetuadas, encontramos as diferenças com o mandato. Este também possui um caráter de intermediação, mas, sem finalidade mercantil e o mandatário não se compromete, de regra geral, em nome próprio.

O objeto do mandato é muito amplo, pode ser qualquer negócio jurídico, até mesmo a representação judicial. Já o objeto da comissão foi reduzido à compra e venda.

Entretanto, como ambos tratam de contratos onde há representação e intermediação nas relações jurídicas, o art. 709 do Código Civil vigente dispõe expressamente que as regras sobre mandato cabíveis serão aplicadas à representação. Já nos casos de omissão legal ou contratual, as disposições sobre o contrato de comissão determinam a apuração dos usos ou práticas comuns.

Considerando que o comissário age em nome próprio, quaisquer demandas que surgirem serão entre o comissário e os terceiros, nunca envolvendo o comitente, seja no pólo ativo, seja no pólo passivo dessas demandas. O comitente somente será obrigado ou terá direitos em face de terceiros, se o comissário lhe ceder seus direitos. Do mesmo modo, se o comissário ceder seus direitos aos terceiros, somente nesta hipótese estes terão direitos contra o comitente.

Conclui-se, licitamente, que apenas em casos excepcionais haverá direitos ou obrigações entre o comitente e os terceiros obrigados, posto que o comissário é que se obriga perante os adquirentes ou vendedores (art. 694 do Código Civil vigente).

Todavia, as obrigações do comitente são restritas aos negócios jurídicos que este celebra. O comitente não se responsabiliza pela solvência do contratado, exceto se agir com culpa (art. 697 do Código Civil vigente).

Comissão *Del Credere*

A comissão *del credere* é uma espécie de contrato de comissão na qual o comissário tem sua responsabilidade aumentada. Além de responder pelas obrigações contratadas diretamente, o comissário, pela inserção da cláusula *del credere* responde, outrossim, pela solvabilidade do terceiro com quem contratou.

A cláusula *del credere* não se confunde com fiança ou mesmo com aval. A obrigação do comissário torna-se solidária à obrigação do terceiro. Assim, se o terceiro for insolvente, o comitente poderá acionar o comissário e dele obter a coisa ou a quantia devida.

Ao comissário restará tão somente, em face da solidariedade, um direito de regresso contra o terceiro insolvente. Há necessidade de cláusula contratual, mas a solidariedade é prevista legalmente, como pressuposto, já que nunca pode ser presumida. Por esta razão, a cláusula que impõe esta solidariedade deve ser muito clara entre as partes.

Aduz-se que a estipulação desta cláusula torna o comissário mais diligente na escolha dos terceiros com quem vai negociar, podendo até investigar melhor as condições financeiras destes, posto que se estes se tornarem insolventes será acionado pelo comitente para arcar com o resultado do negócio jurídico.

Em razão do ônus e do risco, que claramente é maior, como prevê o art. 698 do Código Civil vigente, que a comissão a ser paga ao comissionário, ou seja, sua retribuição deverá ser proporcionalmente maior. Contudo, poderá ser expressamente pactuada cláusula em sentido contrário.

Direitos e Obrigações Contratuais

O comitente pode exigir como direitos seus que o comissário cumpra com os seguintes deveres ou obrigações:

a. *Agir conforme suas ordens e instruções* – Apesar de obrigar-se em nome próprio, o comissário é um intermediário, ficando, portanto, subordinado às ordens do comitente. Caso este não lhe tenha dado ordens expressas a respeito de determinado aspecto, deverá agir de acordo com os usos em situações semelhantes.

   Mesmo que ao comissário seja possível buscar instruções, se a demora for prejudicial, este não poderá ser responsabilizado por ela, tendo agido de acordo com os costumes e obtido vantagem para o comitente (art. 695 do Código Civil vigente).
b. *Exigir que o comissário responda pelos prejuízos sofridos* – O comissário é obrigado a agir com diligência e cuidado (art. 696 do Código Civil vigente) para não causar prejuízos ao comitente e proporcionar-lhe o lucro usual das operações. Outrossim, responderá pelas avarias ou diminuição das mercadorias se não comunicar ao comitente as ocorrências. Somente se escusará de responsabilidade por qualquer prejuízo se comprovar motivo de força maior.
c. *Não responder perante terceiros pelas obrigações* – Como já exposto no item anterior, a grande vantagem da comissão para o comitente é exatamente que este não realiza os negócios pessoalmente e não responde perante terceiros, o que deverá fazer apenas se tiver havido cessão de crédito. A *contrario sensu*, se for efetuada a cessão de crédito, o comitente poderá acionar os terceiros, por sub-rogação nos direitos do comissário.
d. *Reaver em caso de falência mercadorias e valores* – Em caso de falência do comissário, o comitente poderá reaver todas as mercadorias que estiverem em poder do comissário e cobrar e receber diretamente dos terceiros, em verdadeira sub-rogação, as mercadorias vendidas, mas ainda não pagas.

e. *Alterar as ordens e instruções passadas ao comissário* – É lícito ao comitente mudar de orientação e alterar as instruções que passou ao comissário, valendo estas para o futuro e para os negócios pendentes, ressalvada qualquer exceção feita contratualmente.
f. *Receber os juros devidos* – Receber os juros devidos pelo comissário em caso de mora na entrega dos bens e valores ao comitente.

São direitos do comissário, provenientes de deveres do comitente:

a. *Receber a remuneração* – Receber a remuneração devida, estipulada contratualmente ou nas bases em que os usos locais determinarem (art. 701 do Código Civil vigente).
b. *Fornecer fundos ou ressarcir as despesas efetuadas* – O comitente tem a obrigação de fornecer ao comissário os fundos necessários para que sejam pagas as despesas ordinárias da espécie de negócio jurídico que está sendo realizado. Caso o comitente não as tenha adiantado, o comissário as adiantará, mas receberá as despesas que efetuou com juros contados desde a data do desembolso (art. 706 do Código Civil vigente).
c. *Conceder dilação no prazo de pagamento* – Considera-se que o comissário tem poderes para autorizar dilação ou modificação nos prazos de pagamento se não houver disposição diversa em sentido contrário no contrato. Se esta dilação for contrária aos usos locais ou houver instruções expressas em sentido contrário pelo comitente, o comissário deverá pagar imediatamente o valor ou responder pelas conseqüências da dilação e eventual mora. Neste caso, pela conduta do comissário praticamente ele se torna um comissário *del credere*, por força não do contrato, mas de disposição legal.
d. *Direito de retenção* – Caso o comitente não efetue o pagamento das comissões devidas nem das despesas efetuadas, o comissário poderá reter as coisas ou valores que estiverem em sua posse em razão da comissão, para que possa ser reembolsado do que lhe é devido, seja a remuneração, sejam as despesas ordinárias da negociação, ou ambas (art. 708 do Código Civil vigente).
e. *Gozar de privilégio geral em caso de falência* – Em caso de falência ou insolvência civil do comitente, os créditos do comissário, sejam rela-

tivos à remuneração, sejam relativos ao adiantamento de despesas, gozarão de privilégio geral.

Extinção do Contrato

Como a disciplina do contrato de comissão não prevê suas hipóteses de extinção anômalas, mas prevê que são aplicáveis à comissão as regras do depósito no que couber, temos que as hipóteses de extinção, excetuadas a revogação e a renúncia, seriam as mesmas do contrato de mandato.

Assim, são causas de extinção da comissão:

a. Dispensa com ou sem justa causa (arts. 703 e 705 do Código Civil vigente) – Se o comissário for dispensado com justa causa, tem direito à remuneração a que faz jus pelos serviços prestados, descontados, entretanto, os prejuízos a que sua conduta possa ter dado causa.

Se o comissário for dispensado sem justa causa, fará jus à remuneração pelos trabalhos até então prestados, acrescida de uma indenização por perdas e danos decorrentes de sua dispensa.

b. Morte do comitente ou do comissário – Em caso de morte do comissário, mesmo que antes de concluído o negócio, será devida pelo comitente remuneração proporcional aos trabalhos realizados.

Já em caso de morte do comitente, assim que dela souber, o comissário deve agir como o mandatário, concluir os negócios urgentes e prestar contas aos herdeiros, devolvendo-lhes as verbas e as mercadorias, bem como recebendo a comissão proporcional e o reembolso das despesas efetuadas.

c. Interdição ou perda da capacidade de qualquer uma das partes – Caso o comitente seja interditado, ficará o comissário adstrito a finalizar os negócios pendentes, receber as quantias devolvidas, tomar as medidas acautelatórias e ao final prestar contas, recebendo o que lhe for devido.

Caso o comissário seja interditado, terá seu representante legal o dever de restituir tudo o que for de propriedade do comitente e receber os valores devidos pelo serviço prestado, proporcionalmente.

Agência e Distribuição

Definição e Características

Os contratos de agência e distribuição são complementares e derivados da prática negocial. Não estavam previstos no Código Civil de 1916 nem no Código Comercial, mas em duas leis esparsas, a Lei Federal 4.886/1965 e a Lei Federal 6.729/1979, ambas com as devidas modificações promovidas por leis posteriores.

Na sua empreitada de unificar as obrigações civis e mercantis, o Código Civil vigente passou a dispor da agência e da distribuição nos arts. 710 a 721, sem, contudo, esgotar a matéria ou expressamente revogar as disposições constantes das leis específicas.

Assim, as disposições constantes do Código Civil vigente disciplinam os aspectos mais gerais da matéria, deixando a cargo da legislação que lhe era preexistente as relações entre o agente e o agenciado, que não tem caráter empregatício, mas são submetidas, por exemplo, a aviso prévio.

Sem prejuízo da aplicação das leis especiais e do Código Civil vigente, as disposições sobre mandato e comissão poderão ser fonte supletiva de direito a regrar essas relações (art. 721 do Código Civil vigente).

Podemos definir como contrato de agência aquele pelo qual uma pessoa física ou jurídica, sem vínculo empregatício, se empenha, em caráter não eventual, a mediar para uma ou mais pessoas na realização de negócios jurídicos, promovendo produtos e serviços, recebendo propostas e pedidos, para transmiti-los aos representantes, que irão concluir o negócio.

Caso o agente tenha consigo a coisa para revenda direta, caracterizar-se-á distribuição. Portanto, além de promover o produto e captar os pedidos, o distribuidor também concretiza o negócio jurídico.

Por esta razão, afirmamos que os dois contratos podem ter caráter complementar ou coligado, posto que agência e distribuição combinadas resultam na concretização do negócio jurídico pelo agente ou distribuidor, gerando uma mais valia para aquele que produz ou fornece o serviço.

Como características, o contrato de agência e distribuição é bilateral, já que há obrigações para ambas as partes, e oneroso, posto que as partes auferem as vantagens, uma pela concretização do negócio, a outra pela remuneração percebida no cumprimento do contrato.

Outrossim, é um contrato de trato sucessivo (prestações periódicas), personalíssimo (*intuitu personae*) que se forma somente pela manifestação do consenso das partes, sendo, destarte, um contrato consensual.

Quanto à forma, não lhe é imposta a forma escrita. Porém, se adotar a forma escrita, a Lei Federal 4.886/1965, com as modificações introduzidas pela Lei Federal 8.420/1992, exige uma série de requisitos que devem constar do contrato, ao que se constata no art. 27:

> *"Do contrato de representação comercial, além dos elementos comuns e outros a juízo dos interessados, constarão obrigatoriamente:*
>
> *a. condições e requisitos gerais da representação;*
> *b. indicação genérica ou específica dos produtos ou artigos objeto da representação;*
> *c. prazo certo ou indeterminado da representação;*
> *d. indicação da zona ou zonas em que será exercida a representação;*
> *e. garantia ou não, parcial ou total, ou por certo prazo, da exclusividade de zona ou setor de zona;*
> *f. retribuição e época do pagamento, pelo exercício da representação, dependente da efetiva realização dos negócios, e recebimento, ou não, pelo representado, dos valores respectivos;*
> *g. os casos em que se justifique a restrição de zona concedida com exclusividade;*
> *h. obrigações e responsabilidades das partes contratantes:*
> *i. exercício exclusivo ou não da representação a favor do representado;*
> *j. indenização devida ao representante pela rescisão do contrato fora dos casos previstos no art. 35, cujo montante não*

> *poderá ser inferior a 1/12 (um doze avos) do total da retribuição auferida durante o tempo em que exerceu a representação."*

Veja-se o quão paradoxal é a disciplina da agência que permite uma total ausência de solenidade e, ao mesmo tempo, se escolhido tomar a termo o contrato, impõe-lhe uma série de exigências.

O agente é profissional e é um representante cuja inscrição legal se faz nos termos da Lei Federal 4.886/1965, nos órgãos competentes. Deve exercer essa representação de forma profissional, habitual, porém autônoma, sem vínculo empregatício com o representado.

É necessário, outrossim, que haja uma delimitação de uma zona para a atuação do representante e que esta área geográfica lhe seja garantida como de exploração exclusiva para promover o produto ou o serviço e conseguir que o proponente se obrigue por conta própria ou, se estiver realizando a distribuição, venda os produtos diretamente.

Direitos e Deveres Oriundos do Contrato

O representante tem a obrigação de cumprir o avençado, promovendo a conclusão do contrato, prestar as informações necessárias, promover os produtos, agir de acordo com as instruções recebidas e não conceder abatimentos, descontos, dilações ou quaisquer modificações de preço sem o consentimento expresso do representado.

O representante tem direito a certas faculdades e retribuições que obrigam o proponente ou representado:

a. *Exclusividade* – O proponente não pode estabelecer mais de um agente na mesma zona com idêntica incumbência (art. 711 do Código Civil vigente).
b. *Remuneração* – Tendo o contrato sido concluído em sua área de atuação, com ou sem sua intervenção, o agente ou representante tem direito à remuneração (art. 714 do Código Civil vigente). Terá direito, outrossim, à sua remuneração, o agente que diligenciou de todas as formas possíveis e o contrato somente não foi celebrado por fato im-

putável ao proponente (art. 716 do Código Civil vigente). Este deverá arcar com as conseqüências de sua desistência imotivada, pagando ao agente o que seria devido se o contrato tivesse sido celebrado.

c. *Indenização* – O agente ou distribuidor tem direito a ter seus pedidos atendidos. Caso sem justa causa o representado cessar o atendimento das propostas ou diminuí-lo de forma que torne o contrato inexeqüível, deverá indenizar o agente ou o distribuidor prejudicado.

d. *Liberdade de ação* – Como o agente ou distribuidor é autônomo, tem liberdade de atuar licitamente na promoção dos negócios jurídicos, contratando, se necessário, subagentes, que quedarão sob sua responsabilidade.

O representado pode exigir que o representante, em contrapartida:

a. Exerça sua atividade conforme as instruções recebidas, tendo o dever de agir com cautela e diligência, mas que consiga os negócios em favor do representado como se comprometeu a fazê-lo.

b. Mantenha o representado informado com relação à situação de mercado dos produtos ou serviços que promove, como condições, clientela, concorrência e andamento dos negócios.

c. Diligencie para que as mercadorias sejam entregues à clientela.

d. Mantenha sigilo sobre as atividades relativas à representação (art. 19, *d* da Lei Federal 4.886/1965).

e. Pague as despesas de agência ou distribuição, salvo cláusula expressa em sentido contrário (art. 713 do Código Civil vigente).

f. Preste contas de suas atividades, apesar de sua liberdade de atuação (art. 19, *e* da Lei Federal 4.886/1965).

Por fim, o representado pode despedir o representante com ou sem justa causa. Ainda que o representante tenha concorrido com justa causa para sua dispensa, sua remuneração deverá levar em conta os serviços prestados e que concluídos ou não de alguma forma aproveitaram ao representado. Em contrapartida, o representado poderá exigir do representante as perdas e danos que este causou (art. 717 do Código Civil vigente).

As hipóteses de justa causa estão previstas no art. 35 da Lei Federal 4886/1965: a desídia do representante no cumprimento das obrigações decorrentes do contrato; a prática de atos que importem em descrédito comercial do representado; a falta de cumprimento de quaisquer obrigações inerentes ao contrato de representação comercial e a condenação definitiva por crime considerado infamante.

A força maior também é prevista como uma justa causa para a rescisão contratual no artigo citado da Lei Federal. Contudo, dispõe o art. 719 do Código Civil vigente que se o agente não puder dar continuidade ao trabalho por força maior, ele ou seus herdeiros terão direito à remuneração correspondente.

Se o representante for despedido sem justa causa, tem direito à remuneração pelos contratos concluídos, pelos contratos pendentes (art. 718 do Código Civil vigente) e, salvo outra garantia prevista no contrato, à concessão de pré-aviso, com antecedência mínima de trinta dias, ou ao pagamento de importância igual a um terço (1/3) das comissões auferidas pelo representante, nos três meses anteriores (art. 34 da Lei Federal 4.886/1965).

Se o contrato tiver prazo indeterminado, dispõe o Código Civil vigente em seu art. 720 que o prazo do aviso prévio deve ser de noventa dias, desde que este seja compatível com a natureza do negócio e o vulto dos investimentos do agente.

Formas de Extinção

O contrato de agência ou distribuição extingue-se:

a. Quando for previsto por prazo determinado com o decurso do prazo, desde que não haja renovação.
b. Pela resilição unilateral por qualquer uma das partes, com aviso prévio de no mínimo noventa dias ou por prazo arbitrado como necessário para o ressarcimento e condizente com a natureza e o vulto do investimento do agente.
c. Pela inexecução contratual que possibilite sua resolução, conforme os arts. 35 e 36 da lei especial.

Corretagem

Definição e Características

Corretagem é o contrato pelo qual uma pessoa, não ligada a outra por vínculo empregatício, prestação de serviços, mandato ou qualquer outra relação de dependência, obriga-se a obter para outrem um ou mais negócios, conforme as instruções recebidas. O corretor é um mediador que exerce a função de captar negócios para outrem.

A corretagem é uma praxe negocial de longa data, utilizada nas relações negociais no direito pátrio. Contudo, não era prevista de forma sistemática nem no Código Civil de 1916 nem no Código Comercial.

Há, a respeito, vasta legislação esparsa que continua em vigor e disciplina certas espécies de corretagem, como, por exemplo, o corretor de imóveis (Lei Federal 6.530/1978) ou o corretor de valores (Lei Federal 4.726/1965, Lei Federal 6.385/1976 e Lei Federal 6.404/1976).

Contudo, até como lei posterior, o regramento geral da matéria acabou fixado pelos arts. 722 a 729 do Código Civil vigente. Mas o próprio art. 729 do Código Civil vigente dispõe que ficam mantidas as normas da legislação especial.

Como características deste contrato de corretagem, o mesmo é bilateral, posto que há obrigações recíprocas (de mediação do corretor e de remuneração do contratante). É oneroso, posto que ambas as partes auferem vantagens, o representado ou comitente pela conclusão do negócio jurídico e o corretor por sua porcentagem no negócio jurídico realizado.

É um contrato aleatório, sendo o risco todo suportado pelo corretor, uma vez que se este não conseguir nenhuma aproximação comercial entre o terceiro e o comitente, não receberá nenhuma remuneração, enquanto o comitente não sofrerá nenhum prejuízo. Desta forma, como a álea somente é ônus do corretor, o contrato tem de ser tido como aleatório.

É um contrato não solene, não se exigindo forma especial. É consensual, porque se aperfeiçoa com o acordo de vontades. É interessante notar que qualquer contrato lícito pode ser objeto de corretagem.

Portanto, sendo o matrimônio lícito, as agências que pretendem aproximar duas pessoas que busquem um cônjuge exercem uma atividade de corretagem, plenamente lícita e possível.

A remuneração devida ao corretor, que é variável e depende da conclusão do negócio jurídico, pode estar fixada em lei, ser ajustada entre as partes ou, na falta das duas disposições prévias, será determinada de acordo com o costume do lugar. Se mais de um corretor concorrer para a mediação, a remuneração será dividida em partes iguais, salvo disposição em contrário.

Ainda sobre a remuneração do corretor, deve-se ressaltar que este recebe remuneração pelos contratos que consegue para o comitente. Caso, então, comitente e terceiro, por força da mediação estejam prestes a celebrar o contrato, mas acabem exercendo seu direito de arrependimento, a remuneração do corretor será devida, posto que o objetivo do corretor, que era encontrar o parceiro negocial, efetivou-se (arts. 723 e 725 do Código Civil vigente).

O corretor, por fim, terá direito à remuneração mesmo que as partes contratem diretamente, desde que não se comprove sua total inércia e que haja exclusividade de corretagem, atribuindo-lhe a remuneração, ainda que não tenha mediado o negócio final.

Direitos e Deveres Contratuais

O corretor, como todos aqueles que contratam ou intermedeiam os contratos de terceiros, deve agir com diligência, prestando informações ao cliente sobre o andamento dos negócios.

Ademais, deve o corretor prestar ao cliente todas as informações sobre os riscos do contrato que pretende celebrar, das possíveis alterações e flutuações de mercado que possam influir na decisão do seu cliente. Caso tenha estas informações e furte-se a prestá-las, responderá por perdas e danos.

Os corretores oficiais devem providenciar a matrícula no órgão respectivo de supervisão, prestar fiança e garantir a veracidade da firma, documentos e papéis de crédito que negocia, em virtude de possuírem fé pública.

Em contrapartida, é garantido aos corretores perceberem a remuneração devida, como já descrito no item anterior; intervir nas transações e operações mercantis que estejam mediando e não ser responsabilizados pela execução do negócio que fica a cargo do comitente e do terceiro.

Em se tratando de corretor de navios, este poderá fazer a tradução dos documentos alfandegários necessários ao desembaraço, devendo estes ser aceitos em virtude de sua fé pública. E, no caso de qualquer corretor oficial, este deverá expedir certidão do que constar em seus registros.

Espécies de Corretores

Há duas espécies de corretores, os oficiais e os livres. O fato de haver lei específica regulamentando esta ou aquela espécie de corretagem não diferencia as espécies. Todos os corretores oficiais têm previsão de direitos e deveres em lei. Já algumas espécies de corretores livres, como os corretores de imóveis, possuem cadastro e disciplina legal.

A diferença reside no fato de que o corretor oficial é revestido de um ofício ou *múnus* público e seus atos gozam de fé pública. Já os corretores livres são particulares e exercem sua profissão independentemente de designação oficial, intermediando de forma contínua os negócios jurídicos. Inscrições em órgãos de classe, como no caso dos corretores de imóveis, não se confundem com a atividade pública, posto que, apesar da inscrição, continuam exercendo atividade particular.

Como exemplos de corretores oficiais temos: os de fundos públicos, de mercadorias, de navios; de operação de câmbio, de seguros e de valores.

Já corretores livres seriam: os de espetáculos públicos e diversos; de empréstimo de obras de arte; de automóveis; de pedras preciosas; de publicidade; de serviços; de trabalho em geral ou de trabalho especializado (agências de emprego ou recolocação profissional); de artistas; de desportistas profissionais; de conferencistas e de bens imóveis.

Extinção do Contrato

Extingue-se o contrato de corretagem:

a. Pela conclusão do negócio. Sendo bem-sucedida a mediação e celebrado o negócio jurídico, com a respectiva remuneração do corretor, há a extinção regular do contrato.
b. Por decurso de prazo. Se o contrato de corretagem tiver prazo determinado, findo este, apuram-se os haveres e deveres de cada parte, considerando-se que pode haver contratos pendentes de celebração captados pelo corretor, extinguindo-se de pleno direito o vínculo (art. 727 do Código Civil vigente).
c. Pela realização de distrato, havendo desinteresse de ambas as partes na continuação do negócio, prevendo o período em que ainda permanecerá o dever de mediar, para quais contratos e o quanto será devido.
d. Pela renúncia do corretor ou pela revogação do comitente, casos estes de resilição unilateral, uma vez que se trata de contrato onde é muito importante a confiança das partes. Porém, como sempre, devem ser respeitados os negócios nos quais o corretor realizou mediação e apenas estão pendentes de celebração.
e. Por morte do corretor ou do comitente.

Transporte

Definição e Características Gerais

O contrato de transporte, diuturnamente praticado, de há muito incorporado à praxe contratual, nunca foi disciplinado de forma sistemática em nosso ordenamento jurídico.

O Código Comercial cuidou, na verdade, de transportadores e não do contrato de transporte propriamente dito, ao dispor nos arts. 99 a 118 sobre os *condutores de gênero* e sobre os *comissários de transporte*.

O Código Civil de 1916 nada dispunha a respeito da matéria. A razão que se invoca para este absenteísmo legal é histórica. Formulados no século XIX e no alvorecer do século XX, esses Códigos não poderiam prever a disciplina legal de um instituto que não alcançava relevância jurídica, diante da incipiência dos transportes nesse período histórico.

No silêncio das duas principais codificações legislativas, o contrato de transporte sujeitava-se aos usos e costumes e às disposições legislativas esparsas. A principal delas é o Decreto 2.681 de 7 de dezembro de 1912, que dispõe sobre a responsabilidade civil das estradas de ferro no transporte de coisas e pessoas. À falta de legislação específica, por analogia, foi utilizada amplamente a legislação existente supracitada, com respaldo do Supremo Tribunal Federal, para regular a responsabilidade dos transportes efetuados, através, por exemplo, de ônibus.

Com o advento do Código Civil vigente e de seus arts. 730 a 756 foi sistematizada, ao menos de forma geral, a disciplina dos contratos de transporte, sem que, contudo, se afastasse a aplicabilidade de normas específicas (portanto, o decreto supra-referido, naquilo que não contraria o Código Civil vigente, continua em vigor), bem como os tratados e convenções internacionais (art. 732 do Código Civil vigente).

A menção aos tratados e convenções internacionais é expressa em razão da disciplina do transporte aéreo internacional que assumiu muita importância na segunda metade do século XX, razão pela qual, no intercâmbio internacional de bens e passageiros, fez-se necessário uniformizar as práticas, o que ocorreu com a Convenção de Varsóvia.

Analisando o Código Civil vigente, temos que o contrato de transporte é aquele pelo qual alguém, mediante remuneração (denominada frete em caso de mercadorias e passagem em caso de pessoas), compromete-se a levar uma pessoa ou coisas de um local ao destino aprazado.

Faz-se necessário ressaltar que o transporte é atividade exercida mediante autorização, permissão ou comissão, dependendo do caso concreto. Além de se submeter às normas do Código Civil vigente, obedece às regras de direito público aplicáveis e às normas reguladoras expedidas pela autoridade competente (art. 731 do Código Civil vigente).

O contrato de transporte é bilateral, posto que gera obrigações para ambas as partes. E oneroso porque ambas as partes recebem vantagens recíprocas: o contratante ou suas mercadorias chegam a seu destino e o transportador recebe uma remuneração pelos serviços prestados.

Contudo, excepcionalmente, o contrato de transporte pode ser gratuito, quando se transporta um amigo ou um objeto a pedido de alguém, de forma não profissional e sem nada exigir como retribuição.

É um contrato comutativo, pelo qual ambas as partes sofrem riscos proporcionais e forma-se somente pelo consenso, ou seja, pelo acordo de vontades.

Quaisquer papéis emitidos como conhecimento de transporte, passagens, entre outros, servem de prova da existência do contrato que se perfaz independentemente da existência destes.

Podemos classificar o transporte em relação ao objeto do contrato em transporte de coisas ou de pessoas. Esta foi a classificação adotada pelo Código Civil vigente, que trata em duas seções distintas destas espécies de transportes, razão pela qual usaremos da exegese das disposições legais para análise deste contrato.

Outrossim, considerando o meio utilizado, o transporte pode ser terrestre, aquático (marítimo ou fluvial) ou aéreo. Destes três meios de transporte, o que contém características mais específicas é o transporte aéreo, visto que regulado por convenções internacionais, como já expusemos.

O contrato de transporte pode ser principal ou acessório. Quando se tratar de transporte de pessoas, sem dúvida trata-se de um contrato principal. E o transporte de pessoas tem implícita a possibilidade de transporte concomitante da bagagem do viajante. Neste caso, o transporte da bagagem não se constitui em novo contrato, podendo, contudo, o transportador, levando em conta seu meio de transporte, impor limites e taxas para excessos de bagagem.

Já o contrato de transporte de coisas ou objetos poderá ser principal ou acessório. Muitas vezes pactua-se o transporte como acessório da compra e venda. Porém, o transporte pode ser contratado como único objeto e ser um contrato principal.

Transporte de Pessoas

Pelo transporte de pessoas entende-se a obrigação que o transportador assume de levar um indivíduo e eventualmente sua bagagem de um local a outro, de forma que chegue a seu destino de modo íntegro, mediante o pagamento de uma remuneração.

O transportador tem responsabilidade por danos causados à pessoa ou à sua bagagem e não pode estabelecer cláusula de não indenizar. Qualquer cláusula neste sentido será tida como não escrita (arts. 734 a 736 do Código Civil vigente).

Pode o transportador exigir uma declaração do conteúdo da bagagem, inclusive, para fins de fixação de uma eventual indenização por danos causados.

Os danos causados sempre serão arcados pelo transportador, mesmo que a culpa pelo acidente ou prejuízo seja de terceiro. É uma forma de responsabilidade objetiva que se estabeleceu para o transportador desde o citado decreto que fixou as bases da responsabilidade do transporte ferroviário.

Como referido, a jurisprudência e a doutrina aplicavam subsidiariamente, antes do advento do Código Civil vigente, as regras do decreto, portanto, havendo, desde há muito, consenso de que a responsabilidade do transportador é uma espécie de responsabilidade objetiva, bastando comprovar-se o nexo causal entre o transporte e o dano, sem necessidade de demonstração de culpa do transportador.

Haverá culpa concorrente, entre transportador e passageiro, quando este desrespeitar as normas regulamentares do serviço de transporte (art. 738 do Código Civil vigente). Como serviço submetido permitido, autorizado ou concedido, o poder público impõe em prol do bem comum certas condutas e restrições, como, por exemplo, a proibição de não fumar, de não dirigir a palavra ao condutor do transporte (para que a atenção deste não se desvie), e de não carregar consigo objetos de grandes dimensões, entre outras várias regulamentações existentes.

Se, contudo, o passageiro desrespeitar estas normas regulamentares, não se exime o transportador da culpa, mas o seu dever de indenizar será aquilatado levando em consideração o quanto a vítima concorreu para a ocorrência do dano.

Somente se exonerará o transportador na ocorrência de força maior, ou se estiver realizando o contrato de forma gratuita, ou seja, por amizade ou cortesia. No caso de transporte de cortesia, conhecido popularmente como "carona", o realizador do transporte não responderá como o transportador, de forma objetiva. Contudo, não se exime de qualquer responsabilidade.

A diferença reside no fato de que no transporte por cortesia, aquele que sofreu algum prejuízo ou dano, ou seus descendentes deverão provar a culpa daquele que conduzia a pessoa ou a coisa. Comprovado que agiu com dolo ou culpa, terá o dever de indenizar. Portanto, a exceção do transporte gratuito não é uma disposição legal de não indenizar, apenas uma imposição de demonstração de responsabilidade subjetiva.

Além da obrigação de indenizar, o transportador tem outros deveres decorrentes do contrato de transporte. Salvo motivo de força maior, o transportador deve obedecer aos horários e itinerários estabelecidos, respondendo por perdas e danos (art. 737 do Código Civil vigente). Muito comum nos transportes aéreos é a questão do *overbooking*, ou seja, a alocação de mais passageiros do que a aeronave comporta para um determinado horário e itinerário, gerando inclusive, sob a Convenção de Varsóvia, dever de indenizar.

Infelizmente, mais difícil de controlar e exigir indenização se torna nos transportes regulares urbanos. Quando se trata de transporte de distância mais longa, intermunicipal, interestadual ou até fora das fronteiras do país, mesmo que seja terrestre, o controle de horários e itinerários por compra de passagem antecipada é mais facilmente exercido e deveria ser submetido a rigoroso escrutínio do dever de indenizar, especialmente quando desrespeitados os horários em épocas de maior procura do serviço (férias, feriados, datas comemorativas, festas nacionais, entre outras).

O transportador, outrossim, não pode recusar passageiros, realizar discriminações infundadas, salvo o disposto nas normas regulamentares (art. 739 do Código Civil vigente). O transportador somente poderá se recusar a transportar o passageiro de acordo com as normas regulamentares, por exemplo, se o passageiro se recusar a parar de fumar no interior do veículo; se quiser utilizar aparelhos eletrônicos que comprometem, em certos momentos, a segurança do vôo no transporte aéreo; quando a inclusão de mais passageiros exceder a capacidade do veículo de transporte, entre outras situações.

A segunda hipótese na qual o transportador poderá se recusar a transportar o passageiro funda-se no fato de este se encontrar em condições de saúde ou higiene incompatíveis. Assim, se o passageiro se encontra enfermo, o máximo que o transportador pode conceder é o transporte a um hospital ou clínica de atendimento. Caso contrário, não se pode pôr em risco uma coletividade de passageiros pelo estado de saúde de outrem que queira se servir do transporte.

Outrossim, o passageiro precisa se apresentar em condições mínimas de higiene para que seja transportado. Não se trata de exigência de trajes especiais ou extraordinários, mas do mínimo de asseio necessário, posto que novamente prevalece o interesse da coletividade sobre o interesse individual.

Ainda como dever do transportador, este deve levar o passageiro até seu destino, mesmo que fatos imprevisíveis ocorram e deva servir-se de outros meios (art. 741 do Código Civil vigente). Assim, se houver problemas com o veículo, aeronave ou embarcação utilizados, estes deverão ser substituídos por outro da mesma espécie ou de outra espécie ou categoria, desde que haja anuência do passageiro.

Até que seja providenciado meio de transporte igual ou equivalente, pode transcorrer um lapso de tempo considerável. Então, arcará o transportador com as despesas de alimentação do passageiro e de hospedagem, caso esta se faça necessária, no período indispensável à disponibilização de outro meio de transporte para que a viagem continue.

Diante de tantos deveres, o transportador tem direito a receber do passageiro a remuneração devida, em geral, antecipadamente (art. 742 do Código Civil vigente). Caso tenha sido pactuado que o pagamento do transporte deve ser efetuado ao final do contratado, ou seja, quando o passageiro tiver chegado ao seu destino e este não adimplir sua prestação, o transportador terá direito de retenção das bagagens e pertences do passageiro para se garantir do efetivo pagamento do transporte.

O passageiro tem direito, outrossim, ao arrependimento, de rescisão do contrato, sendo-lhe garantido o valor da passagem desde que a comunicação ao transportador tenha sido feita em tempo hábil para que este a renegocie (art. 740 e parágrafos do Código Civil vigente).

Renegociando ou não a passagem, o arrependimento custará ao passageiro a retenção, sempre, de até 5% (cinco por cento) do valor estipulado para o transporte, a título de multa compensatória.

Se outra pessoa puder ser transportada no lugar do passageiro desistente, este terá direito à devolução do valor do bilhete não utilizado. Caso o transportador, por falta de embarque do passageiro, não consiga transportar outrem, o passageiro perderá o direito de indenização por qualquer despesa feita com a compra do bilhete.

O passageiro poderá desistir durante o transporte, inclusive, mas somente terá direito a indenização pelo trecho que não percorreu se comprovar que o transportador o substituiu por outro passageiro, o que seria um enriquecimento sem causa. Caso o assento tenha permanecido vazio, não fará jus a nenhum ressarcimento.

Transporte de Coisas

O contrato de transporte de coisa é aquele pelo qual alguém entrega ao transportador uma ou várias coisas para que sejam remetidas a um local de destino, para que certa pessoa as receba, efetuado mediante remuneração denominada frete.

Em uma analogia ao transporte de pessoas, a obrigação do transportador, neste caso, é de conduzir, com a cautela devida, as coisas ao seu destino, conservando-as até que entregues ao destinatário.

O objeto do transporte deverá ser plenamente caracterizado para distinguir de outras coisas e para fixar a responsabilidade do transportador. Assim, devem ser apurados sua natureza, peso e quantidade. O transportador poderá exigir do remetente que faça, em duas vias, uma lista discriminada das coisas a serem transportadas, ficando uma via consigo, para que possa, de acordo com a lei especial, se quiser, emitir o conhecimento de transporte (art. 744 do Código Civil vigente).

Ainda em relação ao objeto do transporte não serão quaisquer mercadorias obrigatoriamente aceitas, ainda que individuadas, discriminadas e devidamente acondicionadas.

O transportador poderá recusar as mercadorias embaladas de forma inadequada, que possam danificar o veículo ou outros bens e que sejam prejudiciais à saúde. Deverá, ainda, recusar, sob pena de responsabilização própria, as coisas ilícitas ao transporte ou comércio (por exemplo: entorpecentes, objetos fruto de crime) ou ainda que não estejam devidamente documentadas (arts. 746 e 747 do Código Civil vigente).

Enquanto a coisa não tiver sido expedida para transporte e se encontrar nos armazéns ou depósitos do transportador, impor-se-ão aos fatos ocorridos durante este período as regras aplicáveis ao contrato de depósito, ainda que tenha sido celebrado contrato de transporte, mas o efetivo envio não tenha ocorrido.

Quanto ao destinatário das mercadorias é necessário, outrossim, individuá-lo, ao menos pelo nome e pelo endereço onde possa ser encontrado. Caso este não seja encontrado, deverão ser depositadas em juízo, à sua disposição.

Outrossim, as coisas deverão ser depositadas em juízo, quando houver dúvida em relação a quem seja o destinatário, desde que não seja possível obter instruções do remetente que possam esclarecer o destinatário.

Se o transportador não encontrar, sem dúvidas, o destinatário e as mercadorias não puderem ser objeto de depósito posto que de fácil perecimento, o transportador deverá vendê-las e depositar o saldo em favor do remetente.

No desembarque da mercadoria o transportador não é legalmente obrigado a avisar o destinatário. Somente se constar do convencionado a cláusula de aviso ou de entrega em domicílio, será o transportador obrigado a cumprir essa comunicação.

Na ausência do destinatário, poderão as mercadorias ser entregues àquele que possuir o conhecimento endossado em seu nome e será sua a obrigação de conferir as coisas e efetuar as reclamações por diferenças, sob pena de decadência.

É dever do remetente fornecer todas as informações necessárias sobre a coisa e sobre o destinatário, arcando ele, remetente, com os prejuízos que surgirem da inexatidão das informações que prestou.

Se o transportador sofrer prejuízos em conseqüência das informações inexatas prestadas pelo remetente das mercadorias, deverá ser indenizado. Contudo, seu prazo para reclamar tal indenização é decadencial e deve a demanda, destarte, ser interposta no prazo de cento e vinte dias, sob perda do direito ao ressarcimento.

No que tange a responsabilidade do transportador, além de zelar pela coisa e entregá-la em seu destino, responde por eventuais danos ou prejuízos que possam ocorrer no percurso. Por esta razão, como frisamos, caso não possa levar a termo correto o pactuado, deverá sempre diligenciar pelo depósito da coisa e seu não perecimento. E, em caso de coisas perecíveis, deverá o transportador zelar por sua venda para obter numerário equivalente, para que o remetente da mercadoria não sofra prejuízos.

Caso se trate de transporte cumulativo, efetuado por mais de um transportador, a responsabilidade entre eles é solidária pelos danos ou perecimento das mercadorias, ressalvado, contudo, o direito de regresso e a apuração da responsabilidade individual de um só dos transportadores.

Além destas obrigações legais, se o transporte tiver de sofrer interrupção por longo período, deverá guardar e zelar pela coisa e imediatamente requerer instruções do remetente para verificar o que este prefere que seja feito.

Caso a coisa pereça ou se deteriore, o transportador responderá pelos prejuízos causados, posto que as mercadorias estão em sua posse, salvo se comprove que não agiu com culpa e o perecimento ou deterioração ocorreu em virtude de força maior.

Se o impedimento de prosseguir no transporte perdurar muito e não for imputável ao transportador (por exemplo, queda de uma barragem, interrupção de tráfego de uma estrada, entre outros), este poderá optar entre depositar a mercadoria ou vendê-la, sempre revertendo, seja o depósito, seja o valor apurado, em favor do remetente. A escolha se dará de acordo com as disposições legais específicas, regulamentos existentes, ou, na falta de ambos, de acordo com os usos locais.

Na hipótese de ser o impedimento imputável ao transportador (avaria em seu veículo de transporte, falta de outros veículos para completar o transporte), este deverá depositar a coisa por sua conta e risco ou vendê-la, somente em caso de se tratarem de coisas perecíveis.

Tendo sido a coisa depositada em armazéns ou depósitos próprios do transportador, continua este com seu dever de zelo e guarda da coisa, conservando-a. Contudo, por esta atividade extra será devida uma remuneração já prévia e contratualmente definida, ajustada posteriormente quando da ocorrência do depósito ou de acordo com os usos de cada espécie de transporte.

Em ambos os casos supra, seja de impedimento imputável ou não imputável a si, o transportador tem o dever de informar imediatamente o remetente sobre a efetivação da venda ou do depósito.

Por fim, é assegurado ao remetente o direito de arrependimento, de desistir do transporte e requerer a devolução da coisa. Outrossim, é lícito ao remetente mudar as instruções, trocando o destinatário da mercadoria. Contudo, arcará com as despesas extras comprovadas e causadas pela contra ordem.

Seguro

Definição e Características Gerais

O contrato de seguro caracteriza-se pela obrigação, de uma das partes, denominada segurador, a indenizar a outra (segurado) por danos patrimoniais ou pessoais, contra riscos predeterminados, mediante o pagamento de uma remuneração intitulada prêmio de seguro.

O intuito principal do segurado contratante é transferir o risco que sofre ou reparti-lo com o segurador, para que seus prejuízos, decorrentes de determinadas circunstâncias contratualmente previstas, sejam diminuídos.

É um contrato bilateral, no qual ambas as partes possuem obrigações e oneroso, porque ambas auferem vantagens, o segurado pela cobertura do risco e o segurador pelo pagamento do prêmio.

Outrossim, caracteriza-se como um contrato aleatório, posto que o risco é intrínseco ao contrato. A prestação do segurador poderá ou não ocorrer dependendo de fato futuro e incerto. Este fato, a condição pela qual o segurador deve indenizar, é chamado de sinistro.

A execução do contrato é de trato sucessivo, seja no pagamento do prêmio ou na sempre presente possibilidade de ter de arcar com a indenização pela ocorrência de um sinistro.

Como a lei exige forma escrita e a emissão de apólice, trata-se de um contrato formal, nos termos dos arts. 758 e 759 do Código Civil vigente. A princípio, a forma só teria função comprobatória da existência do contrato se analisássemos isoladamente o art. 758 do Código Civil vigente. Entretanto, como o art. 759 exige que a apólice seja emitida após a proposta, vemos que, na verdade, a forma escrita é da essência do contrato de seguro.

O contrato de seguro pode ser pactuado individualmente, apenas, por exemplo, se contratando o seguro de um imóvel, de um veículo, um seguro saúde, ou um seguro de vida, ou pode ser contratado de forma coligada ou acessória. Assim, de um contrato de compra e venda combinado com o transporte da mercadoria, nada obsta que seja pactuado um seguro da mercadoria para eventuais danos que esta possa sofrer no trajeto.

Por fim, como características do contrato de seguro, este é um contrato de adesão, no qual o segurado deve aderir às cláusulas já determinadas antecipadamente pelo segurador, que, por sua vez, não goza de grande liberdade na formulação do contrato, posto que o conteúdo do contrato de seguros em nosso ordenamento é estritamente regulado pela SUSEP – Superintendência de Seguros Privados –, uma entidade governamental que deve aprovar previamente todo o conteúdo do contrato de seguro.

Além destas características, temos elementos subjetivos e objetivos que devem ser observados por quaisquer espécies de seguros. No tocante aos elementos subjetivos, temos:

a. segurador é uma entidade legalmente autorizada a funcionar no ramo de seguros, mediante autorização do Ministério da Fazenda e sob controle do mencionado órgão, a SUSEP. O segurador sempre assumirá a forma de sociedade anônima, conforme determinação legal, e sujeita-se tão somente à liquidação extrajudicial, não podendo pedir concordata ou ter sua falência requerida.

b. Ademais, como ressaltamos quando tratamos do contrato de corretagem, além da sociedade seguradora ter de obedecer às normas próprias mencionadas, seus prepostos, os corretores de seguro, são corretores oficiais, com disciplina estrita de sua atividade.

c. Quanto ao segurado, somente é requerido que este goze de sua capacidade civil para contratar, e este pode fazer-se representar por procurador com poderes especiais, se desejar.

d. Nos seguros de vida o beneficiário, em caso de falecimento, não poderá ser o próprio segurado, devendo, então, estabelecer quem será seu beneficiário. Assim, a pessoa casada não pode fazer seguro que beneficie seu concubino ou concubina. Do mesmo modo, os herdeiros ou legatários indignos são excluídos da sucessão e, portanto, da indenização do seguro, caso não tenham sido expressamente perdoados.

e. Para melhor se assegurarem contra um risco de vulto ou contra os riscos em geral, as companhias de seguro podem estabelecer entre si um contrato de co-seguro ou de resseguro. Contudo, para o segurado esses contratos não têm nenhum efeito, devendo o segurado acionar em caso de sinistro, a sua companhia seguradora, não tendo ação contra a co-seguradora nem em face do órgão ressegurador. Entretanto, ocorrido o sinistro, o segurador administrador que responde perante o segurado tem ação regressiva contra as co-seguradoras ou resseguradoras.

Quanto aos requisitos objetivos, temos:

a. Necessidade de licitude e possibilidade do objeto, que é o risco descrito na apólice. Conforme previsto pelo art. 762 do Código Civil vigente, nulo será o contrato de seguro que garantir risco proveniente de ato doloso (intencional) do segurado, do beneficiário ou de representante de um ou de outro.

b. Valor do objeto do contrato determinado, sendo, por exemplo o valor do interesse segurado (em caso de seguro de dano de coisa), mas no seguro de vida o valor será livremente estipulado, com o conseqüente aumento do prêmio, proporcionalmente aos riscos do sinistro e à indenização a ser paga.

Ambas as partes, como obrigação contratual, devem guardar a mais estrita veracidade e, segundo o art. 765, boa-fé (como se nos demais contratos ela inexistisse). Contudo, no contrato de seguro há um dever de lealdade mais exacerbado do que aquele aceito na conduta mediana considerada idônea. Desta forma:

a. O segurado não pode omitir ou declarar de forma inexata circunstâncias que possam influir na contratação do seguro ou no valor do prêmio. Caso o sinistro ocorra, não terá direito ao pagamento da indenização correspondente.

b. O segurado não pode agravar intencionalmente o risco do objeto do contrato. Assim, não poderá deixar o automóvel em uma grande cidade, sem trancá-lo ou mesmo acionar os alarmes, ou ainda, deixar o automóvel aberto e acessível a qualquer um, andar em alta velocidade, descumprir as normas de trânsito. Estes são exemplos relacionados ao seguro de coisa.

Em um seguro de vida, não poderia agravar o risco sem comunicar à seguradora. Desta forma, se o segurado passar a praticar esportes radicais, automobilismo, deverá informar a companhia sob pena de perda do direito ao prêmio.

c. Qualquer agravamento do risco, mesmo que não tenha sido provocado intencionalmente pelo segurado, deverá ser comunicado à seguradora, sob pena de perda da indenização em caso de sinistro ou de resolução do contrato.

d. Se o risco diminuir, o prêmio, a princípio, será o mesmo. Contudo, se a diminuição do risco for acentuada, o segurado poderá exigir a redução proporcional do prêmio ou a resolução do contrato.

e. O segurado deve comunicar à seguradora imediatamente a ocorrência do sinistro para que esta possa tomar providências com o intuito de diminuir os danos causados.

Por fim, estas disposições gerais sobre o contrato de seguro devem ser aplicadas, dentro das hipóteses possíveis, aos seguros previstos em leis especiais, como o seguro saúde.

Todo interesse economicamente apreciável pode ser segurado: a vida, o patrimônio, as faculdades intelectuais, a responsabilidade civil, os acidentes. Enfim, há múltiplas possibilidades de se assegurar algo. Dentre estas, o Código Civil vigente preferiu dividir as disposições em seguros de dano e seguros pessoais. Estudemos as características de cada uma destas categorias.

Seguro de Dano

Os seguros de bens têm como fundamento proteger o segurado contra os danos causados por incêndios, transportes, roubos, acidentes e tantas outras situações que possam causar danos à coisa ou seu perecimento.

No seguro de dano, o valor segurado é do interesse havido no momento da contratação. Diferentemente do seguro de vida, se o segurado quiser contratar mais de um seguro sobre este mesmo interesse, concomitantemente com a existência do outro contrato de seguro, primeiramente deverá comunicar sua intenção ao primeiro segurador e obter sua concordância (art. 778 do Código Civil vigente).

A indenização corresponderá ao valor do interesse segurado ou ao limite máximo de garantia previsto em apólice, não podendo ser superior ao valor do bem. Contudo, se o segurador estiver em mora na indenização, o valor superará o segurado, por expressa previsão legal, posto que correrão, no mínimo, juros de mora e multa contratuais.

No caso de um interesse ser segurado por menos do que vale, o sinistro parcial também acarretará indenização proporcional, salvo disposição contratual em sentido contrário.

Seguro Pessoal

Os seguros de vida ou de pessoa objetivam garantir o pagamento em dinheiro para um ou mais beneficiários, em caso de falecimento, de incapacidade ou sobrevida além de prazo contratual estipulado ou de certa idade.

Em razão do princípio da boa-fé que orienta todos os contratos e, especialmente, o contrato de seguros, ao segurar a vida de alguém, o segurador tem interesse em determinar qual seu estado de saúde, para que se façam as projeções atuárias de qual seria sua possível sobrevida e qual seria, então, o prêmio proporcional a ser pago. Assim, poderá exigir exame de saúde ou declaração do segurado sobre suas condições de saúde no momento da contratação. Se o segurado omitir ou falsear dados, correrá o risco de ter a indenização recusada pela seguradora.

Conforme, portanto, dispõe o art. 796 do Código Civil vigente, o seguro de vida pode ser convencionado por prazo limitado ou por toda a vida do segurado. Em caso de inadimplemento, não poderá haver perdimento completo dos prêmios já pagos. Poderá haver devolução da reserva já formada, descontadas as despesas efetuadas pela seguradora, ou poderá haver uma redução da indenização a ser paga, proporcionalmente ao prêmio pago.

Contratando-se seguro de vida em contemplação do sinistro morte, é lícito à seguradora estipular um prazo de carência, posto que a indenização nesta espécie de sinistro é de vulto maior. Neste caso, se o sinistro ocorrer no período ainda de carência, deverá ser devolvida ao beneficiário a reserva técnica já formada.

O capital estipulado para o sinistro relativo a danos pessoais é livremente pactuado, podendo ser feitos vários seguros de vida, sem que haja ilicitude. Portanto, em tese, a vida pode ser assegurada sem limite de valor.

Há várias modalidades de seguro de vida:

a. Se o objeto for a vida inteira, o pagamento do prêmio será anual (podendo ser parcelado), e beneficiará aqueles que o segurado indicou.

b. Pode ter como objeto um prazo de vida determinado e certo, após o qual o segurado não mais estará obrigado a pagar o prêmio e aqueles que indicou serão beneficiados quando morrer.

c. Pode constituir a formação de capital, para que o segurado em vida dele usufrua, após atingir certa idade ou após o decurso de determinado prazo contratual.

Estes são os contratos de seguro de vida mais comuns atualmente, mas não há nenhum óbice a que se formem outros tipos, desde que lícitos e previamente aprovados pelo órgão competente. O dinamismo da prática comercial é que vem introduzindo estas novas modalidades de seguro, já que se associava ao seguro de vida classicamente somente a idéia de contribuição em vida pelo segurado, para que terceiros se beneficiassem após a sua morte.

Além de estipular seguro sobre sua própria vida, é lícito estipular seguro sobre a vida de outrem (art. 790 do Código Civil vigente). Nesta hipótese, o interessado deverá declarar e demonstrar qual o seu interesse em segurar a vida alheia. Uma forma simples é a demonstração de dependência econômica. Se alguém depende economicamente de outrem, pode licitamente fazer um seguro sobre a vida desta pessoa para que não se quede totalmente desamparado por ocasião do seu falecimento.

Esta demonstração de interesse é presumida e, portanto, dispensa justificação quando se tratar de segurar a vida de cônjuge, ascendente ou descendente.

Ainda com relação aos beneficiários, é possível que o segurado insira no contrato de seguro de vida a cláusula "à sua ordem". Neste caso, poderá contemplar qualquer pessoa como beneficiário, inclusive através de disposição testamentária.

Contudo, se a substituição ou indicação do beneficiário não forem válidas, dispõe o art. 792 que a indenização será paga ao cônjuge por metade e o restante para os demais herdeiros, obedecida a ordem de vocação hereditária. Na ausência destes, poderá se beneficiar do seguro aquele que demonstrar que o segurado lhe provia os meios de subsistência, dos quais foi privado com sua morte.

O seguro de vida é impenhorável, por disposição do art. 745 do Código Civil vigente, que o caracteriza como prestação de caráter alimentar. Não é considerado herança para qualquer finalidade legal, não podendo, outrossim, servir como forma de quitação de débitos contraídos pelo segurado em vida.

Por fim, há que se ressaltar que o suicídio, como ato voluntário do segurado, em tese, exclui a indenização. Contudo, se comprovado que o suicídio não foi premeditado, havendo longo lapso temporal entre a contratação, o pagamento do prêmio e o sinistro por suicídio, a indenização será devida, conforme a Súmula 61 do Superior Tribunal de Justiça: *"O seguro de vida cobre o suicídio não premeditado"*.

Constituição de Renda

Pelo contrato de constituição de renda alguém busca através do emprego de seu patrimônio, por intermédio de outrem, garantir a si ou a outrem a subsistência, através da renda auferida por esse patrimônio, administrado por esse terceiro. Tal contrato está disciplinado nos arts. 803 a 813 do Código Civil vigente.

Portanto, pelo contrato de renda, uma pessoa (denominada instituidor) entrega a outra (rendeiro), patrimônio consistente em bens móveis ou imóveis, obrigando-se esta a pagar àquela (instituidor) ou a terceiro pelo instituidor indicado, periodicamente uma prestação determinada, que se pretende ser suficiente para a subsistência do beneficiário.

Somente pessoa viva pode ser beneficiada pela constituição de renda. Isto porque será o instituidor ou terceiro o beneficiário. O beneficiário somente pode ser pessoa viva. E, se esta pessoa vier a falecer nos próximos trinta dias, por moléstia que já possuía antes de celebrado o contrato, será nula a constituição de renda como se falecido fosse o beneficiário (art. 808 do Código Civil vigente).

O beneficiário pode ser uma ou mais pessoas. Caso não haja disposição expressa, entende-se que cada um recebe quinhão igual aos demais e o falecimento do outro não enseja o direito de acrescer (art. 811 do Código Civil vigente).

O contrato de constituição de renda pode ser bilateral ou unilateral. Será unilateral se houver um terceiro beneficiário que somente aufere vantagens. Outrossim, poderá ser oneroso ou gratuito. Se for um terceiro o beneficiado e não o próprio instituidor, teremos um contrato gratuito, equiparável a uma liberalidade, que o instituidor quer estabelecer em benefício do terceiro.

Caso um terceiro seja beneficiário e o contrato se caracterize como gratuito, por ato do instituidor, os bens para garantir a renda futura, poderão ser gravados com as cláusulas de inalienabilidade, incomunicabilidade e impenhorabilidade (art. 813 do Código Civil vigente).

Será, por sua vez, oneroso, se o instituidor reverter para si próprio a renda, posto que o instituidor receberá a prestação periódica e o rendeiro receberá uma transferência de capital para poder prover essa renda. E desde a tradição, o domínio dos bens dos quais se extrairá a renda será do rendeiro (art. 809 do Código Civil vigente). Neste caso, como se trata de contrato oneroso, o instituidor poderá exigir do rendeiro uma garantia de cumprimento do contrato, de caráter real ou fidejussório (art. 805 do Código Civil vigente).

É um contrato real, posto que somente se efetiva com a tradição ou entrega dos bens ao rendeiro que irão constituir o patrimônio do qual se extrairá a renda. Vale ressaltar que o capital que constituirá o patrimônio do qual se auferirá a renda mensal somente poderá ser constituído por bens móveis ou imóveis (art. 804 do Código Civil vigente).

O contrato de renda será feito a prazo certo ou por vida (art. 806 do Código Civil vigente). Desta forma, será um contrato temporário. Poderá ser comutativo ou aleatório dependendo do prazo pelo qual ele vigorar, posto que pode ultrapassar a vida do devedor, mas não do credor, seja este o instituidor ou o terceiro.

Assim, se o instituidor ou o terceiro falecerem antes do rendeiro, poderá haver comutatividade de prestações. Já se a obrigação se transmitir aos herdeiros, posto que o rendeiro faleceu, mas o seu beneficiário não, sem dúvida o contrato assume caráter aleatório.

É um contrato formal, posto que exige a forma escrita e pública, como previsto no art. 807 do Código Civil vigente. E como ato formal, pode ser constituído de três formas:

a. Por ato gratuito ou oneroso, *inter vivos,* devidamente registrado, como exigido pela lei;

b. Por ato de disposição de última vontade, *mortis causa*, com a instituição de um legado para que o rendeiro beneficie terceiro, durante certo período do tempo;

c. Por sentença judicial, nos casos de ação de responsabilidade civil *ex delicto*, pela qual fica o devedor condenado a prestar alimentos ao ofendido ou em sua falta à sua família.

Caso o rendeiro descumpra a sua obrigação, o credor da renda, seja o instituidor ou terceiro beneficiário, poderá acioná-lo para que cumpra com as prestações atrasadas e, em relação às prestações futuras, preste garantia (art. 810 do Código Civil vigente). Se o próprio instituidor é o beneficiário poderá, ademais, diante do inadimplemento, pleitear a rescisão contratual.

As causas de extinção do contrato de constituição de renda são as seguintes:

a. falecimento do instituidor ou do beneficiário, se a renda fosse vitalícia;
b. expiração do prazo convencionado, caso a renda não fosse vitalícia;
c. morte do devedor da prestação da renda;
d. inoficiosidade na constituição da renda, ou seja, ao atribuir o patrimônio para que o rendeiro pudesse auferir a renda mensal, o instituidor excedeu a quota que poderia dispor em testamento;
e. implemento de condição resolutiva caso haja sido estabelecida;
f. destruição do prédio ou execução sobre o imóvel que era a fonte de renda;
g. falência ou insolvência civil do rendeiro ou devedor da renda;
h. prescrição, nos termos do art. 206, § 3º, inciso II do Código Civil vigente, por transcurso do prazo de três anos, sem que o credor demande o devedor.

Jogo e Aposta

O jogo pode ser conceituado como um contrato em que duas ou mais pessoas pactuam entre si pagar pelo resultado favorável de um acontecimento incerto uma quantia predeterminada, posto que cada uma crê que o resultado lhe será favorável. Como exemplo de jogos temos as loterias, os jogos desportivos, os jogos de carta, entre outros.

Já a aposta é definida com base nas opiniões dissidentes de duas ou mais pessoas sobre o desfecho de um fato ou uma situação, prometendo pagar certa quantia em dinheiro àquele ou àqueles que previrem o desfecho que realmente ocorrer da situação.

Exemplos de apostas poderiam ser o pagamento combinado para quem acertar qual time de futebol será o vencedor em uma disputa; sobre qual será o desfecho de uma situação, como o final de um filme, entre outros.

A questão dos jogos é complexa, posto que estes podem ser proibidos ou ilícitos, porque dependem meramente da sorte; tolerados porque dependem da habilidade do jogador (como determinados jogos de cartas) e jogos autorizados ou lícitos, como as modalidades desportivas, as loterias oficiais, entre outros.

As dívidas contraídas em virtude de jogo ou de aposta são obrigações naturais, portanto, desprovidas de ação para ressarcimento. Contudo, caso o devedor pague, não poderá requerer a repetição da quantia, posto que era devida, só não era amparada por direito de ação (art. 814, *caput*).

Esta nulidade atinge a novação da dívida de jogo, sua fiança ou quaisquer outras vicissitudes; contudo, não pode ser oposta ao terceiro de boa-fé que desconhecia a origem espúria da obrigação.

Somente poderão ser exigidas como obrigações plenas aquelas contraídas tendo em vista um jogo ou aposta legalmente permitido. Portanto, um empréstimo tomado para uma aposta na loteria oficial (Megasena, Lotto etc.) é plenamente exigível.

Outrossim, dívidas contraídas para inscrição em competições de natureza esportiva, intelectual ou artística, nos quais os vencedores serão agraciados com prêmios diversos, são dívidas lícitas e exigíveis, posto que seu fundamento é uma atividade lícita (art. 814, § 3º do Código Civil vigente).

Por previsão expressa do art. 816 do Código Civil vigente, os contratos diferenciais, contratados em bolsa de mercadoria ou de valores, nos quais há um risco posto que se contrata a compra dos títulos pelo valor da cotação do dia e se recebe a diferença entre o valor de compra e o valor de venda, com data pré-estipulada (que pode ser uma cotação maior ou menor) não são jogos ou apostas. São contratos de risco. Por esta razão e por menção expressa do art. 816 do Código Civil vigente, não se lhes aplicam as previsões dos arts. 814 e 815 do Código Civil vigente.

Como conseqüências jurídicas do jogo e da aposta, temos:

a. Impossibilidade de repetição dos valores pagos em virtude de jogos ou apostas;
b. Nulidade de quaisquer disposições como reforço de dívida de jogo (cláusula penal), novação, ou fiança;
c. Inoponibilidade da exceção de não repetição ao terceiro de boa-fé;
d. Direito de repetição do valor pago em dívida de jogo por menor ou interdito, se obtido com dolo pela parte contrária;
e. Impossibilidade de compensação da dívida de jogo com outras dívidas;
f. Vedação do oferecimento de garantia real para o pagamento de dívida que futuramente pode ser contraída pelo jogo.

Fiança

Definição e Características

A fiança é um contrato pelo qual uma pessoa (fiador) se obriga perante o credor de uma obrigação, por promessa unilateral, a adimplir a obrigação caso o devedor não a satisfaça. A fiança também é denominada caução fidejussória e tem como finalidade garantir ao credor que a obrigação será cumprida.

O contrato de fiança sempre será acessório, nunca será principal. Assim, a fiança será um pacto adjeto na locação (contrato no qual seu uso é muito comum), no mútuo bancário, entre tantos outros possíveis, posto que existe somente para garantir o adimplemento da obrigação principal.

Além do caráter acessório a fiança é sempre unilateral, ou seja, somente uma das partes assume obrigações, no caso, o fiador. É importante notar que a unilateralidade da fiança se manifesta inclusive nas disposições legais, posto que quem deve aceitar o fiador para garantir uma obrigação é o credor. O devedor não pode se opor à interferência e estipulação da fiança, aperfeiçoando-se mesmo contra sua vontade, conforme disposto no art. 820 do Código Civil vigente.

Assim, a relação é unilateral porque existe somente entre credor e fiador, a princípio. A relação entre o fiador e o devedor, quando aquele estiver exercendo seu direito de regresso contra este, é de outra natureza.

Ademais, em geral, trata-se de contrato gratuito, tendo o fiador o ônus de adimplir com as obrigações descumpridas pelo devedor, sem que tenha sido exigido deste qualquer remuneração.

Excepcionalmente, torna-se contrato oneroso quando há, por exemplo, uma fiança bancária, na qual determinado banco afiança ao credor o cumprimento da obrigação, mas mediante remuneração do devedor. Outrossim, há particulares que se profissionalizam em prestar fianças e cobram retribuição do devedor. Como não há ilicitude nesta disposição, reputar-se-á válida e executável. Ressalte-se, entretanto, que a regra geral da fiança é a gratuidade.

Como característica contratual, outrossim, a fiança deve ser tida como subsidiária, ou seja, substitutiva do cumprimento regular e normal da obrigação, que deve ser feito pelo devedor.

O contrato de fiança é personalíssimo ou *intuitu personae*, posto que o fiador não garante as obrigações de pessoas cuja idoneidade desconhece. Outrossim, o credor faz inúmeras exigências a fim de ter ciência das condições econômicas e financeiras deste. Desta forma, também em relação ao credor o contrato é personalíssimo.

Tanto é personalíssimo o contrato que a sua transmissibilidade aos herdeiros se limita às dívidas já existentes ao momento da morte do fiador e, seguindo a regra geral das sucessões, não poderá ultrapassar as forças da herança (art. 835 do Código Civil).

A fiança é um contrato formal, que se reveste obrigatoriamente de forma escrita, como impõe o art. 819 do Código Civil vigente. Sua interpretação, por força do mesmo dispositivo legal, é sempre restritiva, nunca extensiva.

A execução do contrato de fiança sempre é futura, celebrando-se tendo em conta prestações futuras. Esta é a previsão do art. 821

do Código Civil vigente. Além disso, o fiador somente poderá ser demandado depois que se caracterize o inadimplemento do devedor e a dívida seja tornada líquida e certa.

Requisitos Gerais e Lei do Inquilinato

Dos requisitos gerais podemos observar requisitos subjetivos e requisitos objetivos. Em relação aos primeiros temos:

a. Capacidade genérica para praticar os atos da vida civil e, no caso do fiador, legitimidade para afiançar. Esta legitimidade se encontra na autorização concedida pelo cônjuge que não está se obrigando, mas sua vênia é indispensável, qualquer que seja o regime de bens do casal, exceto o regime da separação absoluta (art. 1.647, inciso III do Código Civil vigente). A autorização não implica gravames no patrimônio do cônjuge que não está prestando a fiança.

A incapacidade superveniente do fiador dá direito ao credor de exigir que o devedor substitua o fiador imediatamente.

b. Algumas outras pessoas são proibidas, por leis especiais, de prestar fiança. Ou seja, possuem capacidade geral para os atos da vida civil mas lhes é defeso prestar fiança. É o caso dos agentes fiscais, dos tesoureiros e leiloeiros.

Os tutores e curadores, outrossim, não podem prestar fiança que onere os bens dos tutelados ou curatelados. Poderão, no entanto, se obrigar em nome próprio, onerando os bens próprios.

c. O consentimento do devedor, como vimos, é dispensável na constituição da obrigação da fiança. Já o consentimento do credor é indispensável, não lhe sendo obrigatória a aceitação do fiador. E o art. 825 do Código Civil vigente prevê as hipóteses nas quais o credor pode licitamente recusar o fiador.

O credor pode recusar o fiador que: não for pessoa financeiramente idônea (portanto que tenha execuções contra si, títulos protestados); que não tenha domicílio no município onde deva prestar a fiança (isto porque em caso de inadimplemento o credor deve acionar o fiador no foro deste) e não possua bens suficientes para cumprir a obrigação.

A insolvência superveniente do fiador é causa suficiente para que o credor exija a sua substituição (art. 826 do Código Civil vigente).

Em relação aos requisitos objetivos, temos:

a. Qualquer obrigação pode ser objeto de fiança, mas a sua exigibilidade dependerá da exigibilidade da obrigação principal. Neste caso, vale a regra geral de que o acessório segue o principal.
Se o contrato principal for nulo, a fiança, como contrato acessório também o será, desonerando o fiador da obrigação. Somente não se desobriga o fiador se a causa da nulidade for a incapacidade pessoal do devedor.
b. A fiança assegura obrigações atuais e futuras, conforme já ressalvado, em consonância com o disposto no art. 821 do Código Civil vigente.
c. A fiança pode ser de valor inferior à obrigação principal, desde que assim tenha sido pactuado, que a garantia valha menos do que o débito total. Contudo, a fiança nunca poderá ser de valor superior ao da dívida. Se for pactuado valor maior do que o da obrigação garantida, o contrato de fiança valerá somente até o limite da obrigação afiançada.

Veremos que a fiança se extingue com o fim do contrato afiançado. Contudo, a fiança locatícia tem caráter diverso. Mesmo que findo o contrato, permanece o dever do fiador até que o locador entregue as chaves, como dispõe o art. 39 da Lei do Inquilinato.

Efeitos da Fiança

Os efeitos da fiança podem ser classificados considerando-se as relações entre credor e fiador e as relações entre devedor e fiador. Examinemos, em primeiro lugar, as *relações entre o fiador e o credor*.

O credor não poderá demandar o devedor principal ou seu fiador a seu bel prazer. Conforme dispõe o art. 827 do Código Civil vigente, o fiador pode exigir que primeiro sejam executados os bens do devedor para somente depois, em caso de insuficiência ou ineficácia, ser seu patrimônio chamado a responder pela dívida. Este é o chamado benefício de ordem.

O fiador que suscita o benefício de ordem tem o ônus, entretanto, de nomear bens do devedor, suficientes para pagar o débito, livres e desimpedidos e que se localizem no mesmo município.

Se o credor for desidioso na execução dos bens do devedor principal, como tem interesse, pode o fiador promover seu andamento, por expressa permissão legal (art. 834 do Código Civil vigente).

Contudo, poderá o credor demandar diretamente o fiador, sem acionar o devedor em algumas hipóteses que excepcionam o benefício de ordem. Estas hipóteses, que veremos a seguir, estão previstas no art. 828 do Código Civil vigente.

O fiador pode renunciar ao benefício de ordem e responder diretamente pelo inadimplemento do devedor, desde que sua dívida tenha se tornado líquida e certa. Esta renúncia deve ser expressa e por escrito.

O benefício de ordem não existe quando o fiador se obriga como devedor principal ou como devedor solidário ou, se ficar comprovado que o devedor afiançado faliu ou foi decretada sua insolvência civil.

Poderá haver mais de um fiador garantindo a obrigação. Presume-se por disposição legal, salvo disposição contratual em sentido contrário, que todas as pessoas que prestaram fiança em favor do devedor sejam solidárias entre si.

Contudo, nas relações entre os próprios fiadores, estes podem ter estipulado o benefício da divisão, aceito pelo credor no contrato. Neste caso, cada fiador irá se exonerar com o pagamento do quinhão respectivo e somente neste quinhão se sub-rogará perante o devedor afiançado.

Entretanto, ressalte-se que se a cláusula de benefício de divisão não for estabelecida, reputar-se-ão como devedores solidários, podendo um, alguns ou todos ser demandados pela totalidade da dívida.

Tratando das *relações entre fiador e devedor afiançado*, temos que o fiador se sub-roga quando efetua o pagamento da dívida contratual, em todos os direitos do credor, podendo mover ação em regresso contra o devedor afiançado (art. 831 do Código Civil vigente).

Mesmo antes de ser acionado, o fiador tem direitos contra o devedor afiançado, como já mencionamos, de dar continuidade à demanda que o credor move contra o devedor e que aquele, de forma negligente, não lhe dá continuidade. O fiador pode promover, por seu legítimo interesse, seu andamento.

Se o contrato de fiança não tiver prazo determinado, a qualquer momento o fiador poderá pedir sua exoneração, por escrito, mediante notificação do credor (art. 835 do Código Civil vigente). Desta notificação será contado o prazo de sessenta dias, em que o fiador responderá normalmente, uma vez que o legislador considerou este o prazo razoável para que o devedor encontrasse outro fiador idôneo para substituí-lo e, ao mesmo tempo, o fiador não ficasse preso ao vínculo contratual e o credor não se quedasse sem nenhuma garantia.

Há previsão específica dos efeitos da morte do fiador com relação à divida ainda não adimplida com o credor, como já nos referimos, prevista no art. 836. Contudo, não há nenhuma previsão específica com relação à morte do fiador que tenha adimplido a obrigação. Cremos, entretanto, que nesse caso, como o fiador se sub-rogou nos direitos do credor, há um direito de crédito em favor do espólio que pode acionar o devedor afiançado para adimplemento.

EXTINÇÃO DO CONTRATO

Excetuadas as causas normais de extinção do contrato, temos as seguintes causas de extinção do contrato de fiança:

a. Advento do termo final do contrato ou resilição unilateral feita pelo fiador nos contratos com prazo indeterminado, sob as condições já explanadas do art. 835 de quedar-se após a notificação ainda por mais sessenta dias responsável pela obrigação.

b. Exceções pessoais que o fiador possua contra o credor que tenham o condão de extinguir a obrigação, as exceções extintivas que o devedor pudesse opor contra o credor (exceto a questão da incapacidade do devedor e do mútuo feito a menor).

c. Concessão de moratória pelo credor ao devedor, sem o consentimento do fiador.

d. Impossibilidade causada pelo credor, de que mesmo que o fiador quite as obrigações, possa se sub-rogar na condição do credor e exigir o que despendeu do devedor afiançado.

e. Aceitação pelo credor de objeto oferecido pelo devedor que posteriormente venha a ser objeto de evicção. Neste caso, o devedor cumpriu a obrigação e responde pelas garantias da evicção do objeto por ele entregue ao credor.

f. Demora na promoção da ação pelo credor contra o devedor, ocorrendo neste retardamento, a insolvência do devedor. Se o fiador provar que à época o devedor possuía bens suficientes para pagamento da dívida afiançada, estará exonerado.

5

Dos Atos Unilaterais

Introdução: Natureza Jurídica dos Atos Unilaterias

Como nos referimos na seção "Teoria Geral dos Contratos", do capítulo 1, várias podem ser as fontes de obrigações. Estas podem decorrer da lei, dos atos lícitos, ou dos atos ilícitos. Dentre os atos lícitos, a principal categoria, mais comum e praticada intensamente, são os negócios jurídicos expressos pelos contratos. Estes são gerados pela manifestação da vontade. Porém, não basta a expressão da vontade de apenas uma pessoa, requerendo-se duas ou mais, em consenso.

Contudo, dentro ainda da categoria dos atos lícitos que geram obrigações, temos as declarações ou atos unilaterais. No direito romano, onde a disciplina dos contratos surgiu, ainda que com fundamentos diversos dos atuais, uma das declarações unilaterais contemplada como fonte de obrigação era a gestão de negócios, que se encontra prevista no Código Civil vigente. Sob o direito romano esse instituto era denominado "quase contrato".

Além da gestão de negócios, o pagamento indevido era considerado uma forma de obrigação *ex quase contractu*. Com a evolução do pensamento juscivilista, foram abandonadas essa categoria e a categoria das obrigações oriundas do quase-delito, dando origem às fontes já citadas.

É possível e lícito deduzir, desta forma, que é difícil aquilatar a natureza jurídica das declarações unilaterais. Há concordância na doutrina de que são fontes de obrigações, vinculam aquele que emite a declaração e dispensam, a princípio, outra declaração de vontade. Mas, tais efeitos e todo este perfil não respondem à questão fundamental de qual é a natureza desses atos.

Podemos, então, em linhas gerais, qualificar as declarações unilaterais de vontade como fontes de obrigação, geradas por um ato lícito e voluntário, que tornam seu autor obrigado a uma determinada prestação e, outrossim, credor também de uma contraprestação. Mas nunca este ato é precedido de um acordo ou mútuo consenso de vontades, obrigando, diretamente e sem restrições, somente aquele que emite a declaração.

Exemplificam-se estas declarações de vontade unilaterais com um fato comum. Perdido um objeto ou mesmo um animal de estimação, seu proprietário anuncia que aquele que devolver a coisa será recompensado. Para aquele que prometeu nasce uma obrigação, de recompensar, na forma como declarou, alguém que porventura encontre o objeto ou o animal. Caso ninguém encontre o procurado, o promitente nada desembolsará. Mas isto não significa que ele não tenha assumido uma obrigação.

Outro exemplo em que uma vontade unilateral cria obrigações, neste passo, já se assemelhando um pouco mais aos contratos, é uma gestão de negócios. Após uma intempérie, uma pessoa nota que o portão da casa de seu vizinho, que está ausente de férias, ficou danificado. Apercebendo-se dessa situação potencialmente danosa, essa pessoa procede aos reparos necessários. Ao fazê-lo, tornou-se, por sua livre e espontânea vontade, credora de seu vizinho naquilo que desembolsou. E o vizinho deverá indenizá-la, pagando pelos reparos que esta efetuou, embora não tenha com ela nada contratado, nem tenha manifestado sua vontade. Tal dever não tem origem contratual, mas da ação unilateral do gestor e do benefício percebido por aquele que teve seu portão reparado.

O Código Civil de 1916 já dispunha sobre obrigações cuja origem se dava por declarações unilaterais de vontade. Tratavam-se dos títulos ao portador, disciplinados nos arts. 1.505 a 1.517 e da promessa de recompensa, nos arts. 1.512 a 1.517.

A questão dos títulos ao portador já era disciplinada pelo Decreto Federal 2.044 de 1º de janeiro de 1908, mas evoluiu e foi objeto de regulamentação de leis mercantis, além de tratados internacionais adotados para facilitar o intercâmbio internacional das riquezas. O principal diploma internacional relativo à matéria, incorporado ao ordenamento jurídico brasileiro, é a chamada Lei Uniforme, resultado da denominada "Convenção de Genebra" de 1930.

Vale ressaltar que os princípios adotados por esta convenção somente passaram a vigorar no país em 1966, com a expressa adesão do Brasil, pelo Decreto Federal 57.595 de 7 de janeiro de 1966 (em matéria de cheques) e pelo Decreto Federal 57.663 de 24 de janeiro de 1966 (em matéria de letras de câmbio e notas promissórias).

Assim, as disposições atinentes aos títulos de crédito constantes do Código Civil de 1916 já haviam perdido sua eficácia quase que totalmente, sendo sua disciplina feita no âmbito do direito comercial.

Com o advento da Lei Federal 8.021 de 12 de abril de 1990, que com o fito de impedir a sonegação fiscal proibiu a emissão de títulos ao portador,[39] qualquer resquício de aplicabilidade que se pudesse invocar, ainda que subsidiário, foi fulminado por essa proibição, uma vez que o Código Civil de 1916 somente tratava de questões atinentes aos títulos ao portador.

---

[39] Os títulos ao portador não identificam o seu beneficiário. Presume-se que aquele que o apresenta, portanto, seu portador, seja o titular do direito nele contido. A transmissão dos direitos de um título ao portador se opera pela mera entrega do documento. Daí a dificuldade de taxação e identificação dos beneficiários desses títulos.

Já com o Código Civil vigente, a matéria toma novo sentido e disciplina. Crescem os atos ou declarações unilaterais de vontade nele regulamentados, devido à unificação das obrigações civis e mercantis.

Contudo, apesar de um caráter unilateral, os títulos de crédito passam a ter uma disciplina geral, não se cingindo os títulos ao portador. Como esta matéria tem natureza própria, ainda que ligada às obrigações unilaterais, será objeto de nossa análise após o exame das declarações unilaterais de vontade em espécie.

Portanto, são obrigações decorrentes de uma declaração unilateral de vontade, no Código Civil vigente: a promessa de recompensa, a gestão de negócios, o pagamento indevido e o enriquecimento sem causa, disciplinados nos arts. 854 a 886 do Código Civil vigente.

Em comparação ao Código Civil de 1916, o Código Civil vigente acrescenta três novas figuras, já que daquele como ato obrigacional unilateral somente constava a promessa de recompensa. A gestão de negócios era disciplinada pelos arts. 1.331 a 1.345, como um verdadeiro contrato.

Andou bem o legislador em alterar a classificação e o tratamento da gestão de negócios, posto que esta não possui um caráter contratual, de manifestação de no mínimo duas vontades para sua formação. Mais adequado o novo perfil de uma obrigação por declaração unilateral de vontade, já que opera efeitos independentemente de qualquer outra declaração de vontade que possa vir a ocorrer ou não.

Por fim, temos o enriquecimento sem causa e o pagamento indevido. O primeiro era um princípio ínsito ao Código Civil de 1916, não tendo disciplina expressa, mas implícita a todo o ordenamento civil no tocante aos direitos patrimoniais.

Quanto ao pagamento indevido, encontrava-se disciplinado nos arts. 964 a 971 do Código Civil de 1916, inserido no capítulo que tratava do pagamento como efeitos das obrigações, ou seja, na teoria geral das obrigações.

Passemos, então, ao estudo das obrigações por declaração unilateral de vontade em espécie, conforme disciplinadas pelo Código Civil vigente.

Da Promessa de Recompensa

Definição e Características

A promessa de recompensa pode ser singelamente definida como uma obrigação decorrente de uma declaração unilateral e pública, feita por alguém capaz, que retribuirá alguém pela realização de uma determinada tarefa.

Esta tarefa pode ser encontrar um objeto perdido, preencher determinada condição (por exemplo, gratificar pessoas que possuam certo perfil para que se submetam a uma pesquisa) ou desempenhar uma tarefa, como realizar uma obra artística, obter um reconhecimento desportivo, resolver uma equação matemática insolúvel para os *experts*, capturar ou dar informações que sirvam para a captura de um criminoso, dentre tantas possibilidades lícitas que decorrem da dicção do art. 854 do Código Civil vigente.

A promessa de recompensa era prevista no Código Civil de 1916 sob a mesma rubrica, das obrigações por declaração unilateral da vontade, nos arts. 1.512 a 1.517. Contudo, permaneceria a questão que já desde então se afigurava, sobre a natureza jurídica da promessa de recompensa. Duas teorias pretendiam explicar-lhe sua natureza. A primeira dava conta de que a promessa seria uma oferta de contrato, uma espécie de negócio jurídico incompleto. A segunda teoria, por sua vez, entende que a promessa de recompensa, por si só, obrigando o promitente pela declaração efetuada, não poderia ser equiparada à mera fase inicial contratual, da oferta.

Atualmente, sobretudo com a disciplina sistemática das declarações unilaterais de vontade, a controvérsia será superada. A promessa de recompensa há de ser considerada uma declaração unilateral. E esta, por sua vez, uma espécie de fonte de obrigações.

Não se pode confundir oferta com promessa de recompensa. A oferta vincula o proponente a realizar o negócio com aquele que aceitar as condições ali postas, como tratamos no início da obra. A oferta pode ser feita diretamente com quem se quer contratar ou se destina ao público em geral, como dissemos. Mas, no âmbito do Código Civil vigente, se descumprida a oferta poderá gerar indenização por perdas e danos, ressalvadas as disposições do direito do consumidor.

Totalmente diversa é a promessa de recompensa. Quando alguém promete uma gratificação para a consecução de algo, já está obrigado. Não se trata de indenizar por perdas e danos, mas de recompensar aquele que preencheu os requisitos impostos, no prazo correto e na forma prometida (art. 855 do Código Civil vigente).

Portanto, algumas características, sobretudo as conseqüências jurídicas, diferenciam a oferta da promessa de recompensa, sendo a primeira uma das possíveis fases do negócio jurídico, enquanto que a segunda se erige como verdadeira fonte de obrigação por declaração unilateral.

Como características essenciais da promessa de recompensa, a primeira delas, uma das mais importantes, apesar de ínsita a qualquer ato obrigacional, é a capacidade. O promitente deve estar no pleno exercício de sua capacidade civil para poder se obrigar. Neste ponto, iguala-se a obrigação por declaração unilateral de vontade aos contratos: é necessária a capacidade do agente. A única diferença é que nos contratos ambas as partes contratantes deveriam ser capazes. No caso da promessa de recompensa, basta que o promitente seja pessoa capaz.

Além da capacidade daquele que promete a recompensa, o promitente, é necessário que a atividade exigida por ele seja uma condição, uma tarefa, um serviço e tenha natureza lícita. Assim, não se pode prometer recompensa para atividades ilícitas, como para a execução de um crime.[40] E não seria tolerável juridicamente a promoção de atividades ilícitas mediante gratificação ou recompensa.

Por fim, a última característica essencial da promessa de recompensa é a sua publicidade. Comparando novamente a oferta e a promessa de recompensa, é sabido que a primeira pode ou não ser pública. Já a promessa de recompensa somente se caracteriza pela publicidade, requisito este encontrado no art. 854 do Código Civil vigente.

A publicidade pode ser de maior ou menor repercussão, exigindo o Código Civil vigente que seja pública a oferta de recompensa, mas não estabelecendo parâmetros mínimos. Assim, o conhecimen-

---

[40] Na verdade, a promessa de recompensa pode ser até mesmo circunstância agravante de alguns crimes, como o homicídio (art. 121, § 2º, inciso I do Código Penal).

to por um grupo local pode ser suficiente. Podemos ter o conhecimento da promessa em uma comunidade, em um grupo social que freqüenta um determinado clube, ou atingir um espectro maior com a publicidade em cartazes, faixas, jornais, revistas, televisão, *Internet*, entre tantos meios possíveis.

Portanto, o meio não é imposto pelo Código Civil vigente; basta que seja o suficiente para que se caracterize um fato de conhecimento público e não de uma ou poucas pessoas determinadas.

Efeitos da Promessa de Recompensa

Efetuada a promessa de recompensar com tal gratificação a pessoa que desempenhar determinada tarefa ou preencher determinados requisitos, o promitente encontra-se vinculado, independentemente de haver ou não o preenchimento dos requisitos por ele impostos.

O promitente, portanto, ao emitir sua declaração, será considerado obrigado a gratificar ou recompensar qualquer um que se apresentar e preencher as condições exigidas.

Logo, o promitente queda-se obrigado a pagar a recompensa por ele mesmo estipulada àquele que se apresentar preenchendo os requisitos exigidos, o qual, por sua vez, tem o direito de exigir a promessa ou gratificação estipulada (art. 855 do Código Civil vigente).

Na promessa de recompensa propriamente dita não há, diversamente do previsto com relação à promessa de recompensa mediante concurso, uma previsão de prazo de validade, ou seja, a estipulação de um prazo máximo pelo qual a promessa valerá.

Desta forma, deverá o promitente acautelar-se no momento em que declara sua vontade de recompensar aquele que realiza algo, estipulando um prazo, uma condição resolutória ou outra forma definida de término do prazo no qual se poderia cumprir a promessa.

Em geral, as promessas somente poderão ser cumpridas, em um breve período de tempo, posto que, por seu caráter, perdem totalmente sua finalidade se realizadas a destempo. Veja-se, por exemplo, a promessa de recompensa para quem encontrar um objeto ou um animal de uso ou estimação.

Se muito tempo decorrer entre a promessa e seu cumprimento, esta poderá caducar, posto que o promitente pode ter adquirido novo objeto, se esquecido do animal, substituído-o por outro, entre inúmeras possibilidades.

Por esta razão, apesar da inexistência de prazo certo, visto que as obrigações – sejam contratuais ou não – tem como caráter a temporariedade ou transitoriedade, diante das circunstâncias que se puserem, poder-se-á declarar caduca a promessa de recompensa, desobrigando o promitente, em razão da própria natureza dessas obrigações por declaração unilateral.

No mais, o promitente só poderá revogar a promessa efetuada se esta não tiver sido cumprida e a sua retirada será feita do mesmo modo como foi divulgada sua disposição em se obrigar, com a mesma publicidade (art. 856 do Código Civil vigente). Esta é a possibilidade para aquele que se comprometeu a recompensar, sem prazo assinalado, ver-se livre, de forma mais rápida, do vínculo obrigacional.

Caso tenha sido estipulado um prazo para o cumprimento da promessa, com objetivo de reputar-se que seu decurso sem cumprimento extinguiria a obrigação, desde que ainda não tenha sido cumprida, é lícito ao promitente retirá-la, ou seja, desobrigar-se.

Contudo, em qualquer um dos casos, seja a promessa com ou sem prazo determinado, poderá configurar-se o dever de indenizar (art. 856, parágrafo único do Código Civil vigente). Se alguém comprovar que no intento de cumprir os requisitos impostos, realizou, de boa-fé, depesas, o promitente deverá indenizá-lo. Poderíamos trazer à baila o exemplo de quem, tomando conhecimento da promessa em local distante daquele onde o cumprimento deveria ser efetuado, realiza despesas com transportes e hospedagem, para descobrir, ao chegar, que o promitente revogou sua declaração. Comprovado que essas despesas realmente foram efetuadas somente com o fito de tentar realizar o necessário para obter a recompensa prometida, restará o dever de indenizar.

Os arts. 857 e 858 do Código Civil vigente tratam da realização da promessa e do pagamento da recompensa. Assim, realizado o que foi exigido na promessa, a pessoa que o fez fará jus à indenização. Contudo, possivelmente surgirão problemas quando mais de uma pessoa realizar o requerido para a obtenção do prêmio. Neste sentido, dispõe o Código Civil vigente que fará jus à recompensa aquele que primeiro realizou as condições ou tarefas impostas.

Se, todavia, apurar-se que mais de uma pessoa atendeu ao requerido e todas realizaram o exigido de forma simultânea, a recompensa prometida deverá ser dividida entre todos aqueles que cumpriram, ao mesmo tempo, a promessa. Assim, se prometida a quantia X de dinheiro, havendo três pessoas que cumpriram o exigido, cada uma receberá 1/3 de X.

O Código Civil vigente desce à minúcia de disciplinar o caso de ser a recompensa indivisível, impondo que dentre os contemplados um seja sorteado para ficar com a coisa, desde que pague aos demais o valor a que cada um faria jus.

Assim, se prometido como recompensa um automóvel e cinco pessoas preencheram os requisitos simultaneamente ou de forma que se torne impossível definir quem realizou primeiro as tarefas, realizar-se-á um sorteio. O contemplado ficará com o automóvel, mas deverá indenizar 4/5 (quatro quintos) dele, pagando a cada um dos outros contemplados seu quinhão. Ou ainda o contemplado no sorteio, na falta de recursos para compensar os demais, poderia vender o veículo, quedar-se com a parte que lhe é cabível e distribuir o restante entre os demais.

Promessa de Recompensa Mediante Concurso

Uma subespécie da promessa de recompensa é a promessa de recompensa mediante concurso. Este pode ser de caráter artístico, daquele que compuser a mais bela canção, que realizar a mais bela escultura ou, ainda, pintar o mais belo quadro. Poderá prezar a capacidade intelectual daquele que escrever melhor obra literária de determinado gênero.

Neste caso, além do cumprimento das disposições gerais para qualquer promessa de recompensa, seja em sua constituição, seja em seus efeitos, faz-se necessário determinar prazos: prazo para entrega da obra e datas da apreciação, do julgamento e da premiação, conforme prevê o *caput* do art. 859 do Código Civil vigente.

Além de ter de ser balizado por prazos certos e determinados, um concurso para obtenção de uma recompensadeverá dispor de um ou mais julgadores aptos, nomeados no ato da promessa. Caso não haja nomeação expressa prévia, o julgador será, compulsoriamente, o próprio promitente, em função do previsto no art. 859, § 2º do Código Civil vigente.

Em caso de empate, proceder-se-á como a uma promessa comum; se for possível determinaro primeiro a realizar as condições, de forma compatível com o concurso, ser-lhe-á atribuído o prêmio. Caso não haja como se determinar a ordem temporal, caberá a ambos a recompensa, dividida em partes iguais.

É importante ressaltar, sobretudo quando se tratarem de obras artísticas ou literárias, que o mero fato de se ingressar no concurso, ou até mesmo de ser contemplado com a recompensa, não implica a cessão de seus direitos sobre a obra. Para que o promitente adquira esses direitos, deverá constar da promessa de recompensa mediante concurso, que os contemplados cederão seus direitos, passando as obras a pertencer ao promitente.

Da Gestão de Negócios

Definição e Características

A gestão de negócios, como já referido na seção "Introdução: Natureza Jurídica dos Atos Unilaterais" deste capítulo, era tida como uma fonte de obrigações, não de caráter contratual, mas de caráter "quase-contratual".

Com a evolução do direito civil e da teoria das fontes das obrigações, esta categoria deixou de existir. O legislador do Código Civil de 1916 entendeu que deveria classificar a gestão de negócios como um contrato, fazendo-o nos arts. 1.331 a 1.345. O Código Civil vigente, atentando para a natureza e para as características da gestão de negócios, classificou-a e submeteu-a acertadamente à disciplina dos atos unilaterais.

Apesar de lembrar, em muitos momentos, um perfeito negócio jurídico, a gestão de negócios prescinde de um elemento essencial: o consenso prévio de vontades. É certo que pode haver consenso e declarações de vontades de duas partes, mas *a posteriori*, depois que o gestor realizou atos e se tornou credor. Desta forma, não se pode plenamente vislumbrar um contrato na figura em questão, sendo melhor sua disciplina entre os atos unilaterais, posto que cada um deles é disciplinado diferentemente, de acordo com suas características.

A gestão de negócios muito se assemelha ao contrato de mandato estudado na seção "Comissão" (capítulo 4 desta obra), porque o gestor age em nome do interesse de outrem. Mas, a diferença essencial encontra-se exatamente na falta de autorização prévia, no mútuo consentimento prévio, o que ocorre no mandato, mas não na gestão de negócios.

Ao tratarmos das características deste instituto, devemos ressaltar que apesar da sua correta reclassificação no Código Civil vigente, retirando-lhe o caráter contratual e enquadrando-o como ato obrigacional por declaração unilateral de vontade, a disciplina dos direitos, deveres e responsabilidades decorrentes do instituto foi organizada de forma praticamente idêntica ao Código Civil de 1916.

A gestão de negócios pode ser definida como a atuação de uma pessoa (gestor de negócios) que intervém em negócios alheios, sem prévia autorização do dono do negócio ou interessado, mas age de acordo com o que se presume seria a vontade deste, assumindo pessoalmente a responsabilidade dos atos que praticar, fazendo jus, todavia, a uma indenização pelas despesas assumidas.

Ademais, apesar de a definição legal (art. 861 do Código Civil vigente) não contemplar esta característica, o gestor de negócios não interfere a seu bel-prazer nos negócios alheios. O gestor age dessa forma para evitar prejuízos para o dono da coisa ou negócio. Ou seja, na falta do verdadeiro legitimado, o gestor age para lhe garantir os direitos. Assim, a indispensabilidade é uma característica da gestão.

A motivação essencial dos atos praticados pelo gestor é a solidariedade humana. Ou seja, o gestor age sem haver nenhuma imposição legal para que o faça, mas em consideração aos bens e coisas alheias.

Para que se caracterize a gestão de negócios, alguns pressupostos devem estar presentes, como veremos a seguir:

a. *Ausência de prévio ajuste ou consenso mútuo* – Como se trata de uma declaração unilateral de vontade, o gestor de negócios, que na ausência de seu vizinho, que está viajando ou convalescendo de uma doença, por exemplo, conserta seu telhado danificado por fortes chuvas, não foi incumbido disso pelo proprietário (*dominus negotii*).

Não há qualquer dever do gestor em cuidar dos negócios do *dominus negotii*. O gestor trata de resolver as questões e efetuar os contratos necessários para as providências que se sente moralmente compelido a tomar. Contudo, entre o gestor e o proprietário não pode haver qualquer ajuste prévio. Se isto ocorreu, caracterizar-se-á um mandato, se o combinado for que se guarde uma coisa, tratar-se-á de um depósito.

Ou seja, uma manifestação de vontade, ainda que tácita, decorrente do costume entre o gestor e o proprietário, descaracteriza a gestão de negócios, podendo haver a caracterização de qualquer um dos contratos típicos ou atípicos existentes no ordenamento.

Atente-se que o Código Civil vigente, em seu art. 875, neste sentido de assumir obrigação própria sem prévio ajuste, dispõe que se o gestor e o proprietário possuírem negócios em comum e não for possível gerir separadamente, o gestor será tido como sócio do *dominus negotii*. E este, por sua vez, somente terá o dever de indenizar em relação aos benefícios que lograr.

Em resumo, o gestor age por *sponte propria*, sem provocação ou por qualquer liame contratual.

b. *Vontade do gestor de gerir negócio alheio* – O gestor conhece o caráter alheio do negócio ou da coisa e irá intervir, comprometendo-se em nome próprio perante terceiros, mas com a intenção sempre de favorecer o negócio alheio.

Assim, o gestor de negócios não visa a lucro ou nem a vantagens; deve, no verdadeiro sentido, agir altruisticamente, posto que a responsabilidade civil contratual recairá sobre sua pessoa (art. 861 do Código Civil vigente, parte final) perante aqueles que contratar, e deverá agir com a diligência com que habitualmente se administra um negócio.

Se da sua gestão, mesmo que executada de forma desinteressada e de boa-fé, o gestor causar prejuízo, deverá ressarci-lo se agiu apenas com culpa (art. 866 do Código Civil vigente).

E, ademais, assumida a obrigação de gestor dos negócios alheios, os negócios do proprietário deverão ter preferência na execução e no trato aos próprios negócios do gestor. Caso o gestor venha a preterir algo favorável ao *dominus negotii* para poder obter proveito próprio, responderá pelas perdas e danos cabíveis e pelos resultados oriundos até mesmo de caso fortuito ou força maior (art. 868 do Código Civil vigente).

Portanto, o gestor deve ter o firme propósito de administrar o negócio alheio, porque os deveres que lhe são impostos são rigorosíssimos, como estes artigos do Código Civil vigente demonstram.

c. *Restrição aos negócios de caráter não patrimonial* – O gestor de negócios poderá agir em relação a interesses disponíveis, patrimoniais. Dada a natureza desses interesses, sempre é possível indenizar seja em espécie, com aquilo que foi utilizado, seja através das perdas e danos.

Mas, quando tratamos de direitos personalíssimos, esta possibilidade não se apresenta. Desta forma, por exemplo, quaisquer negócios que envolvam direitos da personalidade (arts. 11 a 21 do Código Civil vigente), ou que não se refiram a um reflexo puramente patrimonial decorrente desses direitos, não poderão ser objeto de gestão.

Assim, a liberdade do gestor está limitada pela patrimonialidade. Não é lícito a ninguém comprometer a liberdade alheia, uma vez que decorre do comando constitucional a imposição de que ninguém será obrigado a fazer ou deixar de fazer algo se não em virtude de lei.

Desta forma, por mais proveitosa que seja a oferta feita ao *dominus negotii* de se pintar um painel ou esculpir uma obra de arte, por exemplo, o gestor de negócios não poderá, em nome daquele, aceitar os termos contratuais, posto que se trata de obrigação personalíssima aquiescer em realizar uma determinada obra de arte, ou escrever um livro, já que tais atividades se ligam diretamente à livre expressão e manifestação do pensamento e essa liberdade pode incluir, outrossim, a vontade do *dominus negotii* de simplesmente se recusar a aceitar algo.

d. Necessidade da gestão de negócios – A gestão de negócios deve ser necessária ou útil ao *dominus negotii*. Assim, a mera cortesia do gestor de recolher, por exemplo, a correspondência de seu vizinho durante os poucos dias em que esteve ausente não caracteriza gestão de negócios. Recolhida ou não a correspondência, esta chegaria ao seu destinatário da mesma forma, não havendo nenhuma necessidade ou utilidade imperiosa que impusesse uma ação imediata. A necessidade e a utilidade da gestão estão previstas no arts. 869 e 870 do Código Civil vigente.

A necessidade da gestão de negócios que gera despesas não é apreciada levando-se em consideração o resultado obtido, mas as circunstâncias em que ocorreram. Ou seja, o gestor não se obriga a um resultado (não se trata de uma obrigação de resultado).

O gestor assume uma obrigação de meio, de envidar todos os esforços necessários para obter o melhor resultado possível em favor do proprietário. Assim, diante de uma força da natureza, como uma enchente, que esteja a invadir um imóvel do proprietário, o gestor pode conseguir salvar alguns pertences ou documentos do *dominus negotii*.

Ora, o gestor não conseguiu o resultado total, um salvamento total, mas seguramente, a perda parcial é muito menos prejudicial do que a perda total, razão pela qual, aplicando-se as disposições legais, o gestor deverá ser indenizado das despesas que realizou.

Outro exemplo de que a ação do gestor é necessária ou útil é a identificação de um vazamento ou infiltramento de grandes proporções no imóvel do proprietário. O gestor providenciará para que se repare esse defeito e cuidará para que os bens não se deteriorem na ausência do proprietário.

Neste caso, o gestor realizou o que chamamos de benfeitoria necessária, tendo direito a ressarcimento, desde o momento em que a despesa se efetivou, acrescido dos juros legais.

Realizadas as tarefas úteis ou necessárias, não importa que o gestor desconheça quem é o proprietário da coisa. Mesmo que o gestor desconheça ou não preste as contas devidas ao verdadeiro proprietário, este continua a ter o dever de indenizar o gestor pelas atividades realizadas e pelos gastos efetuados.

e. *Inexistência de proibição ou oposição por parte do proprietário* – Ainda que o gestor de negócios atue movido por um sentimento de altruísmo e sem provocação ou qualquer dever legal, não visando a uma recompensa patrimonial, haverá casos (além dos direitos não patrimoniais) em que fica ao gestor vedada qualquer atividade.

Se o proprietário tiver manifestado expressamente que não deseja que ninguém interfira em seus negócios ou se esta for sua vontade presumida, posto que de seus atos e palavras se possa licitamente deduzir que não deseja a intervenção de terceiros, haverá uma proibição geral ou específica (com relação a determinada pessoa).

Assim, se, por exemplo, o proprietário disser que prefere ver seus negócios falirem ou irem à ruína a vê-los administrados por determinada pessoa ou por qualquer pessoa, está se opondo claramente à gestão de negócios. Neste caso, se contrariamente à vontade do *dominus negotii*, se o gestor iniciar a gestão, ou até mesmo levá-la a termo, responderá por todos os danos causados, inclusive por aqueles decorrentes de caso fortuito (arts. 862 e 863 do Código Civil vigente).

Além do dever de indenizar, o gestor também deverá arcar com os prejuízos que tenham excedido os benefícios decorrentes da gestão de negócios, devendo pagar a diferença. Somente se exonera da obrigação de indenizar o gestor que demonstrar que, mesmo sem intervenção, o caso fortuito teria causado os mesmos danos, independentemente de sua ação.

Analisados os requisitos intrínsecos à caracterização da gestão de negócios, vejamos as conseqüências jurídicas desta declaração unilateral de vontade.

Direitos e Deveres Oriundos da Gestão de Negócios

Na seção "Definição e Características" deste capítulo, ao examinarmos as características da gestão de negócios, já tratamos de alguns direitos e deveres que agora examinaremos de forma mais detalhada. Vejamos, primeiramente, as obrigações do gestor em relação ao proprietário:

a. Como dito no item anterior, a gestão é uma administração dos negócios do proprietário e a lei estabelece critérios para que essa seja realizada. O gestor deverá agir conforme presume que o proprietário agiria.

Esta presunção é uma ilação, decorrente dos conhecimentos ou informações que o gestor ou outras pessoas possam ter de como o proprietário conduzia regularmente seus negócios. Assim, não é dado ao gestor administrar como queira, mas como o proprietário faria. Claro que pequenas inovações, em situações inusitadas, não descaracterizam essa fidelidade. A disposição do Código Civil vigente – art. 861, que faz esta previsão – deixa claro que o gestor deve conduzir os credores como o proprietário conduzia, como um todo. Claro está que em sua ausência, as minúcias dificilmente poderiam ser apuradas. O proprietário mesmo poderia ter de fazer novas escolhas.

Além da vontade que se presume do proprietário, o gestor age em nome próprio, mas preservando, mantendo e acautelando os interesses do proprietário, e não os interesses próprios.

Por fim, ainda com relação ao modo pelo qual o gestor conduzirá os negócios do proprietário, aquele deverá sempre se pautar pela habitual diligência que qualquer pessoa deve ter quando trata de coisas alheias. E, como conseqüência, sempre que se tratam de coisas alheias, o gestor terá o dever de indenizar pelos prejuízos causados ao proprietário, caso aja com culpa (art. 866 do Código Civil vigente).

b. Assim que possível, deverá o gestor, conforme determina o art. 864 do Código Civil vigente, dar ciência ao proprietário de suas atividades, devendo aguardar resposta do dono do negócio a respeito da continuação da gestão.

Mesmo que tenha sido encontrado o proprietário, se a demora na resposta puder potencialmente acarretar danos, o gestor estará legalmente autorizado a continuar agindo, mas somente no que tange aos negócios urgentes, posto que a demora poderá acarretar perigos como deterioração de bens, perda de prazos de ofertas, sanções por descumprimento contratual, entre outras possibilidades.

Enquanto não for encontrado o *dominus negotii*, ou enquanto este não responder, por força do art. 865 do Código Civil vigente, deverá continuar agindo o gestor de acordo com os ditames já estabelecidos, administrando nos limites do interesse e da vontade presumida do proprietário e concluindo os negócios pendentes.

Se durante este período de gestão o proprietário vier a falecer, o gestor deverá agir de acordo com as ordens passadas pelos herdeiros. Na falta de instruções, terá o poder de agir no limite das medidas acautelatórias, necessárias em razão da urgência, do mesmo modo como quando não há resposta do proprietário a respeito da comunicação do exercício da gestão.

c. A prestação de contas é um dever do gestor, implícito aos demais deveres, sobretudo o do desvelo com o qual deve tratar a coisa alheia. Retornando o proprietário, deverá o gestor lhe demonstrar todos os gastos efetuados bem como os lucros obtidos, sob pena de estar agindo ilicitamente, apropriando-se de coisa de terceiros, por exemplo.

d. Responsabilidade pelos atos praticados durante a gestão. Como regra geral, prestadas as devidas contas, teria apenas o gestor direito ao ressarcimento das despesas efetuadas e de eventuais prejuízos sofridos.

A responsabilidade do gestor por danos causados ao negócio pressupõe que este tenha agido com culpa, não tendo atentado à diligência mínima necessária na condução dos negócios alheios.

Outrossim, se o gestor se fizer substituir por outrem, a responsabilidade será própria e não de terceiro, posto que o gestor é que se obrigou por seu ato unilateral e escolheu, de forma equivocada, alguém para representá-lo. Assim, perante o dono do negócio, a responsabilidade por danos causados, ainda que por um substituto, será do gestor.

Contudo, ressalte-se que o gestor poderá, demonstrando que não agiu com culpa *in eligendo* e que a pessoa que escolheu como substituta para si era idônea e gozava de sua confiança, reaver o que teve de ressarcir ao dono do negócio em uma ação regressiva contra o substituto relapso.

Se mais de uma pessoa passar a exercer a gestão, serão elas solidárias entre si nos danos causados e na conseqüente responsabilidade e dever de indenizar. Contudo, deverão ser aplicadas as regras da solidariedade, em relação ao cabimento de ação regressiva.

Como regra geral, o gestor não responde por caso fortuito ou força maior. Apenas excepcionalmente isto ocorrerá. A primeira hipótese na qual o gestor responde inclusive pelos casos fortuitos é o exercício da gestão contra a vontade expressada ou presumível do proprietário do negócio. Neste caso, como dissemos, somente se exonera dessa responsabilidade extraordinária se comprovar que mesmo que nada tivesse feito, o caso fortuito teria afetado os negócios.

A segunda hipótese de responsabilidade extraordinária, por caso fortuito, prevista no *caput* do art. 868 do Código Civil vigente, se dá quando o gestor fizer operações arriscadas (como jogos de bolsa, por exemplo; investimentos de alto risco) mesmo que esta fosse a prática comum do proprietário, e dessas operações resultar prejuízo.

A última hipótese de responsabilidade por caso fortuito, também previsto pelo *caput* do art. 868, do Código Civil vigente, é de, na condução dos negócios, o gestor dar preferência aos seus próprios interesses, olvidando-se das obrigações que assume espontaneamente. Assim, cumpre-lhe o dever de indenizar o prejuízo causado por essa desídia no desempenho da obrigação.

Há que se ressaltar nesta responsabilização por negócios de risco, que é possível que o gestor seja bem-sucedido no contratado. Neste caso, embora a atividade não seja franqueada ao gestor, para que não haja um enriquecimento sem causa, cumpre ao proprietário indenizar o gestor pelas despesas e eventuais prejuízos sofridos.

Desempenhada a gestão, retornando o *dominus negotii*, este poderá ratificar ou desaprovar a gestão realizada, nos termos dos arts. 873 e 874 do Código Civil vigente.

A ratificação é a aceitação de todos os atos praticados pelo gestor, efetuada sem condições ou termos, de forma pura e simples. Neste caso, com a ratificação dos atos, seus efeitos retroagirão ao início da gestão, transformando-se, por expressa previsão legal (art. 873 do Código Civil vigente), a gestão do negócio em mandato.

Mas, há uma diferença essencial entre o mandato e a gestão de negócios. Ainda que a gestão de negócios seja convertida, por ratificação, em mandato, nunca será remunerada, apenas será o gestor compensado pelo que despendeu. Já o mandato, como conta com o acordo prévio de vontades, poderá ser remunerado.

Várias são as conseqüências para o proprietário em decorrência da ratificação. Tendo ratificado os atos do gestor e sendo este convertido em mandatário, o proprietário deve substituir o gestor em todas as relações jurídicas assumidas por ele, que ainda estão em curso, posto que feitas em seu interesse.

Além disso, ao ratificar os atos do gestor, o proprietário tem o dever de indenizá-lo: pelas despesas necessárias e úteis que realizou; pelas despesas corrigidas com os juros legais se estas impediram prejuízos iminentes ou geraram proveito ou lucro para o dono; pelas vantagens obtidas, tão somente se houver conexão entre os negócios do gestor e do proprietário; pelos prejuízos que eventualmente sofreu o gestor em razão dos atos praticados, até mesmo por ter dado preferência aos negócios do proprietário, preterindo os seus próprios; pelas despesas realizadas com o enterro de terceiro, de acordo com os usos e costumes e com as condições do falecido, fosse essa obrigação do *dominus negotii*.

Nas duas últimas circunstâncias (alimentos e despesas funerárias), aquele que deveria por obrigação realizá-las poderá se eximir do dever de indenizar o gestor pelos gastos efetuados, desde que comprove que este realizou tais atos com o "intento de bem fazer", ou seja, que na verdade não teria havido uma gestão e sim uma mera liberalidade (arts. 871 e 872 do Código Civil vigente).

Ademais, é necessário ressaltar que, independentemente de ratificação, sempre será ressarcido o gestor que prestar obrigações alimentares a quem se supõe credor de alimentos do *dominus negotii*, conforme prevê expressamente o art. 871 do Código Civil vigente.

Caso o proprietário desaprove a gestão, com fundamento em expressa ou tácita manifestação prévia em contrário, poderá exigir que o gestor retorne as coisas ao estado em que as encontrou ou que o indenize da diferença, sobretudo nos casos em que se tornar impossível reverter os atos.

Contudo, mesmo desaprovando a gestão, se os atos realizados foram úteis ao proprietário ou evitaram prejuízos iminentes, o proprietário se beneficiou destes atos de gestão, apesar da desaprovação. Desta forma, para que não haja enriquecimento ilícito ou sem causa, o proprietário deverá reembolsar ao gestor as despesas efetuadas e das quais obteve proveito inegável.

Do Pagamento Indevido

Definição e Características

Inovou o legislador ao deslocar o pagamento indevido da disciplina das obrigações, mais precisamente como efeitos das obrigações (arts. 964 a 971 do Código Civil de 1916) para as obrigações por declaração unilateral de vontade (arts. 876 a 883 do Código Civil vigente).

Apesar da mudança de classificação e disposição da matéria, o conteúdo das disposições do Código Civil vigente pouco difere do conteúdo dos artigos do Código Civil de 1916, apenas havendo a positivação de um princípio que já era tido como decorrente da interpretação da matéria e de muito incorporado à nossa doutrina, como veremos no momento adequado.

Em verdade, o pagamento indevido é muito diverso das demais categorias por nós já examinadas (promessa de recompensa e gestão de negócios). Por sua natureza jurídica, parece-nos que realmente é mais adequado classificá-lo, com suas conseqüências, dentro da disciplina das obrigações, e não como uma declaração unilateral de vontade que obriga o declarante.

Assemelha-se, contudo, ao enriquecimento sem causa, como ilustra este exemplo. Se *A* paga a *B* uma determinada quantia supondo que está adimplindo uma obrigação, mas o verdadeiro credor é *C*, há uma possível caracterização de enriquecimento sem causa. Se *B* nada fizer, não esclarecer o equívoco e receber o pagamento, estará se locupletando indevidamente, seu patrimônio terá aumentado mesmo inexistindo causa jurídica para tanto.

Feitas estas reflexões a respeito da natureza jurídica do pagamento indevido, faz-se mister seu exame da forma como foi tratado pelo Código Civil vigente.

O pagamento indevido pode ser conceituado como aquele realizado pelo devedor à pessoa que reputa erroneamente como credor da prestação que deve adimplir ou como o pagamento efetuado por pessoa que se crê devedora, embora inexista obrigação com o suposto credor.

Assim, de plano, duas características ou modalidades de pagamento indevido se sobressaem. O pagamento pode ser subjetivamente indevido, posto que o devedor efetua o pagamento a quem supõe erroneamente ser seu credor ou, ainda, não é devedor daquela determinada obrigação, mas, efetua pagamento ao credor mesmo assim, supondo ser obrigado. Deste modo, temos um erro tanto quanto à pessoa do credor, como à pessoa do devedor. O pagamento efetuado por aquele que se supõe erroneamente devedor feito ao credor correto reverte-se em benefício do devedor, restando àquele que efetuou o pagamento, direito de regresso contra o verdadeiro devedor.

Outrossim, o pagamento pode ser, como definimos, objetivamente indevido, quando o devedor paga dívida inexistente, seja porque existiu, mas já foi adimplida totalmente, seja porque nunca existiu.

Como requisitos para caracterizar o pagamento indevido, é necessário que haja uma diminuição patrimonial daquele que efetua o pagamento com o conseqüente enriquecimento daquele que recebeu o pagamento indevido. Existe, portanto, uma relação diretamente proporcional, o empobrecimento do que efetua o pagamento é a causa direta do enriquecimento daquele que o recebe.

Para que se caracterize o pagamento indevido é necessário que aquele que realizou o pagamento não tenha agido com culpa. Certamente, o pagamento foi efetuado de forma diversa da devida por algum erro, mas este erro deve ser justificável, posto que o pagador não pode concorrer culposamente para o pagamento indevido. Caso contrário poderá, em uma situação extrema, ter de realizar novamente o pagamento, desta vez para a pessoa correta.

Assim, cumpre àquele que paga agir com a devida atenção e não de forma negligente, pagando a quem não deve receber. É necessário, deste modo, que o pagamento tenha sido efetuado de forma inocente, sem culpa, e que não fora possível, pelos meios mais acessíveis e simples, descobrir a quem deveria ser efetuado o pagamento.

A questão da ausência da culpa refere-se ao pagamento subjetivamente indevido. Já em relação ao pagamento objetivamente indevido, é necessário que se caracterize a falta de justificativa jurídica para o pagamento, qual seja, a inexistência de qualquer obrigação, decorrente de fonte aceita pelo ordenamento, que determinasse àquela pessoa a realização do pagamento efetuado.

O principal efeito do pagamento indevido é a possibilidade, na falta da devolução espontânea ou em caso de recusa daqueles que agem de má-fé, de se efetuar a devolução da quantia paga, de se repetir o pagamento ou de se restituir o indébito (indevido). Atente-se, contudo, como veremos a seguir, que nem todos os casos possibilitarão essa restituição.

Da Repetição do Pagamento

a. *Formas de repetição de indébito* – A repetição do pagamento ou restituição do indébito é a conseqüência jurídica que sofre aquele que enriqueceu, sem justa causa, em razão de um pagamento indevido.

Vejamos, primeiramente, as hipóteses de restituição ou de repetição do indébito. Conforme disposto no art. 876 do Código Civil vigente, considera-se pagamento indevido aquele realizado à pessoa que não era credora, ou seja, que recebeu aquilo que não lhe era devido ou que recebeu o pagamento de dívida condicional sem que a condição houvesse se implementado. Estas são as hipóteses de pagamento indevido subjetivo.

Já no art. 877 do Código Civil vigente temos a previsão do pagamento indevido objetivo, ou seja, da dívida que inexiste, impondo, àquele que efetuou o pagamento, o ônus de demonstrar que foi efetuado mediante erro.

Outras formas de pagamento indevido objetivo existem em nossa legislação, como o pagamento indevido de tributos, conforme previsão do Código Tributário Nacional, dando direito à restituição total ou parcial, dependendo do caso. Ainda em relação aos tributos indevidos, é importante ressaltar que, efetuado o pagamento de tributo ilegal ou inconstitucional, o contribuinte também terá direito à repetição.

b. *Regras atinentes à restituição* – Há que se levar em conta, contudo, que entre o pagamento indevido e sua restituição decorrerá um lapso temporal, no qual a coisa pode perecer, dar frutos, render juros. Desta forma, para que o ressarcimento seja integral, desde que possível, os arts. 878 e 879 impõem àquele que recebeu o pagamento indevido as regras aplicáveis ao possuidor de boa-fé e ao possuidor de má-fé.

Assim, se alguém, sem saber que não lhe era devido este pagamento, o recebe, estando de boa-fé, sem nenhuma intenção de locupletar-se ilicitamente, terá os mesmos direitos do possuidor de boa-fé que, conforme os arts. 1.214, 1.217 e 1.219 do Código Civil vigente são os seguintes, *desde que o objeto do pagamento seja bem móvel*:

a. Enquanto perdurar a boa-fé, aquele que recebeu o pagamento indevido terá direito aos frutos que esse pagamento gerar.

b. Caso não tenha agido com culpa ou dolo, aquele que retém o pagamento indevido não responde pela deterioração ou pelo perecimento da coisa objeto do pagamento, desde que não tenha dado causa a essas formas de perdimento.

c. Direito à indenização pelas benfeitorias úteis e pelas benfeitorias necessárias e direito de levantar as benfeitorias voluptuárias, desde que não descaracterizem a coisa. Outrossim, terá direito de reter a coisa até que as benfeitorias úteis e necessárias lhe sejam ressarcidas.

O possuidor de má-fé, por sua vez, praticamente não tem direitos com relação ao pagamento e, *desde que o objeto do pagamento seja bem móvel*, será regido pelos seguintes dispositivos do Código Civil vigente: arts. 1.216, 1.218 e 1.220. Assim, o possuidor de má-fé terá a seguinte disciplina, no caso de pagamento indevido:

a. Os frutos deverão ser devolvidos ao proprietário, sendo-lhe apenas ressarcidas as despesas de produção e custeio que porventura ocorrerem. Caso por sua culpa deixem de ser percebidos frutos, do mesmo modo terá o dever de indenizar.

b. Mesmo que não tenha agido com culpa ou dolo, deverá indenizar o legítimo proprietário pela perda ou deterioração, eximindo-se desta obrigação apenas se provar que o perecimento ou perda teria ocorrido mesmo se a coisa estivesse em poder do legítimo proprietário.

c. Assiste-lhe o direito de ser indenizado somente pelas benfeitorias necessárias. Não lhe são ressarcidas as benfeitorias úteis e não terá o direito de levantar as benfeitorias voluptuárias. Não lhe assiste, mesmo que não tenha sido ressarcido, o direito de retenção.

Como ressaltamos, esta é a disciplina aplicável, uma vez que os dispositivos que tratam de pagamento indevido fazem expressa remissão aos direitos reais, desde que se trate de coisas móveis. Caso o objeto do pagamento a ser repetido seja imóvel, há previsão expressa no capítulo do pagamento indevido, no art. 879 do Código Civil vigente, indicando os procedimentos cabíveis.

Assim, se a coisa objeto do pagamento recebido for um imóvel, aquele que agiu de boa-fé somente responde pela quantia recebida, por título oneroso. Caso aquele que recebeu tenha agido de má-fé, além de responder pela quantia recebida a título oneroso, responderá por perdas e danos.

Se a transmissão tiver ocorrido a título gratuito, aquele que tiver efetuado o pagamento por erro terá o direito de reivindicação contra o receptor de má-fé ou terceiro que deste tenha adquirido o imóvel.

Se *o objeto do pagamento*, por fim, não for coisa móvel, nem coisa imóvel, mas *uma obrigação de fazer ou não fazer*, aquele que recebeu a prestação deverá indenizar a pessoa que a efetuou, na medida do lucro obtido.

Esta disposição referente às obrigações de fazer ou não fazer é, obviamente, consentânea com a natureza destas. Uma vez que se absteve o devedor de fazer algo, ou fez algo e beneficiou o terceiro, nem sempre haverá como indenizar o devedor; isto será possível somente se o fazer ou não fazer puder se traduzir em vantagem economicamente aferível.

Assim, se o devedor tem a obrigação de se abster de cruzar a propriedade de *A*, mas confunde-se e se abstém de cruzar a propriedade de *B*, *A* não auferiu nenhuma vantagem que possa ser expressa economicamente e que possa ser restituída ao devedor. Já se tivesse sido instituída uma multa para o descumprimento dessa mesma obrigação, por exemplo, e o devedor tivesse pagado a *A* esta multa, aí sim teríamos um conteúdo economicamente estimável que poderia ser objeto de restituição.

c. Hipóteses excluídas do dever de restituição

O Código Civil vigente prevê as hipóteses de pagamento indevido que não geram o dever de restituir ou a repetição do indébito, nos arts. 880, 882 e 883. Analisemos, pois, as referidas hipóteses:

a. Se alguém recebeu do devedor o pagamento indevido, porque era destinado a outra pessoa, mas possuía com o devedor obrigação e aceitou o que foi oferecido, de boa-fé, como pagamento de uma dívida existente e verdadeira, inutilizou o título que lhe daria direito à cobrança ou deixou que o prazo prescricional escoasse.

Como exemplo, podemos dizer que *A* deve a *B* uma certa quantia e, simultaneamente deve quantia maior a *C*. Se *A* realiza o pagamento menor, destinado a *B*, na pessoa de *C*, este pode receber e reter o pagamento porque, afinal de contas, entre eles há uma relação obrigacional. Apesar do valor devido ser maior, *C* contentou-se com o pagamento menor e não exerceu a cobrança do restante. Neste caso, *A* não terá nenhum direito de pedir restituição a *C*.

Nesta hipótese, se alguém efetuou o pagamento em nome do legítimo devedor, não terá como acionar o credor, mas terá direito de regresso contra o verdadeiro devedor e seu fiador.

Voltemos ao exemplo acima no qual *A* realiza o pagamento a *C* ao invés de realizá-lo a *B*, supondo-se que *A* efetuou o pagamento em lugar de *D*. O fato de o pagamento ter sido equivocado não retira o direito de *A* de reaver de *D* as quantias que desembolsou.

b. Se a dívida já está prescrita ou a obrigação já havia se tornado judicialmente inexigível, mas o devedor a adimpliu, em princípio há um indébito objetivo, uma vez que a dívida é inexistente. Contudo, a dívida prescrita ou qualquer outra obrigação que não possa ser reclamada é a chamada obrigação natural.

A obrigação natural existe e é devida, mas não possui meios judiciais de cobrança. O fato de a dívida ter prescrito por inércia do credor não elide o reconhecimento de que houve uma obrigação.

Portanto, ambas as hipóteses previstas se tratam de casos de obrigações que não foram exigidas e nem mais o podem ser judicialmente. Mas não se trata de um indébito objetivo, posto que a dívida existiu. Por esta razão pode, licitamente, o credor reter o pagamento.

c. Se o pagamento foi realizado para se alcançar um fim ilícito (civil, penal ou mesmo administrativo), imoral ou proibido por lei, não pode ser exigida sua restituição, devendo o pagamento ser revertido em prol de entidade beneficente.

Neste caso, é clara a intenção do legislador, posto que o ordenamento jurídico não pode fomentar atividades ilícitas ou proibidas, em fraude à lei. Este dispositivo não constava do Código Civil de 1916 e, se bem aplicado, poderá servir a uma nobre finalidade de auxílio a entidades beneficentes, que serão escolhidas pelo juiz.

Efetuado, por exemplo, um pagamento a título de recompensa por um ato ilícito penal (por exemplo, para que um indivíduo cometesse um homicídio), o juiz determinará que este valor nem volte à esfera patrimonial de quem o desembolsou, muito menos seja transmitido a quem o foi prometido, sendo revertido em prol de uma entidade beneficente.

Esta é uma forma de sancionar os comportamentos ilícitos e reforçar a punição, posto que aquele que visava a um fim antijurídico, além de ter uma redução de seu patrimônio, não terá alcançado a finalidade ilícita à qual intentava.

Do Enriquecimento sem Causa

O enriquecimento sem causa era considerado, à luz do Código Civil de 1916, tal qual a boa-fé, um princípio que permeava a interpretação de todos os dispositivos deste e do direito civil em geral. Para que alguém pudesse ter um ganho patrimonial, era necessário uma causa jurídica lícita. Caso contrário, haveria o dever de indenizar.

O Código Civil vigente resolveu positivar a questão do enriquecimento sem causa em três artigos (arts. 884 a 886). O fenômeno da positivação tanto possui aspectos positivos como negativos. O enriquecimento sem causa não pode deixar de ser aplicado às hipóteses em que ele é previsto, taxativa e expressamente, e nos termos em que é previsto. A disposição em norma jurídica traz mais certeza e um balizamento definido.

Contudo, ao ser positivado este princípio, como qualquer outro, pode sofrer um processo de banalização e de ser transformado em uma mera regra. Assim, um princípio, que era inspirador de aplicação, por exemplo, em toda a legislação civil, pode, pela sua positivação no âmbito das obrigações, ser restringido a esta hipótese, resultando em uma interpretação restritiva.

Feitas estas considerações a respeito da positivação do princípio, temos de examinar como o mesmo foi regulamentado no Código Civil vigente.

O enriquecimento sem causa, enriquecimento ilícito ou indevido, pode ser definido como sendo um aumento patrimonial percebido por alguém, sem que haja uma razão ou causa jurídica para justificá-lo, mas que ocorre às custas da diminuição patrimonial de outrem.

Assim, três são as características do enriquecimento sem causa:

a. Aumento patrimonial sem causa jurídica;
b. Diminuição patrimonial de outrem, proporcional ao enriquecimento do primeiro;
c. Relação de causalidade entre o aumento percebido por um e a diminuição sofrida pelo outro. A diminuição patrimonial deste foi causada, portanto, pelo aumento patrimonial daquele.

Por exemplo, se *A* recebe o pagamento de um serviço que não executou e que havia sido contratado e pago por *B*, a integração desse pagamento no patrimônio de *A* será um enriquecimento sem causa. Impõe-se que *A* cumpra a obrigação, ou devolva a *B* a quantia paga.

O art. 884 do Código Civil vigente define o enriquecimento sem causa, impondo o dever daquele que sofreu o acréscimo patrimonial a restituir o que indevidamente recebeu, acrescido da atualização monetária compatível.

Caso o enriquecimento tenha se dado através de uma coisa entregue à pessoa indevida, esta deverá restituí-la. Se a coisa perecer, subsiste o dever de indenizar pelo enriquecimento sem causa, não importando se a coisa pereceu por culpa ou não daquele em cuja custódia ela se encontrava.

Outrossim, não importa se a coisa tenha perecido por caso fortuito ou força maior. Subsiste em todos os casos o dever de indenizar, já que a coisa não pode ser mais devolvida, no valor que esta teria à época em que foi exigida por seu legítimo proprietário.

Por força do art. 885, além da clássica definição do enriquecimento indevido com aumento patrimonial e ausência de causa jurídica, é considerado enriquecimento indevido aquele aumento patrimonial auferido quando a causa jurídica era, a princípio, existente, mas por uma razão qualquer deixou de existir.

Por exemplo, alguém contrata um comodato por prazo determinado. Durante o período contratual, a posse pelo comodatário da coisa é juridicamente justificada. Terminado o prazo contratual, interpelado o comodatário e este se recusando a devolver a coisa, passando a exercer a posse com *animus domini*, há uma cessação da causa jurídica e um aumento patrimonial do comodatário em contrapartida a diminuição patrimonial do comodante. Fica o comodatário, neste caso, obrigado a restituir a coisa ou, se isto se tornar impossível, ressarcir o comodante, como referido no art. 884, parágrafo único. Assim, conclui-se que mesmo uma relação lícita, em razão do *animus* de uma das partes, pode gerar um enriquecimento sem causa.

Por fim, o art. 886 do Código Civil vigente estabelece o caráter subsidiário das disposições sobre o enriquecimento sem causa, somente sendo cabível a sua utilização nos casos em que não houver outro meio para que o lesado alcance o ressarcimento.

No exemplo acima, do comodato, é possível a interposição de uma ação possessória, uma ação de resolução por inadimplemento cumulada com obrigação de fazer (restituir a coisa) e indenizar, se for o caso.

Apesar da caracterização do enriquecimento sem causa, há outro instrumento que pode ser utilizado, não sendo necessário se recorrer diretamente ao enriquecimento sem causa. O enriquecimento sem causa será o instrumento à disposição de qualquer lesado que não contar com outros meios, será o "soldado de reserva" para a hipótese de inexistência de qualquer proteção.

6

Dos Títulos de Crédito

Da Natureza dos Títulos de Crédito e sua Disciplina Geral no Código Civil Vigente

Nota Introdutória

Os títulos de crédito não são exatamente uma fonte de obrigações contratuais ou por atos unilaterais de vontade. Na verdade, expressam uma obrigação de forma documental que pode ter origem na lei, nos contratos, nas declarações unilaterais de vontade e serve até mesmo para a indenização de atos ilícitos.

Assim, um título de crédito, como um cheque, serve para o adimplemento de um contrato de locação, por exemplo. Se for uma nota promissória ao portador, pode representar um título de crédito que garanta o pagamento da promessa de recompensa. Pode ser ainda uma letra de câmbio ou um título de investimento de que uma pessoa se utiliza, para indenizar prejuízos a que deu causa por culpa e sua responsabilidade em um acidente de trânsito.

Os títulos em si não são fontes de obrigação, mas representam uma obrigação que neles se contém. E esta, por conta das necessidades negociais, como veremos adiante, goza de privilégios e garantias, diversos dos demais em sua disciplina.

O instituto jurídico ora em comento nasceu exatamente da necessidade de trazer mais agilidade e segurança de pagamentos para os negócios. Além de facilitarem a circulação de riquezas, pois como veremos, os títulos de crédito são dotados de circulabilidade, são facilmente transmissíveis, diferentemente de outros documentos representativos de obrigações.

A evolução histórica dos títulos de crédito, nascidos já na Idade Média, é muito interessante. Contudo, nos ateremos aos aspectos históricos e jurídicos que nos interessam no direito pátrio, dentro das finalidades desta obra.

Como já dito, os títulos de crédito tiveram sua primeira disciplina no Decreto Federal 2.044 de 1º de janeiro de 1908. Posteriormente foi editado o Código Civil de 1916 que se dedicou apenas aos títulos ao portador. Depois, a Lei Uniforme, resultado da "Convenção de Genebra" de 1930, foi adotada pelo país (expressa adesão do Brasil, pelo Decreto Federal 57.595 de 7 de janeiro de 1966, em matéria de cheques e pelo Decreto Federal 57.663 de 24 de janeiro de 1966, em matéria de letras de câmbio e notas promissórias.

Foram editadas, além disso, leis esparsas no ordenamento interno, que cuidavam dos títulos de crédito em espécie para regulamentar um determinado título de crédito, por exemplo, quanto à sua circulação, entre outras características, como a Lei do Cheque (Lei Federal 7.357/1985). Por fim, a Lei Federal 8.021 de 12 de abril de 1990, já citada, apesar de ter uma finalidade elevada (coibir a sonegação fiscal), acabou por gerar perplexidade ao proibir a emissão de títulos ao portador, que muito correspondem ao ativo econômico circulante, além de fulminar de ineficácia (se ainda sobrava alguma eficácia) os dispositivos primitivos do Código Civil de 1916.

A disciplina dos títulos de crédito no Código Civil vigente é abrangente, no sentido de sistematizar o que seriam as disposições gerais em torno da matéria. Assim, os títulos de crédito em espécie continuam previstos nas leis pertinentes e na Lei Uniforme. Mas, no que for cabível, a disciplina dos títulos de crédito será regida pelo Código Civil vigente; contudo, a disposição em contrário existente nas leis especiais, prevalecerá. Esta é a dicção expressa do art. 903 do Código Civil vigente.

Este é um grande avanço para a clareza e a sistematização da matéria, já que se tinha a disciplina das letras de câmbio como genérica para todos os aspectos que envolvessem os títulos de crédito (aval, endosso, protesto) e esta era aplicada às outras espécies, caso não houvesse ressalva à Lei Uniforme, ou se não estivesse disposta de forma diversa em lei especial.

Desta forma, a compreensão de um título de crédito era muito mais complexa. Com os dispositivos gerais do Código Civil vigente e a lei que regulamenta o próprio título, a visualização da disciplina aplicável à espécie tornou-se muito mais simples a todos que queiram emitir títulos de crédito e ao operador do direito.

Vejamos então as principais características dos títulos de crédito e sua disposição geral no Código Civil vigente.

Características Gerais

O título de crédito, como um documento que representa uma obrigação para que tenha sua garantia e circulação com a maior aceitação possível, facilitando-se sua negociação, possui certas características próprias, aplicáveis a todos os títulos cambiários, seja qual for a sua espécie. Vejamos, pois, estas características, intrínsecas e legais.

Perfil dos Títulos de Crédito

a. *Carturalidade* – O título de crédito é uma cártula, um documento. A posse desse documento é a condição essencial para que se prove a existência da obrigação e seja possível exigir o cumprimento da obrigação nele contida. Por exemplo, o pagamento à vista de determinada quantia quando se emite um cheque. É necessário que o credor esteja de posse desse cheque referido para exercer algum dos direitos a ele inerentes, como sacá-lo, depositá-lo ou endossá-lo.

b. *Literalidade* – As obrigações são aquelas e tão-somente aquelas contidas no documento ou cártula. Qualquer outra obrigação que não constar do título não será exigível, ao menos não em virtude do título de crédito.

c. *Autonomia* – Um título de crédito pode conter várias obrigações: a de pagar uma quantia (devedor); a de garantir o pagamento do título (avalista) ou a de transmitir o título (por endosso). Estas obrigações, e todas as demais possíveis, são independentes entre si. Ou seja, a nulidade de uma delas não acarreta a nulidade das demais, que serão válidas e eficazes.

d. *Abstração* – A relação jurídica, como regra geral, não se relaciona com o título de crédito. A exigibilidade, a circulação e todas as possibilidades negociais do título não se relacionam com a obrigação que lhe deu origem. Assim, se alguém paga um aluguel com um cheque, os requisitos do contrato de locação não se confundem com os requisitos do título de crédito (o cheque em questão).

   Se o cheque, contudo, não tiver provisão de fundos, o credor poderá, se as circunstâncias legais o permitirem, ajuizar uma ação de despejo por falta de pagamento. Ao mesmo tempo, pode protestar o cheque devolvido e utilizar a ação de execução, já que os títulos de crédito são títulos executivos extrajudiciais, conforme o Código de Processo Civil, art. 585, inciso I.

e. *Inoponibilidade das exceções pessoais* – Em decorrência do princípio da abstração, e, como cada obrigação é independente, as defesas pessoais que um obrigado tiver contra outro credor ou devedor deste mesmo título, não poderão ser invocadas, para assegurar a circulabilidade e a negociabilidade dos títulos. A defesa pessoal, ainda que relacionada com o título ou sua obrigação subjacente, somente pode ser deduzida em face de quem em face de quem é parte nesta relação, não valendo, pois, contra terceiros.

Características Legais

Durante muito tempo foi utilizada por vários doutrinadores pátrios a definição do jurista italiano Vivante, por sua clareza e concisão do que viria a ser o título de crédito: "*documento necessário para o exercício do direito, literal e autônomo, nele mencionado*".[41]

O legislador pátrio introduziu essa definição clássica no art. 887, de abertura, o primeiro a tratar dos títulos de crédito, apenas acrescentando que o título de crédito deve preencher os requisitos legais:

> *"O título de crédito, documento necessário ao exercício do direito literal e autônomo nele contido, somente produz efeito quando preencha os requisitos da lei."*

No tocante aos requisitos legais, uma análise dos arts. 887 a 903 do Código Civil vigente faz com que seja lícito concluir que estes requisitos legais possam ser do Código Civil, da lei especial, ou cumulativos de ambos, se cabível esta idéia diante da compatibilidade.

Requisitos de formação do título de crédito

O Código Civil vigente estabelece como requisitos legais que devem constar do título (art. 889):

a. Data de emissão. Caso não conste do título, presume-se que seu pagamento seja à vista, mediante a apresentação.
b. Direitos que o título confere, definidos e individualizados.
c. Assinatura do emitente. A falta de assinatura é vício insanável. Se o mandatário assinar o título de crédito, mas não tiver poderes para tanto, obriga-se pessoalmente. Considera-se o mandante de início plenamente exonerado dos deveres, bem como dos direitos nascidos deste título de crédito (art. 892 do Código Civil vigente).
d. Lugar de emissão e pagamento. Caso aquele não conste do título, considera-se o domicílio do emitente.

A falta de qualquer um dos requisitos constantes do Código Civil vigente, ou de outros requisitos impostos pelas leis específicas e

[41] VIVANTE, Cesare. *Instituições de direito commercial.* Lisboa: Livraria Clássica Editora, 1918. p. 27.

cabíveis, gerará a invalidade do título (art. 888). Mas, em respeito ao princípio da abstração, a invalidade do título não macula a validade do negócio jurídico subjacente. Ressalte-se que apesar de não constar do referido artigo, a hipótese inversa também é verdadeira: a nulidade do negócio jurídico não acarreta a nulidade do título de crédito.

Assim, voltamos ao exemplo do aluguel mensal pago com um cheque. Se o cheque não contiver qualquer um de seus requisitos será um título inválido, mas a obrigação do pagamento mensal do aluguel permanece. Outrossim, se o contrato de locação for nulo ou anulável por incapacidade do locador, o cheque emitido pelo locatário pode ser válido. A retenção do título ou seu pagamento dependerão, contudo, da boa-fé, do real uso do imóvel, ou seja, de outros fatores.

Somente excepcionalmente um título de crédito tem sua exigibilidade atrelada à validade ou a outros requisitos do negócio jurídico. Este é o caso da disciplina da duplicata (prevista na Lei Federal 5.474/1968). Este título somente pode ser emitido em razão de uma compra e venda ou de uma prestação de serviços, sendo a primeira a modalidade mais comum.

No caso específico da duplicata, o devedor poderá se recusar a aceitar e, conseqüentemente, a pagar o título de crédito nas hipóteses do art. 8º da lei específica, a Lei Federal 5.474/1968, que regulamenta as duplicatas. Um exemplo dessa possibilidade de recusa é se a mercadoria apresentar vícios, defeitos ou, ainda, se a qualidade ou a quantidade apresentarem diferenças.

Em relação ao título de crédito, o Código Civil vigente, através do art. 891, veio a positivar uma questão que gerou muita controvérsia, mas já havia sido pacificada na Súmula 387 do Supremo Tribunal Federal. O título de crédito poderia ser emitido de forma incompleta, mas deveria ser preenchido de acordo com o negócio jurídico subjacente. Assim, muitas vezes, o título de crédito era emitido incompleto (sem valor, por exemplo) para garantir uma obrigação futura ou eventual.

Debateu-se a questão por algum tempo até que doutrina e jurisprudência chegassem a um denominador comum em que o título poderia até circular em branco, mas deveria ser preenchido como acordado. Por fim, a citada Súmula do Supremo Tribunal Federal veio a ratificar esta interpretação: *"A cambial emitida ou aceita com omissões, ou em branco, pode ser completada pelo credor de boa-fé antes da cobrança ou do protesto".*

Este posicionamento veio a ser positivado no art. 891do Código Civil vigente em sua inteireza:

> *"O título de crédito, incompleto ao tempo da emissão, deve ser preenchido de conformidade com os ajustes realizados.*
>
> *Parágrafo único. O descumprimento dos ajustes previstos neste artigo pelos que deles participaram, não constitui motivo de oposição ao terceiro portador, salvo se este, ao adquirir o título, tiver agido de má-fé."*

Outrossim, ainda quanto aos requisitos e ao perfil legal dos títulos de crédito, nenhuma cláusula que modifique as características destes poderá ser inserida (art. 890 do Código Civil vigente). Caso isto ocorra, como por exemplo, com uma previsão de juros, de proibição de endosso, a restrição será tida como não escrita, portanto, inexistente. Ou seja, há uma tipificação legal estrita dos títulos de crédito (diferentemente dos contratos), que impõe os direitos e deveres, faculdades e restrições de forma taxativa, não ficando a critério das partes a sua criação ou extinção.

Requisitos referentes à circulação do título de crédito

O Código Civil vigente foi bem econômico na disciplina de circulação de títulos de crédito, havendo apenas os arts. 893 a 896 regulando a matéria. Em verdade, a disciplina da circulação será feita de acordo com a espécie de título: nominativo ou ao portador. Portanto, as regras constantes desses artigos são disposições genéricas.

O art. 893 do Código Civil vigente determina que a transferência dos direitos inerentes a um título de crédito seja integral. Portanto, não haverá transferência parcial dos direitos e obrigações inerentes aos títulos de crédito, ainda que as partes assim o queiram.

A posse de boa-fé do portador é tutelada, vedando a lei que haja reivindicação contra este possuidor, desde que a circulação tenha ocorrido na forma da lei. Ou seja, não havendo vícios inerentes ao título de crédito e à sua transmissão, mesmo que haja vícios, por exemplo, no negócio jurídico subjacente, o título não pode ser retirado do portador de boa-fé, reforçando-se o princípio da abstração, já referido.

Por fim, o Código Civil vigente regula a circulação de títulos representativos de mercadorias, como as duplicatas de compra e venda e os certificados de depósito. A circulação desses títulos é plenamente possível, desde que obedecidos os requisitos das leis especiais que os disciplinem. O próprio título poderá ser objeto de constrição judicial ou ser dado em garantia, mas esta regra não vale para as mercadorias que eles representam.

Requisitos referentes ao aval

O Código Civil vigente disciplinou o aval de forma simples, porém com questões significativas, dedicando os arts. 897 a 900 à matéria.

O aval consiste em uma obrigação acessória que pode ser assumida por alguém, no próprio título de crédito, de garantir seu pagamento. O parágrafo único do art. 897 do Código Civil vigente inova a matéria ao dispor que o aval somente poderá ser integral.

Anteriormente à disciplina vigente, entendia-se que o avalista poderia garantir no todo ou em parte a obrigação cambial. Agora não mais, posto que o referido artigo veda peremptoriamente o aval parcial. Assim, se alguém assumir o ônus de garantir o pagamento de um título, terá de fazê-lo por seu valor total.

Como o aval somente pode ser integral, deve constar do título de crédito a obrigação de pagar uma soma determinada (art. 897, *caput*, do Código Civil vigente), para que o avalista saiba, de plano, qual é a extensão de sua obrigação.

Modificando, outrossim, a forma de prestar o aval, na disciplina anterior esta obrigação de garantia do avalista se concretizava por este assinar o anverso do título. Se este assinasse o verso do título, deveria fazer a ressalva de que a assinatura que apunha era "por aval", para não se tornar o devedor principal ou co-devedor principal.

O art. 898, ao menos aparentemente, permite de forma livre que o aval seja dado no verso ou no anverso. Entretanto, seu § 1º silencia quanto ao aval no verso, mas diz que o aval no anverso pode ser dado pela simples assinatura. Então, conclui-se licitamente, que em razão da falta de previsão legal expressa para o aval no verso, mas com a ressalva para o aval no anverso, seria de bom alvitre continuar a escrever a expressão "por aval" quando este for dado no verso. Tal conduta não acarretará nulidade alguma, apenas tornará clara a intenção do signatário.

O avalista pode se arrepender livremente da obrigação prestada, bastando cancelar o aval. Nenhuma responsabilidade lhe tocará, mesmo que se prove que durante um período determinado de tempo ele foi avalista, posto que a disposição legal é taxativa ao prescrever que o aval cancelado é tido como não escrito (art. 898, § 2º do Código Civil vigente).

Sendo assim, o avalista não responde por qualquer obrigação decorrente do aval que foi cancelado, como se nunca tivesse existido.

O aval pode ser dado "em preto" ou "em branco". No "aval em preto", o avalista indica quem será o obrigado, por força do título, que está sendo beneficiado por seu aval. Já no "aval em branco" o avalista apenas apõe sua assinatura sem indicar o beneficiário (art. 899 do Código Civil vigente, *caput*).

Quando houver "aval em branco", considera-se avalizado o devedor final do título ou seu emitente. Isto porque se o título não circulou, o único devedor é o próprio emitente. Já se o título circulou, poderá haver vários devedores solidários, considerando-se avalizado o último deles, o devedor final.

A disposição do Código Civil vigente a respeito da matéria veio a dirimir algumas dúvidas de interpretação que sobrepairavam em relação ao beneficiário do aval em branco, surgidas da exegese da Lei Uniforme.

Como o avalista garante o pagamento do título, pode ser acionado pelo credor, sem direito a qualquer benefício de ordem, para adimplir ao pagamento da obrigação contida na cambial (art. 899, § 1º). Ao proceder desta forma, o avalista torna-se credor de seu avalizado e de todos os que se obrigaram no título, possuindo ação de regresso contra todos eles.

O avalista tem uma obrigação equiparável àquela do avalizado, da pessoa cuja obrigação garantiu. Contudo, o avalista pode assumir o denominado aval antecipado. Assim, sabe-se que uma determinada pessoa é devedora do título, mas esse título é da espécie que necessita de aceite. Mesmo que seu avalizado, devedor principal, não aceite o título e se exonere, persiste a obrigação do avalista, pela autonomia das obrigações cambiárias.

Do mesmo modo, são iguais as conseqüências do aval dado em relação a um avalizado cuja obrigação é nula, por exemplo, se o avalizado for incapaz para os atos da vida civil e se desconhecia este fato à época da obrigação deste. Desconhecendo ou não a nulidade, a obrigação do avalista é autônoma e persiste, mesmo que a obrigação do avalizado seja considerada nula (art. 899, § 2º do Código Civil vigente). Esta é a aplicação do princípio da autonomia das obrigações cambiais, como exposto no item "Perfil dos Títulos de Crédito", neste capítulo.

O avalista somente se exonera se a causa de nulidade atingir todos os obrigados, ou seja, se houver um defeito de formação no título de crédito. Assim, se o título em si não se constituiu na forma legal, havendo nele um defeito de forma, não há que se cogitar de qualquer responsabilidade de nenhum dos obrigados, entre eles, o avalista.

Por fim, quanto ao aval, o momento em que este é prestado é indiferente para o fim de obrigar o avalista (art. 900 do Código Civil vigente). Assim, mesmo que o aval tenha sido prestado após o vencimento do título, as obrigações, deveres e faculdades serão os mesmos do aval prestado antes do vencimento.

Disciplina do pagamento

O Código Civil vigente faz apenas algumas remissões ao pagamento que tem caráter nitidamente subsidiário à disciplina do pagamento feito pelas leis específicas de cada título de crédito ou pela Lei Uniforme. De toda forma, cumpre examinar estas disposições.

Considera-se válido o pagamento efetuado ao credor aparente, ou seja, o pagamento feito pelo devedor à pessoa que é portadora do título e, conseqüentemente, entende-se ser a credora do mesmo (art. 901, *caput*). Somente se o devedor agiu de má-fé, efetuando o pagamento a esse portador embora tivesse consciência de que seria outra a pessoa credora, subsistirá seu dever de pagamento.

Uma vez efetuado o pagamento, para quitá-lo, o credor deve entregar o título ao devedor. Esta é a forma que de praxe sempre se seguiu. Se o devedor está de posse do título, significa que efetuou seu pagamento. O Código Civil vigente foi adiante e determinou que além de entregar o título, o credor terá o dever de dar uma quitação regular para o devedor que a exigir (art. 901, parágrafo único).

Desta forma, além da devolução do título, o devedor pode exigir uma declaração do credor a título de recibo, que pode, a nosso ver, ser aposta no próprio título de forma simples com a inscrição "pago" acompanhada de data e assinatura ou uma quitação à parte em que se descrevem devedor, credor e efetivação do pagamento.

O credor não é obrigado a receber o pagamento antecipado do título. Contudo, se vencido o título, o pagamento poderá ser total ou parcial. Se for parcial, é necessário que o credor ressalve expressamente no título essa circunstância, bem como em separado, em documento criado com esta finalidade.

Dos Títulos ao Portador

O título ao portador é aquele cuja pessoa beneficiada não consta do título de crédito. O beneficiário será, portanto, a pessoa que estiver na posse do documento. Para que o título seja ao portador, deve constar a expressão "ao portador" em seu corpo.

Como conseqüência direta desta não identificação é que a transferência da titularidade dos direitos inerentes a um determinado título ao portador faz-se pela tradição ou mera entrega do documento à pessoa que se quer beneficiar.

A possibilidade de emissão e circulação dos títulos de crédito ao portador volta a existir pelo disposto no art. 904 do Código Civil vigente. Contudo, há que se atentar para o art. 907, que dispõe que é necessária a autorização da lei especial para emissão de títulos ao portador. Assim, as prescrições da Lei Federal 8.021/1990 continuam em vigor, por disposição expressa do Código Civil vigente. Caso contrário, haveria uma revogação por lei posterior (o Código Civil), que se tornaria incompatível com a disposição legal.

Caso o portador do título perceba que este se encontra em mau estado de conservação, poderá requerer ao emitente que lho substitua, arcando, entretanto, com as despesas da nova emissão (art. 908 do Código Civil vigente). Apesar das despesas, o credor, com esta disposição, tem criada uma faculdade muito útil, pois terá um título exigível de plano sem que lhe possam ser impugnadas condições quaisquer, posto que todas estarão claras.

Na hipótese de extravio ou desapossamento do título, o portador, que é seu proprietário, poderá obter em juízo a substituição do mesmo. Ou seja, a substituição é possível, mas apenas mediante processo judicial (art. 909 do Código Civil vigente). Trata-se da ação de anulação e substituição de títulos ao portador. Esta ação possui um procedimento especial e está prevista no art. 903 e seguintes do Código de Processo Civil. A sua característica principal é a publicidade, para que terceiros interessados, que possam estar de posse do título, venham a alegar sua boa-fé e sua propriedade.

A disposição do art. 909 do Código Civil vigente determina que o pagamento efetuado pelo devedor de boa-fé, que não tinha ciência da ação, o exonera. É mais abrangente que o art. 913 do Código de Processo Civil que dispunha que somente os títulos comprados em bolsa ou leilão impunham ao dono o dever de indenizar aquele que havia adquirido os títulos.

Assim, o Código Civil vigente conta com disposição mais ampla, tendo como requisito apenas a demonstração da boa-fé, não importando se o título foi adquirido no mercado bursátil, em leilão ou de qualquer outra forma.

Dos Títulos à Ordem

Os títulos à ordem, diferentemente dos títulos ao portador, têm seu beneficiário expressamente designado e podem circular, ou seja, ser negociados, mediante endosso. Este é o ato que opera a transferência do título de crédito e, conforme o previsto no art. 910, *caput*, do Código Civil vigente, deverá ser lançado pelo endossante (o beneficiário) no verso ou no anverso do título.

O endosso pode ser "em preto", designando o beneficiário do título, o endossatário, ou seja, a pessoa que irá receber o título e se tornará titular dos direitos dele inerentes. Outrossim, pode ser "em branco", não designando o endossante quem é a pessoa do endossatário. Com o endosso "em branco", o título que era à ordem torna-se título ao portador.

Verifica-se que o endosso "em branco" é possível na disciplina do Código Civil vigente posto que o art. 910, § 1º determina que o endossante *pode* designar o endossatário. É, portanto, um poder, e não um dever.

O art. 913 vigente trata expressamente da seqüência de endossos dispondo que não há imposição em seqüência de endossos *em preto* ou *em branco*. Se o endossatário recebeu por endosso *em branco* pode transferir seus direitos por endosso *em preto* ou vice-versa. Portanto, sempre há a possibilidade de o título à ordem que se tornou ao portador, tornar-se título à ordem novamente.

Ademais, prevê o art. 910, § 2º que o endosso somente se completa com a tradição do título, permitindo, portanto, que se entenda que após a assinatura do endossante, com a designação ou não do beneficiário, é necessária a entrega do título, para que a transferência se considere perfeita. E relembre-se que a transferência dos títulos ao portador se dá pela tradição.

O ato de transferência do título de crédito por endosso deverá ser puro e simples, não se podendo submetê-lo a qualquer tipo de condição. Outrossim, o endosso deverá ser sempre translativo de todos os direitos imanentes da cártula endossada, sendo vedado expressamente pelo Código Civil vigente o endosso parcial (art. 912, parágrafo único).

Da mesma forma que o aval, pode ser um título endossado no verso ou no anverso, sendo suficiente a assinatura do endossante se for efetuada no verso. Concluímos, *mutatis mutandi*, que a assinatura no anverso, por cautela, deverá conter alguma expressão designativa da transferência, como o aval, para que não haja confusão entre as obrigações.

O endossatário pode se arrepender da transferência, cancelando de forma total ou parcial o ato de transferência, o endosso. Uma vez cancelado, é considerado como não escrito e, portanto, tal qual o aval, inexistente.

Além do endosso *em preto* e do endosso *em branco*, existem o endosso-mandato (art. 917 do Código Civil vigente) e o endosso-penhor (art. 918) que são formas impróprias de endosso porque não visam somente à transferência do título de crédito.

O endosso-mandato confere ao endossatário os direitos inerentes ao título salvo. Como ninguém pode transferir mais direitos do que possui, o endossatário que receber o título através de endosso-mandato pode endossar o título e transferir a outrem somente seus direitos, de mandato ou representação.

No tocante à oposição das defesas pessoais, como o endosso-mandato não transfere de fato a titularidade dos direitos inerentes ao título e o mandatário é um representante do mandante, o devedor pode opor ao mandatário todas as defesas pessoais que possui contra o endossante-mandante.

O endosso-penhor, também denominado endosso-caução, transfere a titularidade dos direitos inerentes ao título de crédito, mas como garantia de uma obrigação. Cumprida esta, o endossatário que recebeu o título deverá devolvê-lo ao proprietário. Caso não seja cumprida a obrigação garantida, como o endossatário já se tornou titular dos direitos inerentes ao título, poderá exercê-los, recebendo os créditos decorrentes do título em substituição à obrigação descumprida.

O devedor não pode opor ao endossatário do endosso-penhor as defesas pessoais que possuiria contra o proprietário anterior, o endossante, posto que houve transferência real de titularidade, sendo cabível a regra geral da inoponibilidade das exceções pessoais. Ainda que a transferência possa ser reversível, como depende de um fato futuro, o cumprimento ou não da obrigação não pode servir de argumento para a imposição das defesas pessoais.

Apesar de o endosso-penhor ou endosso-caução transferir a titularidade do título de crédito, aquele que o recebeu desta forma somente pode endossar o título na forma de endosso-mandato. Isto porque se a obrigação garantida for cumprida, há o dever de devolução. E, para cumpri-lo, o endossatário por penhor deve ser o proprietário do título, não podendo, destarte, transferi-lo para terceiros.

Se o título for transferido por qualquer meio que não o endosso no próprio título de crédito, este ato produzirá efeitos, mas não os efeitos de um endosso e sim de uma cessão de crédito (art. 919 do Código Civil vigente).

A cessão de crédito é uma forma de transferência de titularidade de obrigações, mas suas conseqüências são totalmente diversas daquelas decorrentes do endosso. Assim, na cessão de crédito podem ser opostas as defesas pessoais, e o endossante não responde pela solvência do endossatário, entre outras características. Resumindo-se, não prevalecem as garantias cambiárias.

Quanto ao momento em que o endosso em títulos à ordem é efetuado, tal qual o aval, este é indiferente para transferir os direitos decorrentes do título (art. 920 do Código Civil vigente). Assim, mesmo que o endosso tenha sido efetuado após o vencimento do título, as obrigações, deveres e faculdades serão os mesmos do endosso prestado antes do vencimento.

Por fim, quanto aos efeitos do endosso, ao transferir o título, o endossante não mais responde pelo cumprimento da obrigação constante do título, salvo se constar do título cláusula expressa neste sentido. Entretanto, pode assumir a responsabilidade pelo pagamento do título e se tornar devedor solidário.

Dos Títulos Nominativos

São títulos nominativos aqueles que foram emitidos em nome de determinada pessoa o qual deveria figurar no registro do emitente. Esta é a definição doutrinária constante do art. 921 do Código Civil vigente. Tal qual o título à ordem, seu beneficiário já está previamente definido, mas não no título e sim nos registros do emitente. As ações de uma companhia são muitas vezes emitidas desta forma, sendo, portanto, títulos nominativos.

Assim, a transferência dos títulos nominativos pode ser efetuada por seu proprietário a terceiro, mediante registro perante o emitente. Contudo, a transferência através de endosso é possível (arts. 922 e 923 do Código Civil vigente).

Caso, então, o proprietário do título queira transferi-lo através do endosso, poderá fazê-lo, mas somente com a identificação do endossatário, ou seja, endosso *em preto*. Além disso, é necessário que o endossatário leve a registro perante o emitente a transferência efetuada para que tenha eficácia, devendo até, se necessário, comprovar a autenticidade da assinatura do endossante.

Se, apesar da previsão legal, o título tiver endossos *em preto* e *em branco*, o proprietário do título que comprovar a regularidade das transferências de forma ininterrupta até chegar à sua pessoa poderá exigir do emitente que seja registrada a transferência e se torne, portanto, eficaz. Em contrapartida, para efetuar o registro o emitente poderá exigir que o proprietário atual comprove a autenticidade das assinaturas constantes do título.

Efetuada a transferência, o novo proprietário pode exigir que o emitente faça constar de seus registros e emita em nome daquele novo título, já que o título transferido estava com o nome do antigo proprietário inscrito.

O registro perante o emitente é condição de eficácia da transferência e, para que o título seja objeto de negociação ou mesmo de constrição judicial, é necessária essa averbação. Caso contrário, a medida não surtirá os efeitos desejados.

O emitente no controle de registros de emissão e transferência de títulos funciona como um cartório, que somente averba os atos e deles emite certidão. Assim, o emitente não possui qualquer responsabilidade decorrente do título de crédito. Outrossim, se observadas todas as formalidades (como a comprovação de assinaturas), o emitente não responderá por quaisquer transferências irregulares averbadas.

Cumpridas as exigências legais, o emitente não terá qualquer responsabilidade, se estiver agindo de boa-fé, por qualquer irregularidade cometida por endossantes ou endossatários.

Por fim, na ausência de proibição legal, a pedido do proprietário, desde que arque com as custas devidas, o título nominativo poderá ser convertido em título à ordem ou em título ao portador.

7

Conclusão

Análise dos Avanços e Retrocessos no Tema Contratual

Certamente, muitas modificações foram incluídas no Código Civil vigente, por força da unificação do direito civil com o direito comercial ou empresarial. Alguns contratos existentes no Código Civil de 1916, como a parceria agrícola, deixaram de existir como contratos tipificados (o que não significa que deixem de existir na prática, somente não serão tipificados), ao passo que outros, como o contrato de transporte, finalmente mereceram disciplina legislativa sistematizada.

Realmente, há muito impunha-se a unificação do direito civil e empresarial no tocante às obrigações e, sobretudo, aos contratos, posto que as diferenças entre a atividade civil e a empresarial exigirão suas peculiaridades, diferenciações, idiossincrasias, mas não a ponto de haver duas disciplinas diversas. Se acrescentarmos a disciplina consumerista, teremos três disciplinas, às vezes, de um mesmo contrato.

Portanto, a idéia de unificação parece-nos vantajosa do ponto de vista sistemático. As disposições típicas de um contrato de caráter empresarial se sobressairão e serão utilizadas somente nestas espécies. Já as atividades tipicamente civis se valerão das disposições compatíveis. Mas não havia, no ordenamento brasileiro, por força da existência do Código Civil e do Código Comercial, razão para a existência de disciplinas diversas sobre o momento em que se reputa celebrado um contrato.

Ora, esta matéria, seja em negócio civil ou comercial, pode e deve ser disciplinada do mesmo modo, posto que em primeiro lugar não causa prejuízo a nenhuma das disciplinas. E, em segundo lugar, na verdade fornece melhores instrumentos de segurança jurídica, sobretudo para os leigos, que poderão alcançar o mínimo de compreensão de quando devem ou lhe é devido algo.

Relativamente à caracterização do que vem a ser empresário é que nos parece que nosso Código Civil atual ainda se reporta por demais à teoria dos atos do comércio, definindo o empresário pelas atividades que desempenha. Esta definição nos parece ser uma construção muito mais casuística e ainda insegura.

De todo modo, nosso objeto não era o novo direito da empresa e sim dos contratos. Sejam os contratos de particulares entre si, de particulares com as empresas ou destas últimas também entre si, todos, sem exceção, movimentarão as riquezas, desempenharão seu papel econômico através deste instrumento. Portanto, parece-nos fundamental a definição do papel empresarial, inclusive no direito dos contratos.

Em um momento de crescente intercâmbio econômico, a certeza nas relações jurídicas e regimes jurídicos aplicáveis bem-definidos são essenciais para que o ordenamento do país seja considerado sólido, confiável e os negócios jurídicos se efetuem. Por esta razão, insistimos que a definição do papel empresarial é de suma importância, para que o Código Civil vigente se traduza em uma mudança efetiva e operacional do direito.

Sabemos do longo processo de tramitação do Código Civil vigente e da inflação legislativa ocorrida desde a promulgação do Código Civil de 1916, para que se desse conta de todos os aspectos civis necessários.

Nosso Código Civil vigente, feitas estas ressalvas, nenhuma menção faz a contratos que são de prática constante ou relega a leis ainda muito esparsas sua disciplina. Certamente, diante da multiplicidade de contratos e da vida negocial dinâmica que inova a cada dia os instrumentos, é tarefa hercúlea incluir em uma mesma codificação todos os contratos possíveis e imagináveis, mesmo porque o direito somente deve cuidar daquilo que é relevante.

Fazemos referência, neste ponto, ao contrato de arrendamento mercantil ou *leasing*, ao contrato de franquia ou *franchising*, ao contrato de alienação fiduciária em garantia (cuja única disposição legal data de antes do projeto do Código Civil vigente), a contratos de cartão de crédito e de conta-corrente, entre outros. Todos estes contratos já existiam antes até do projeto do Código Civil vigente. Ou mesmo já estavam em plena prática quando este passou por adaptações para adequar o projeto, que datava de 1975, às disposições da Constituição Federal de 1988.

Assim, estes contratos citados, além dos contratos bancários, que são conhecidos e da praxe negocial, deveriam, para melhor assegurar os contratos e sua função social de promover as boas condições do indivíduo e a circulação de riquezas no país, ter sido objeto de disciplina, ao menos geral, para maior segurança jurídica e operabilidade do direito.

A experiência pré-Código Civil atual ocorrida durante a vigência do Código Civil de 1916 demonstra que quando um código demonstra incapacidade de tratar ao menos dos aspectos gerais de determinada matéria, isto leva à multiplicidade de diplomas, de regimes jurídicos e à insegurança na aplicação do direito, o que prejudica o ordenamento como um todo.

Neste passo, temos como esclarecida nossa posição favorável à unificação, com as ressalvas da insuficiência, posto que muitos contratos importantes continuam à margem de uma disciplina contundente e eficaz, gerando prejuízos tanto para os negócios na ordem interna como para a inserção do Brasil na ordem internacional.

Temos de ressaltar, ademais, que os contratos, por mais que variem as situações, a índole civil, o caráter empresarial, a relação de consumo, têm a mesma gênese e, por esta razão, o Código Civil vigente poderia ter se aproximado mais do Código de Defesa do Consumidor.

O consumidor, seguramente, é hipossuficiente em relação à outra parte com que contrata, mas as distâncias, mesmo nos contratos civis e mercantis, também existem, embora neste caso não sejam econômicas, mas de informação. Desta forma, longe de estabelecermos as mesmas normas protetivas, há diferenças injustificáveis. Pois senão vejamos.

Os vícios ocultos têm prazo decadencial para reclamação no Código de Defesa do Consumidor contado a partir de sua descoberta. Já no Código Civil vigente, o prazo decadencial para a reclamação dos vícios ocultos conta-se da tradição ou do momento em que o equipamento esteja funcionando. Não vislumbramos razão jurídica para que o regime do Código Civil vigente fosse diferente do Código de Defesa do Consumidor, que em nossa modesta opinião disciplina melhor a matéria.

Este é um exemplo. Propomos que, além da aproximação entre as obrigações de índole empresarial e civil, haja uma aproximação com as relações de consumo que não se amoldam a nenhuma das duas anteriores, mas gravitam entre elas.

Outra questão que deveria ser analisada com mais atenção é a possibilidade de revisão judicial dos contratos. Esta só é possível quando houver onerosidade excessiva para uma parte combinada com enriquecimento da outra parte. A doutrina e a jurisprudência já demonstraram que nem sempre os casos de onerosidade excessiva para uma das partes revertem em ganhos desproporcionais à outra parte. Deste modo, nosso Código Civil vigente foi muito tímido ao disciplinar a matéria da revisão judicial.

Contudo, apesar dos contratos de adesão grassarem entre nós, estes abriram perspectivas de melhor negociação, a função social do contrato, de definição de certos critérios pelos usos, desapegando-se ao normativismo desmedido e, até mesmo, muitas vezes utilizando conceitos amplos e genéricos cujo conteúdo, certamente, como ressaltamos no correr desta obra, será definido nos próximos anos pela doutrina e pela jurisprudência, sobretudo esta, na decisão dos casos concretos.

Assim, como indica o título deste capítulo, tivemos vários avanços e pouco que lamentar como retrocesso; apenas desejamos que sejam corrigidos e atualizados os institutos, de forma que não mais ocorra a situação paradoxal do Código Civil de 1916, totalmente retalhado por leis esparsas, o que ocorreu, também, no Código Comercial.

A aplicação do Código Civil vigente e o tempo dirão o quão corretas estão, ou não, nossas observações. Isto porque estamos certos de que alguns reflexos são sentidos de imediato pela modificação legal, mas outros ainda demorarão anos para ser efetivamente implementados, experimentados na prática e postos à prova da eficácia.

BIBLIOGRAFIA

ALVES, José Carlos Moreira. *Direito romano*. 10. ed. Rio de Janeiro: Forense, 1996.

ATIYAH, Patrick Selim. *The rise and fall of freedom of contract.* New York: Oxford University Press, 1985.

AZEVEDO, Álvaro Villaça. Anotações sobre o novo Código Civil. *Revista do Advogado,* São Paulo, ano XXII, n. 68, dez. 2002

BALBINO, Renata Domingues Barbosa. O princípio da boa-fé objetiva no novo Código Civil. *Revista do Advogado,* São Paulo, ano XXII, n. 68, dez. 2002.

BEVILÁQUA, Clóvis. *Código Civil dos Estados Unidos do Brasil comentado.* Rio de Janeiro: Francisco Alves, 1917. v. 3 e 4.

BITTAR, Carlos Alberto. *Curso de direito civil.* Rio de Janeiro: Forense, 1994.

BULGARELLI, Waldírio. *Contratos mercantis.* 8. ed. São Paulo: Atlas, 1995.

BULGARELLI, Waldírio. *Títulos de crédito*. 12. ed. São Paulo: Atlas, 1996.

CHAVES, Antônio. *Responsabilidade pré-contratual.* 2. ed. São Paulo: Lejus, 1997.

COELHO, Fábio Ulhoa. *Curso de direito comercial.* 3. ed. rev. e atual. São Paulo: Saraiva, 2000.

CONSTANT, Benjamin. Da liberdade dos antigos comparada à dos modernos. Tradução Loura Silva. *Filosofia Política 2,* Porto Alegre: L&PM, 1985.

DINIZ, Maria Helena. *Curso de direito civil brasileiro.* Teoria geral das obrigações contratuais e extracontratuais. 18. ed. São Paulo: Saraiva, 2003. v. 3.

DI PIETRO, Maria Sylvia Zanella. *Direito administrativo.* 13. ed. São Paulo: Atlas, 2001.

FERRAZ JÚNIOR, Tércio Sampaio. *Estudos de filosofia do direito* – Reflexões sobre o poder, a liberdade, a justiça e o direito. São Paulo: Atlas, 2002.

FIÚZA, César. *Direito civil* – Curso completo de acordo com o Código Civil de 2002. 5. ed. Belo Horizonte: Del Rey, 2002.

GARCIA, Enéas Costa. *Responsabilidade pré e pós-contratual à luz da boa-fé.* São Paulo: Editora Juarez de Oliveira, 2003.

GOMES, Orlando. *Contratos*. 16. ed. Rio de Janeiro: Forense, 1995.

GONÇALVES, Carlos Roberto. *Comentários ao Código Civil.* Coord. Antônio Junqueira de Azevedo. São Paulo: Saraiva, 2003. v. 11.

GRINOVER, Ada Pellegrini *et alli. Código brasileiro de defesa do consumidor comentado pelos autores do anteprojeto.* 5. ed. Rio de Janeiro: Forense Universitária, 1998.

HIRONAKA, Giselda Maria Fernandes Novaes. Contrato: estrutura milenar de fundação do direito privado. *Revista do Advogado,* São Paulo, ano XXII, n. 68, dez. 2002.

IRTI, Natalino. *L'età della decodificazione*. 4. ed. Milano: Giuffrè, 1999.

KELSEN, Hans. *Teoria pura do direito*. 5. ed. Coimbra: Armênio Amado, 1994.

LOPES, Miguel Maria de Serpa. *Curso de direito civil*. 5. ed. Rio de Janeiro: Freitas Bastos, 1971.

MARKY, Thomas. *Curso elementar de direito romano*. 8. ed. São Paulo: Saraiva, 1995.

MARTINS, Fran. *Contratos e obrigações comerciais*. 14. ed. Rio de Janeiro: Forense Universitária, 1996.

________. *Títulos de crédito*. 13. ed. Rio de Janeiro: Forense Universitária, 1998.

MONTEIRO, Washington de Barros. *Curso de direito civil* – Direito das obrigações. 24. ed. São Paulo: Saraiva, 2001. v. V, 2ª parte.

MORAES, Renato José de. *Cláusula* rebus sic stantibus. São Paulo: Saraiva, 2001.

NERY JÚNIOR, Nelson; NERY, Rosa Maria de Andrade. *Novo Código Civil e legislação extravagante anotados*. São Paulo: Revista dos Tribunais, 2002.

PEREIRA, Caio Mário Pereira da Silva. *Instituições de direito civil*. 4. ed. Rio de Janeiro: Forense, 1995.

REQUIÃO, Rubens. *Curso de direito comercial*. 19. ed. São Paulo: Saraiva, 1993.

SOLON, Ari Marcelo. *Dever jurídico e teoria realista*. Porto Alegre: Sérgio Antônio Fabris Editor, 2000.

TUCCI, Cibele Pinheiro Marçal Cruz e. Teoria geral da boa-fé objetiva. *Revista do Advogado*, São Paulo, ano XXII, n. 68, dez. 2002.

VENOSA, Sílvio de Salvo. *Direito civil* – Contratos em espécie. 3. ed. São Paulo: Atlas, 2003.

VIVANTE, Cesare. *Instituições de direito commercial*. Lisboa: Livraria Clássica Editora, 1918.

Índice Remissivo